[ 阪南大学翻訳叢書 26 ]

# 歴史会話研究入門
Historische Dialogforschung

イェルク・キリアン　著
細川裕史　訳

ひつじ書房

Jörg Kilian

# Historische Dialogforschung

© Walter de Gruyter GmbH Berlin Boston. All rights reserved.
This work may not be translated or copied in whole or part
without the written permission of the publisher
(Walter De Gruyter GmbH, Genthiner Straße 13, 10785 Berlin, Germany).

Japanese translation published by arrangement with
Walter De Gruyter GmbH through The English Agency (Japan) Ltd.

## 日本語版まえがき

　本書がドイツで刊行された 2005 年においては、歴史会話研究（historische Dialogforschung）は語用論的語史研究のなかの、比較的あたらしい一分野でした。しかし、この 10 年のあいだに、様子が大きく変わりました。歴史会話研究は、言語学の一分野として確立され、文学研究や歴史研究といった他の学問領域にも受けいれられつつあるのです。

　この、細川裕史氏によって翻訳された『歴史会話研究入門』では、多くの用例をもちいることで、この学問分野において重要なアプローチ方法やカテゴリーが分かりやすく紹介してあります。本書のコンセプトは、出版から 10 年を経たいまでも色あせていません。

2016 年 10 月　キールにて
イェルク・キリアン

## 訳者まえがき

　本書は、「歴史会話研究」のための手引き書であるイェルク・キリアン教授の *Historische Dialogforschung. Eine Einführung*（Tübingen 2005）のほぼ全訳です。「ほぼ」と付いてしまうのは、原書におけるドイツ語話者向けの課題の一部（および課題用のヒント）を省略し、代わりに日本語話者向けの課題を入れたからです。"Dialog" ということばは、語源的には「対話」と訳すべきでしょうが、日本語の「対話」には相対する2つの立場の者が話し合うというニュアンスが含まれると考えられるため、より幅の広い「会話」という訳語を用いました——「歴史会話研究」があつかう範囲の広さは、本書をつうじて実感していただけると思います。また、日本の読者向けに適宜、訳注を［　］付きで挿入いたしました。

　本書は、歴史上の（文章として記録された）会話を研究する手法とその問題点を多角的に紹介しているだけでなく、ドイツ語圏における先行研究も豊富に紹介しています。用例はドイツ語ですが、研究の手法は日本語（史）にも応用できるものであり、日本における会話研究者の育成にも寄与するものと信じております。

　　　　　　　　　　　　　　　　　　　　2016年10月　松原にて
　　　　　　　　　　　　　　　　　　　　　　　　　　細川裕史

## まえがき

　歴史会話研究に着手することは、ドイツ語学の「語用論的転回」がおき、それにともなって言語の会話性（Dialogizität）が（再）発見されてから30年経った今でも、いまだに冒険的な行為だ（第1章2節参照）。それは、なにより、「歴史会話研究」というものがまだドイツ語学の一分野として認知されておらず、これまでにおこなわれてきた多くの研究を包括するものとして認められていないためだ。まずは、この分野を確立しなければならない。それに加えて、歴史会話研究を学問的におこなうには資料の制約があるので（第1章3節参照）、きわめて限定的な研究しかできないのではないか、あるいは、推測に頼るしかないのではないか、という主張もある。

　冒険的な行為をするなら、会話でおこなうのが一番だ。この「ドイツ学叢書」（Germanistisches Arbeitsheft）であつかうテーマについては、学会やコロキウムで議論を重ねてきた。そして、ありがたいことに、研究仲間たちから多くの助言や協力を得ることができた。また、ブラウンシュヴァイク工科大学およびオスナブリュック大学のいくつかの授業に参加してくれた学生たちが、この「ドイツ学叢書」の完成のために手を貸してくれた。彼らは、歴史会話研究におけるさまざまな研究対象や研究方法について批判的な質問をしてくれたし、試験的に課した「課題」について建設的な意見をくれた。これらは本書の本文や課題に反映されている。そして、完成稿は、2人の会話分析および会話文法の専門家にチェックしていただいた。推敲のために、会話と言語、そして両者の歴史について数多くのご指摘をくださったHelmut Henne教授、そして、この「ドイツ学叢書」の出版にあたり、適切な用例を会話史からピックアップして有益な助言をくださったFranz Hundsnurscher教授の両名に、ここに記して感謝する。

2005年春　ブラウンシュヴァイク／ハイデルベルクにて<br>イェルク・キリアン

ズザンネ
レア
ドーレ
エミリー＝ルー
ゼルマ
ユーレに

インゼル奨学金への感謝とともに

Og en særlig tak skylder jeg Paul（パウルに特別な感謝を）

# 目　次

| | |
|---|---|
| 日本語版まえがき | iii |
| 訳者まえがき | iv |
| まえがき | v |

## 第 1 章　歴史会話研究：歴史語用論的な言語研究　　1

| | |
|---|---|
| 1.　ことばと会話、歴史のかかわり方について | 1 |
| 2.　研究対象、関心領域、研究状況 | 16 |
| 　2.1.　研究対象の領域 | 18 |
| 　　2.1.1.　言語構造 | 24 |
| 　　2.1.2.　語用論 | 29 |
| 　　2.1.3.　社会言語学 | 35 |
| 　2.2.　関心領域あるいは歴史会話研究の意義 | 37 |
| 　　　現代を理解し説明すること | 39 |
| 　　　現代を正当化し安定させること、現代を批判すること | 43 |
| 　　　現代の変化能力と可変性 | 47 |
| 　　　歴史的な知識固有の価値 | 48 |
| 　　　文献学的な貢献 | 49 |
| 　2.3.　歴史会話研究の現状 | 50 |
| 　　　古高ドイツ語および中高ドイツ語による会話の研究 | 52 |
| 　　　初期新高ドイツ語による会話の研究 | 53 |
| 　　　新高ドイツ語による会話の研究 | 54 |

3. 資料研究と資料批判　　　　　　　　　　　　　　　　　　　　61
　　一次資料：会話そのものの遺物　　　　　　　　　　　　　　65
　　一次資料：回想された会話　　　　　　　　　　　　　　　　67
　　一次資料：虚構世界の会話と虚構の会話　　　　　　　　　　69
　　二次資料：確立された会話の規範と存在していた会話の規範　74
　　二次資料：言語に焦点をあてた資料　　　　　　　　　　　　76

## 第 2 章　歴史会話研究のための研究方法とカテゴリー　　81

1. 方法および目的としての再構築　　　　　　　　　　　　　　82
2. 会話サンプル―会話種―会話タイプ―会話領域　　　　　　　84

## 第 3 章　歴史上の会話の言語構造：歴史上の会話における
　　　　　　行為の方法と形式を再構築するには？　　　　　　91

　　会話サンプル　　　　　　　　　　　　　　　　　　　　　　95
　　歴史上のコミュニケーション領域における会話の評価　　　100
1. 会話のマクロ構造とメゾ構造　　　　　　　　　　　　　　102
　1.1. マクロレベルにおける会話の局面の分析(1)：開始部と終結部　103
　　開始部　　　　　　　　　　　　　　　　　　　　　　　　103
　　終結部　　　　　　　　　　　　　　　　　　　　　　　　105
　1.2. マクロレベルにおける会話の局面の分析(2)：中心部　　108
　　ターン　　　　　　　　　　　　　　　　　　　　　　　　110
　　ターンの受け継ぎ　　　　　　　　　　　　　　　　　　　111
　　ターンと聞き手のシグナル　　　　　　　　　　　　　　　113
　　歴史上の話者交替の方法と形式　　　　　　　　　　　　　115
2. 会話のミクロ構造　　　　　　　　　　　　　　　　　　　118
　2.1. 歴史上の会話の統語論　　　　　　　　　　　　　　　119
　2.2. 歴史上の会話の語彙論　　　　　　　　　　　　　　　121
　　談話辞　　　　　　　　　　　　　　　　　　　　　　　　123
　　呼びかけおよび挨拶の形式　　　　　　　　　　　　　　　126

2.3.　歴史上の会話の形態論および音韻論　　　　　　　　　　　　131

## 第4章　会話の歴史語用論：
　　　　歴史上の会話種および会話タイプを再構築するには？　135

1. 機能および構造にもとづく歴史上の会話の分類：会話文法　　　145
　　主導権をとる発話行為と会話における行為の計画　　　　　　148
　　会話成果　　　　　　　　　　　　　　　　　　　　　　　　153
　　歴史上の会話能力　　　　　　　　　　　　　　　　　　　　155
2. 形式および構造にもとづく歴史上の会話の分類：会話布置の類型論　156
　　会話布置のプロファイル　　　　　　　　　　　　　　　　　160
　　会話領域　　　　　　　　　　　　　　　　　　　　　　　　161
3. 語彙および意味論にもとづく歴史上の会話の分類：名称の類型論　163
　　歴史上の言語行為の概念　　　　　　　　　　　　　　　　　164
　　語場における歴史上の会話種の名称　　　　　　　　　　　　166

## 第5章　会話の歴史社会言語学：歴史上の言語共同体における
　　　　会話の規範を再構築するには？　　　　　　　　　　　171

1. メンタリティ史　　　　　　　　　　　　　　　　　　　　　171
2. 会話をめぐるメンタリティ史の推測：「党派間協議」を一例として　176
3. 分析レベル：「原則」、「会話の公理」、「慣習」　　　　　　　　181
　　3.1.　「原則」　　　　　　　　　　　　　　　　　　　　　　183
　　3.2.　「会話の公理」　　　　　　　　　　　　　　　　　　　188
　　3.3.　「慣習」　　　　　　　　　　　　　　　　　　　　　　193
4. 会話の歴史を分析するさいの対象範囲　　　　　　　　　　　199
　　4.1.　話者集団、制度、コミュニケーション実践領域　　　　　199
　　4.2.　テーマ　　　　　　　　　　　　　　　　　　　　　　201
　　4.3.　コミュニケーションにおける行為やふるまいの形式、会話種、会話タイプ
　　　　　　　　　　　　　　　　　　　　　　　　　　　　　203
　　4.4.　ディスコース　　　　　　　　　　　　　　　　　　　206

## 第6章　会話の歴史：会話種および会話タイプの発展　209

1. 会話における規範の変化としての会話の言語変化　211
   1.1. 言語構造に関する逸脱とミクロの変遷　214
   1.2. 語用論的な逸脱と会話種の変遷　219
   1.3. 社会言語学的な逸脱とマクロの変遷　226
2. ドイツ語の会話史への道　230

索引付き語彙集　235
参考文献一覧　241
著者・訳者紹介　257

# 第 1 章
# 歴史会話研究：
## 歴史語用論的な言語研究

## 1. ことばと会話、歴史のかかわり方について

聖書に描かれた天地創造の物語によれば、人類が初めておこなった言語行為は、名前をつけることだった。

> 人［アダム］はあらゆる家畜、空の鳥、野のあらゆる獣に名を付けた（…）。　　　　　　　　　　　（創世記 2 章 20 節［新旧共同訳、以下同じ］）

それまでにもアダムは言語を使うことができたのだろうが、そのことは、ひとまず置いておこう。名前をつけるというのは、一方的にことばを発しておこなう言語行為だ。アダムはことばを発した。ことばを発したことで、同時に（洗礼式のように）名前をつけたのだ。そのさい、天地が創られたときのように（創世記 1 章 28 節以下）神もその場にいあわせて、アダムと会話し、動物たちに名前をつけさせたのかどうかは、はっきりとは書かれていない。あるいは、動物たちの名前を 2 人で話しあったのかもしれない。哲学者ヨーハン・ゴットフリート・ヘルダーは、1770 年に書いた『言語起源論（*Abhandlung über den Ursprung der Sprache*）』（1772 年刊）において、この史上初の命名行為は記録をつけるようにずっと無言のままおこなわれたのだろう、と推測している（Herder 1772: 34ff.）。しかし、言語が創造されるプロセスにおいて、動物たちの特徴が心の内で吟味されて記録され、新しく作られたそれぞれの動物の名前は「私にとってのしるし語であり、他の人にたいする伝達

語」になるので、この命名行為は対話的な形式をとっているといえる。ヘルダーによれば、人間の言語というものは最初からずっと対話的なものだった。

> 私が人間として最初の思考をもったり、最初の意識的な判断を下したりするときには、どうしても魂のなかで対話し、あるいは対話しようと努めるに違いない。従って人間の最初の考えは、本質的にいつでも他と対話できる用意が整っているのである。私がつかみとる最初のしるしは、私にとってのしるし語であり、他の人にたいする伝達語なのである。
> 　　　　　　　　　　（Herder 1772: 47［大阪大学ドイツ近代文学研究会訳］）

聖書の記述においても、この言語行為は会話（Dialog）とみなせるだろう。というのも、たしかに明記はされていないが、名前をつけることを神が命じ、アダムのつけた名前を聞いていることが推測できるからだ。

> 主なる神は、野のあらゆる獣、空のあらゆる鳥を土で形づくり、人のところへ持って来て、人がそれぞれをどう呼ぶか見ておられた。人が呼ぶと、それはすべて、生き物の名となった。　　　（創世記2章19節）

アダムが動物たちにどんな名前をつけるのか、神はみたかった、つまり、ここでは、「聞き」「知覚」したかったのだ(Paul 2002: 896 参照)。そして、動物たちはそう呼ばれた時点からその名前になるのだから、アダムにとっての「しるし語」は、同時に会話的な「伝達語」でもあった。

　もし、ある話し手が1人でも聞き手をみつけたなら、あるいは、ある書き手が1人でも読み手をみつけたなら、（話しことばにしろ、書きことばにしろ）そのことばは**機能として会話的**だといえる。機能として会話的というのは、つまり、話し手／書き手が情報の送り手となり、かつ聞き手／読み手が情報の受け手となっている状態にある、という意味だ。この場合、話し手／書き手の意図とは無関係に、彼の言語行為は会話としての機能をはたして

いる(たとえば、ブツブツと独りごとを言っているのを聞かれた場合や、こっそりと書いたメモを読まれた場合など)。したがって、アダムの言語行為も、機能として会話的だといえる。

　その一方で、せまい意味での会話とは、話し手／書き手と聞き手／読み手の役割が**形式として会話的**である場合のみをさす。形式として会話的というのは、つまり、それぞれ1人以上の話し手／書き手と聞き手／読み手がいて、それぞれの役割を交替している、という意味だ。そのさい、会話の参加者が人間である必要はない。原罪［アダムとイヴが禁断の実を食べたこと］のさいの神とアダムとの会話や、人とコンピューターとのコミュニケーションがその例だ(Kilian 1997b および Kilian 2004b 参照)。

　形式としての会話には、あらゆる独白的な言語行為、つまり、話し手や書き手が交替しない言語行為(たとえば、新聞記事や学術論文)、および独りごとはふくまれない。また、形式として会話的な言語行為は、基本的には機能としても会話的なので、前者を後者と切りはなすことはできない。

　ここから、そもそもせまい意味での独白はありうるのか、という疑問がわいてくる。Edda Weigand は、ヴィルヘルム・フォン・フンボルトの説によりながら、上に述べた形式と機能、独白と会話を分類し、フンボルト同様に以下の結論にいたった(Weigand 1986: 118ff. 参照)。つまり、人のおこなう言語行為には「会話の原則」があり、言語は結局のところ「会話として」のみ存在し、独白は会話と対等のものではなく会話の特殊なケースにすぎないのだ、と。

> 独白的な言語使用というのは、形式として会話的にならなかったケース、つまり、具体的なコミュニケーション相手から特定のリアクションを得られなかったケースである。独白もまた、会話的な言語使用である。というのも、それもまた機能としては会話的であり、ただ、(手紙などとは違い)具体性のない不特定のコミュニケーション相手に向けられている、というだけである。　　　　　　(Weigand 1986: 119)

もしも過去におこなわれた、そして現在おこなわれている言語行為がすべて、機能の点からみれば「言語は会話として」(Weigand 2003)あらわれるのであれば、独白と会話を分ける唯一の基準は形式にもとづくものになる。つまり、1人きりでおこなう独白と2人以上でおこなう会話、話し手／書き手と聞き手／読み手の役割が交替しない独白か交替する会話、という分け方だ。そして、もし「言語は会話として」あらわれるのであれば、そこには、それぞれの言語行為がテーマ的なつながりをもっているのか、という問題が関わってくるし、そのつながりはまた、言語とはなにかという概念の問題にも関わってくる。このことは、言語が、歴史的あるいは文化的に異なる言語共同体において、さまざまな形で生まれ発展した「記号体系」だろうが、「コミュニケーション媒体」、「知識のアーカイヴ」、「認識装置」だろうが、おなじことだ。人間の使用する言語はいかなる場合においても、おもにそれがどのような機能をはたすかによって定義される。たとえば、フンボルトのいう具体的な「世界観」を抽象的なシンボルで表す(ヘルダーのいう「しるし語」)とか、そのシンボルを(「伝達語」として)コミュニケーション相手と会話によって交換するとか。言語哲学者のKarl Bühlerが言語の基本的な機能として「プラトンは『クラテュロス』のなかで、言語は誰かがなにかについて他人に伝えるための道具であると主張しているが、これはよいアプローチだと思う」(K. Bühler: *Sprachtheorie* [...] 1934: 24)と書いているように、人は、言語をつかって他人に自分の気持ちを伝えている。その一方で、たんなる音をならべただけで、その音がまだ会話としての機能をもっていない場合には、たとえ2～3人がかわるがわる音を発していたにしても、「言語が会話として」あらわれているとはいえない。

　以上のことから、会話というものを言語学的に定義するならば、「言語という媒体をつかっておこなわれ、2人以上の参加者が話し手／書き手と聞き手／読み手の役割を交替する、特定のテーマについての相互行為」(Kilian 2002a: 75。「会話」の定義に関する文献紹介付)ということになる。この言語学的な「会話」の定義が、歴史会話研究の基礎になっている。つまり、この条件を満たしている歴史上の言語行為が、歴史会話研究の対象となるの

だ。また、「会話」を、「言語という媒体をつかって」という条件に着目して、さらに細分化することもできる。言語は、話しことばと書きことばという2つの媒体に分けることができるからだ。話しことばは、人が生まれつき持っている器官でつくることができる媒体であり、自然な言語習得のプロセスをつうじて身につけることができる。一方で、書きことばは、話しことばのあとから文化的につくりだされた媒体であり——そもそもアダムは書いたりしなかった——言語が社会にひろまったあとで教育をつうじて学びとるもので、そのためには人工的な道具が必要とされる。

　話しことばと書きことばは、おたがいに複雑に関係しあっているが、そうはいっても別ものだ。たとえば、正書法について考えるときに音と文字の関係は無視できないが、大文字と小文字の違いは書きことばでしか問題にならない。この2つの媒体の違いは、会話の例をみれば明確だ。話しことばによる典型的な会話は、おなじ場所にいる参加者によっておこなわれる**対面会話**(Gespräch)だ(「フェイス・トゥ・フェイスの会話」や「近いコミュニケーション」と呼ばれる)。こうした会話では、参加者はおなじ環境にいて、「近いことば的な」ことばで会話をおこない(Koch/Oesterreicher 1985: 21 参照)、彼らの言語行為はとぎれなく続けざまにおこなわれる。一方、書きことばによる典型的な会話は、(少なくとも声が届かないくらい)遠い場所にいる相手との**文通**(Korrespondenz)だ。会話の参加者はおなじ環境にいないので、より多くのことをことばで説明する必要があり、「遠いことば的な」ことばで会話がおこなわれる(Koch/Oesterreicher 1985: 21 参照)。そして、それぞれの手紙やメールが書かれて読まれるまでには、比較的ながい時間がかかり、コミュニケーションは「間延びする」(Konrad Ehlich。Heinemann/Viewweger 1991: 210 参照)。ドイツ語による文通がはじまった1300年ごろには、距離や輸送手段にもよるが、手紙がとどくまで数日から数週間もかかった(Nickisch 1991: 29ff. 参照)。それに、今日のメールだって、送信から受信までに時間がかかる(第6章参照)。

　この(**対面会話**と**文通**という)2つの典型的な会話の形式には、さまざまな別の形式が関連している(Weigand 1986: 121 および Kilian 2002a: 73ff. 参

照)。そして、それぞれの形式の境目は流動的だ。コミュニケーション技術が発展すると、書きことばでも話しことばのような「近いことば」が用いられるようになり、会話の形式を分ける境界線はますます薄れていく。たとえば、若者がするチャットは、書きことばでありながら、話しことばのような「近いことば」が使用されている。もっとも、より厳密に観察してみれば、それらはけっして、対面会話と文通という言語を伝える媒体の違いが消えてなくなるほどの極端な混用というわけではない、ということが分かる。なぜなら、そこで起きているのは、会話的なコミュニケーションを伝える媒体の変化ではなく、ある媒体における言語行為の規範が別の媒体の条件にあわせて移しかえられているにすぎないからだ。つまり、それぞれの「コンセプト」を音声や文字といった媒体の存在形式に適応させているにすぎない。だから、たとえば、会話的な言語行動である議会での「討論(Debatte)」は、会話への関わり方としては口頭による「スピーチ」であるにもかかわらず、19世紀のドイツでこの会話種が制度として成立して以来ずっと、コンセプトとしてはきわめて書きことば的(「遠いことば的」)だ。しかし、媒体に関しては、音声でおこなうという条件が引き継がれている。前述の若者ことばによる「チャット」の場合は、話しことばらしい「近いことば的な」コンセプトに近い。この場合、すでに存在する会話種の媒体形式はそのまま(「チャット」は書きことばのまま)で、特定の言語行為の規範があたらしい媒体に、しかもインターネットという新しいコミュニケーション技術に移しかえられている。どのような会話種のどのような言語行為の規範がこの新しい媒体に移しかえられたかによっては、「チャット」の他の参加者にとっては、それはとても「遠いことば的な」コンセプトでおこなわれているように感じられるかもしれない(第6章参照)。

　このように、話しことばと書きことばは、媒体の違いによってのみ分けられるものではなく、社会的、制度的、状況的な違いによっても分けられる。そこで、ロマンス語学者のPeter KochとWulf Oesterreicherは、**媒体の存在形式としての「話しことば」と「書きことば」の違い**、そして、話しことばらしさと書きことばらしさの違い、あるいは、かつて「標準語

(Hochsprache)」や「文章語(Schriftsprache)」と呼ばれていたものに関連して、言語を使用するさいの**コンセプト**の違いに注目した。

> **媒体**の分野において、言語表現を**音声**コードと**文字**コードという2つの存在形式に分けることができる。その一方で、コミュニケーションをとるさいの方針、つまり言語表現のコンセプトの違いによって、理想型としての2つの形式、**話しことば的**なものと**書きことば的**なものに分けることもできる。　　　　　　　　　　　　(Koch/Oesterreicher 1985: 17)

　話しことばと書きことばは、ここでは、言語を使用するさいに媒体とは比較的無関係な「形式」とされている。したがって、会話的に言語を使用するさい、4つの組み合わせがありえるわけだ。そのうち2つは理想型(文字＋書きことば的な形式と音声＋話しことば的な形式)で、残りの2つは理想型の特徴をもつ混合型(文字＋話しことば的な形式と音声＋書きことば的な形式)だ。

表1　Koch/Oesterreicher(1985)によるコンセプトおよび媒体としての書きことばと話しことば

| | | コンセプト | |
|---|---|---|---|
| | | 話しことば的 | 書きことば的 |
| 媒体 | 文字コード | 日常的なチャットにおける会話など | 公的な文通における手紙など |
| | 音声コード | 日常的な対面会話など | 議会討論における原稿が用意された会話(演説)など |

　話しことばと書きことばを媒体とコンセプトによって分類することは、歴史会話研究にとって重大な意味があった。このことによって、もっぱら書きことばとして後世に伝わっている資料にもとづいて、過去の「近いことば的な」コンセプト、過去の話しことばらしさ、そして過去におこなわれた会話

の実情を再構築する可能性が開けたからだ。とはいえ、ここでもまた、会話を伝える媒体の存在形式に根本的な違いがあることは変わらない。会話は、どのようなコンセプトにしたがっているにせよ、話しことば［音声コード］か書きことば［文字コード］のいずれかの媒体によっておこなわれる。だから、「会話」の概念を定義するさいには、「形式」と「機能」という基準とともに、まずもって媒体の存在形式の違いが、その基準になるのだ。それに対して、コンセプトが「近いことば的」か「遠いことば的」かといった違いは、さまざまな会話タイプや会話種を記述するさいに重要になってくる。

　以上の結果、**会話**は以下のように定義することができる。会話は、もっぱら話しことばの媒体において（**対面会話**）、あるいは書きことばの媒体において（**文通**）おこなわれる、話し手／書き手と聞き手／読み手という役割を交互に演じる2人以上の参加者による、テーマ的に結びついた相互行為である。会話の媒体の2つの存在形式——対面会話と文通——は、ドイツ語の歴史のなかで、ドイツ語を使用する言語共同体における会話的なやりとり（dialogischer Haushalt）［Haushaltは、本来「家事」の意］に、それぞれ異なる影響を与え、会話的なコミュニケーションのさまざまな形式を生みだしてきた。歴史会話研究の分野では、こうしたさまざまな形式の生成過程の再構築や、ドイツ語を使用する言語共同体における会話的な「コミュニケーションのやりとり（Kommunikationshaushalt）」の歴史的な段階の再構築が試みられているが（Grosse 1972: 650 参照。"Haushalt" という比喩表現については Fritz 1994: 545 参照）、そのさい、すでに述べたように、過去の資料をどれほど入手できるのか、そしてそれらの資料が言語の歴史を再構築するためにふさわしいのか、という問題がある。というのも、対面会話を直接あつかった資料となると、いくつかの例外をのぞけば、1950年ごろまでほとんどないからだ。文通という、発生の順序という点からも系統学の視点からも二次的な会話の媒体形式であれば、資料は言語のかなり古い段階からあるのだが。それにも関わらず——あるいは、まさにそのために——これまで、言語学としての歴史会話研究は、もっぱら歴史上の対面会話を対象としてきた。そして、それと比較できるような歴史上の文通の言語学的な研究というものは、いままで

おこなわれてこなかった（Langeheine 1983 参照）。そのため、本書では、会話のなかでも、とりわけ対面会話をあつかうことにする。一方の文通については、あまり触れていない。もっとも、ドイツ語の歴史のなかで、人々はつねに文通を、とくに私的な手紙による文通を、口頭による自然な対面会話に近いものにしていったため——18世紀における手紙を用いた「対面会話」の文化やあるいはEメールのことを思い浮かべてほしい——文通は、対面会話を反映しているものとみなすことができる。また、第6章では、文通についてもくわしく紹介する［以下、「文通」の対立概念として述べられている場合をのぞき、「対面会話」を「会話」とのみ表記］。

対面会話と文通という会話の媒体の2つの**存在形式**を紹介したが、次に、「会話」の定義にとって重要な、言語の異なる**存在方法**について紹介しよう。言語学としての歴史会話研究は、ほかの言語学の分野と同様に、（すくなくとも）言語の2つの異なる存在方法を研究対象としている。それは、スイスの言語学者フェルディナン・ド・ソシュールが、「ラング」（「言語」および「言語体系」）と「パロール」（「話すこと」および「言語使用」）と名づけた存在方法だ（F. de Saussure:［dt.］*Grundfragen der allgemeinen Sprachwissenschaft*, Berlin² 1967: 9ff.）。このことと結びつけて、会話の2つの存在方法も「パロール」的会話と「ラング」的会話と名づけることができるだろう。

言語学としての歴史会話研究は、一方では、歴史上の各「パロール」的会話の構造や機能、作用を研究する。「パロール」的会話としては、たとえばキリストが最後の晩餐のあとでペトロとおこなった会話があげられる（マタイによる福音書26章31節以下、マルコによる福音書14章27節以下、ルカによる福音書22章31節以下およびヨハネによる福音書13章36節以下）。あるいは、ヒルデブラントとハドゥブラントとが親子であると分かり、命がけの一騎打ちをおこなうことになった古高ドイツ語による会話がある（第4章参照）。また、パルツィヴァールがグルネマンツから教えをうけた中高ドイツ語の会話もある（"irn sult niht vil gefrâgen"［無駄な質問をするでない］Wolfram von Eschenbach: *Parzival*. Übers. u. Nachwort von Wolfgang Spiewok, Stuttgart 1992, I, 3, 171, 17）。この会話は、その後、パルツィヴァー

ルが、聖杯城ムンサルヴェーシェで礼儀正しくあろうとするあまり、聖杯の王アンフォルタスの苦しみについて尋ねないという事態を引きおこす。その結果、彼を救えず、無意識のうちに大きな負い目をせおうことになる。その他にも、ルターとツヴィングリが 1529 年 10 月 2 日と 3 日におこなった、最後の晩餐におけるキリストのことばの正しい解釈をめぐるラテン語と初期新高ドイツ語による会話がある(*Luthers Werke*, Kritische Gesamtausgabe [WA] 30/3, Weimar 1910: 92ff.)。新高ドイツ語によるものでは、ファウストの運命の転換点となるメフィストフェレスとの「書斎」における会話がある(Goethe: *Faust I*: 1322ff.)。現代語に関していえば、首相候補だったゲアハルト・シュレーダーとエドムント・シュトイバーが 2002 年 9 月 8 日におこなった(マスメディアにおける)会話がある。このように、研究対象は数かぎりなくあるのだ。ここにあげたどの会話も、過去に一度だけおこなわれた会話の例であり、文字によるテクストとして後世に伝わった会話的な「パロール」である。H. ウティンガーの手稿におさめられている、1529 年 10 月 3 日にマールブルクでおこなわれた会話についてのツヴィングリのメモは、このことを明確にしてくれる。

M. ルター「口によってご聖体が食べられたのであって、魂が(…)ご聖体を食べたのではない」

H. ツヴィングリの返事「では、それは肉体の食べ物であって、魂の食べ物ではないのですね」

この点を彼は促され、そのため後から以下のように述べた。

M. ルター「私はそう言ったし、今後も、ご聖体は私たちの肉体において肉体として食べられるのだと言うつもりだ。しかし、ご聖体が魂においてもまた食べられるのかについては、意見を保留したい」

H. ツヴィングリの返事「こうしたことを、すべて、あなたは書きあらわそうとせず、口で言うばかりですね。おまけに、さっきは、魂はご聖体を食べないと否定していたのに、今では、その点については意見を保留したいとは」

M. ルター「それは、"capciosum"（著者注：ごまかし）だ。あなたは
　　"uffsatz"（著者注：悪意）をもって私のことばを解釈しようとしている」
　H. ツヴィングリの返事「それは違います。あなたは、矛盾したことを
　　言っていますよ。それはともかく、真実をしめさなければなりません」
　　ルター「いずれにせよ、キリストの贖罪が一度かぎりで完結したものと
　　してご聖体が受けいれられるならば、それが最終的に勝利をおさめる
　　ことについては、私はゆずらない（…）」　　　　　　（WA 30/3: 158f.）

　会話に直接参加していた人物によってこの会話が記録されているからといって、一言一句このとおりに会話がおこなわれた証拠はない。しかし、いずれにせよ、このメモは、当該の会話についての遺物資料（Überrestquelle）だ（「遺物資料」については 3 節参照）。この会話の構造（比較的短いターンなど）や流れ（ごまかしや悪意にたいする「非難」など）、会話がもつ機能について、言語学的な会話研究の手法を用いて丹念に分析し、慎重に解釈することで、この会話に参加していた実在の人物たちの行動という歴史上の事実を、理解することが可能になる。それは、純粋に文献だけをあつかうテクスト研究をこえたものだ。また、必要な手を加えれば、同じような研究が、たとえば『パルツィヴァール（*Parzival*）』などの虚構世界の会話（fiktionales Gespräch）を対象としてもおこなうことができる。

　こうした個々の「パロール」的会話の分析や解釈が、なによりも、研究対象である会話にのみ有効な調査結果を明らかにするのに対し、歴史会話研究の分野では、さまざまな次元における仮想の「ラング」的会話も明らかにしようとする。つまり、言語体系や、さまざまな変種およびディスコースの規範、時代や文化ごとの特殊な規範や慣習、風習などだ――さらには、フェルディナン・ド・ソシュールのいう「集合的習慣」（Saussure 1967: 80）やルートヴィヒ・ヴィトゲンシュタインのいう「生の諸形式」（*Philosophische Untersuchungen*, 1953: §23）をあげてもよい。そして、これらは、各「パロール」的会話が特定の会話種の一例であることをしめしている（対面会話は 1 つの対面会話種の一例であり、文通は 1 つの文通種の一例である）。会話種とい

うのは、話し手のコミュニケーション能力のなかに存在する仮想の原型のことで、したがって、1回おこなわれるだけの各会話よりも、言語の歴史のなかにより長くとどまっている。たとえば、さきほどあげた、マールブルクでツヴィングリとルターがおこなった宗教的な会話は、この時代のよく似た会話と比較することで、会話種「論争（Disputation）」に分類することができ、こうすることで、この会話の参加者が、おなじように規範化された既成の流れにそって会話をしようとしていたこと、すくなくとも、会話種「論争」のための仮想の原型がもつ16世紀の慣習的な規範に、彼らがしたがっていたことを明らかにできる。この会話種は、テクスト解釈の正しさをめぐる対等で学術的な争いであり、なんらかのテクストが、神学的な「論争」においてはなによりも聖書が、その基盤になっている。

**図1　16世紀における学者の論争**
R. Friedenthal: *Luther. Sein Leben und seine Zeit*, München/Zürich, 8. Aufl. 1996: 245.

　歴史会話研究の分野では、ある時代においてドイツ語を用いる言語共同体がおこなっていた会話的なやりとりに、どのような秩序があったのかを、

「ラング」的会話の次元で再構築しようと試みる。そのさい、なによりも明確にしておかなければならないのは、どのような基準にそって会話を解釈したり会話種を分類したりするのかという点だ。過去の会話を考察する場合でも、現代語による会話を考察するための基準さえあれば良いのだろうか？ あるいは、ルターとツヴィングリが自分たちのおこなった会話を自ら分類するとしたら、そういう基準を用いただろうと思えるような基準を、手に入れることができるのだろうか？　さらには、どのような会話種（対面会話種および文通種）が、ルターとツヴィングリが属していた話者集団にはあったのだろうか？　それから、彼らと同時代の、別の話者集団にはどのような会話種があったのだろうか？　その会話種やそれに類するものが、今日でもあるのだろうか？　もしそうだとしたら、どのような歴史的な変化があったのだろうか？　このように、「ラング」的会話を対象とした歴史会話研究では、会話種や会話タイプの歴史的発展、その成立過程や変化、断絶や没落を考察していく。中世の「論争」のような会話種は、今日ではもう存在しない。その一方で、電子メディアでおこなわれる会話種である「チャット」は、ごく最近うまれたばかりだ。しかしながら、かつての「論争」は、博士号を取得するさいの「口頭試問での会話」に変化して存在しているし、一方の「チャット」もまったく新たに創りだされたわけではなく、すでに存在していた会話種がコンピューター時代に合わせて媒体を変化させたものにすぎない（Kilian 2001a および第 6 章参照）。

　言語のこの 2 つの異なる存在方法を対象とした歴史会話研究は、きわめて魅力的だが、同時に言語理論的にも方法論的にもとても要求が多く、実際に語史を研究し記述するさいには、時として困難な学術的課題がある。このことは、すでに、歴史会話研究が言語学の一分野でありながら、言語学的な手法やアプローチ方法だけではおこなうことができない、という点からも明らかだ。たとえば、ルターとツヴィングリとの会話を、過去に一度おこなわれた「パロール」的な出来事として、その構造や流れ、結果を十分に解釈しようとするなら、話者交替やターン、会話における行為の構造を記述するなどして、この会話のマクロ、メゾ（中間）、ミクロ構造を慎重に分析するだけ

でなく、この時代の宗教的コミュニケーションにおける会話的発話の社会的・文化的条件についてもくわしく知る必要があるし、さらには、この会話の歴史的位置づけや、この出来事についての歴史的データと関連づけたルターとツヴィングリの関係、この両者の社会的役割における発言権と発言義務についての情報も必要だ。

そして、「論争」などの会話種を共時的に再構築しようとし、さらには通時的にその発展の歴史を最古のものから現代にいたるまで追いかけようとするならば、この会話種の典型例が属する社会コミュニケーション実践の領域についての情報や、その発生過程および現存する資料が作成された時代にいたるまでの発展過程についての情報、さらには、同時代人によるその会話種への評価や、その時代にすでに存在していた規範がどのようなものだったのかなどの情報が必要だ。そのためには、(たとえば「教会」などの)制度内で、その会話種がどのように受け取られていたのかについての情報も必要になる。歴史会話研究は、「歴史学」(Paul 1920a: 1ff.)へも手を出そうとするため――ヘルマン・パウル［19〜20世紀のゲルマン語学者］によれば、この術語は歴史文化社会学を意味する――学際的な挑戦でもある。この分野では、言語学的な関心をもって、さまざまな視点から研究対象となる会話がおこなわれた時代の言語を考察し、総合的な知見を言語社会に関連づけて明らかにしようとする。こうした研究は学際的な挑戦であるため、リスクもあるが、しかし制御不能な冒険行為というわけではない。というのも、歴史会話研究のために、言語学の諸分野からアプローチ方法やカテゴリー、参考資料などが応用でき、これらを用いることで会話における言語の歴史へのアプローチが可能になるからだ。これらのアプローチ方法やカテゴリー、参考資料については、以下の節や章で例をしめしながらくわしく紹介していく。このことに関連して、術語や文献学にかかわる問題についても説明しておこう。これらのことについては本章ではまだ触れていなかったが、たとえば資料や資料の言語に関する問題があげられる。たとえば、キリストと弟子との会話は、もともとギリシャ語で後世に伝えられたし、パルツィヴァールの会話は、クレティアン・ド・トロワ［中世フランスの吟遊詩人］による古フランス語のテク

ストをヴォルフラム・フォン・エッシェンバッハ［中世ドイツの宮廷詩人］が編集して中高ドイツ語へ翻訳したものによって、ルターとツヴィングリがラテン語と初期新高ドイツ語の混用によっておこなった会話は、オジアンダー［宗教改革期のルター派神学者］の報告やツヴィングリのメモなど、いくつかの初期新高ドイツ語による報告によって後世に伝わった。こうした資料の状況に関して、歴史会話研究における普遍的・汎時的カテゴリーと、言語ごとの歴史的にも文化的にも特殊な材料との関係を明確にする必要がある。また、ここであげたすべての会話は、話しことばでおこなわれた言語行動を再構築するために用いるといっても、結局のところ書きことばによって後世に伝わっている。そのうえ、過去に実際におこなわれた会話を再構築するために用いるにもかかわらず、これらの多くは虚構世界の会話だ——歴史会話研究に用いる資料の価値を根拠づける必要がある。

　本章の以下の節では、言語学に根ざしながらも学際的な「歴史学」（ヘルマン・パウル）である歴史会話研究の研究対象と関心領域を説明することで、歴史会話研究を紹介していく。とりわけ慎重を要する問題である資料については、別途、考察をおこなう。歴史会話研究のためのアプローチ方法や研究方法、カテゴリーの一般的な紹介につづいて、各章において、とくに言語理論的な基礎知識や歴史会話研究のためのアプローチ方法を紹介する。ここで、あらかじめ指摘しておきたいのは、これから紹介する分類はたしかに科学史的・方法論的に裏づけられたものであるが、実際に研究をおこなうさいにこれらに固執すると思考のさまたげになりかねない、ということだ。どのような関心をもって研究するのかに応じて、これらのアプローチ方法を独自に混ぜ合わせる必要がある。実際に研究をおこなうさいには、方法論的な純粋性を守ることではなく、臨機応変に研究方法を変えていくことが重要なのだ。

　いくつかの節では課題を用意し、解法のヒントを付録とした［日本語版では省略］。気をつけてほしいのは、これらの課題は各節のためにとくに用意したもので、歴史上の言語を研究するための素材を提供するものだが、かといって、その他の「歴史学」についての深い知識を前提としたものではない

し、その他の参考資料がとくに必要というわけでもない。各節の終わりには、主要な参考文献をあげておいた。また、引用および参考文献は巻末にまとめて載せてある。巻末の、そのまま索引としても使える「語彙集」は、会話を言語学的に研究するさいに必要となる基礎的な術語をあげてある。

**参考文献**
Koch/Oesterreicher 1985、Weigand 1986、Weigand 2003、Kilian 2003

## 2. 研究対象、関心領域、研究状況

　歴史会話研究の導入は、ドイツ語学の分野で「語用論的転回」が起き、言語の会話性が(再び)発見されてから丸30年もたった今でも、一定のリスクを背おっている(Kilian 2003参照)。「導入」とは、グリムの辞書によれば「誰かに何かについての基礎を説明すること、誰かを新しい学問分野に導くこと」($^{3}$GWb Bd. 2. 1999: 947)である。これは、もちろん、まず、「新しい学問分野」というものの研究対象や関心領域の境界が比較的はっきりしていること、つぎに、すでに確たる研究成果が出ていることを前提としている。その研究成果は、現在の研究状況を反映したものであり、「新しい学問分野」において裏づけられた知見をしめすものだ。歴史会話研究へと導入しようとしても、厳密にいえば、この2つの前提条件がまだ満たされていない。それどころか、将来的にこれらの前提条件が満たされるかどうかも疑わしい。これは、けっしてドイツ語を対象とした歴史会話研究だけでなく、ロマンス語や英語を対象とした研究も抱えている問題だ(Jucker/Fritz/Lebsanft 1999参照。研究状況については第2.3節参照)。
　歴史会話研究は新しい学問分野であり、その研究対象や関心領域を定めることはむずかしい。歴史会話研究は、ほかのすべての歴史学の分野と同様に、客観的に存在する研究対象をもっておらず、自ら研究対象をつくりださなくてはならない。過去におこなわれた会話的な出来事というものは、後世

の観察者がいようがいまいが存在している。これにたいして、このような会話的な出来事の歴史は、その結果やその発展の歴史ということになるが、それは後世の観察者がいなければ存在しえない。それに応じて、言語学的に歴史上の会話を研究するさいには、その研究対象には、他でもなく「歴史上の(historisch)」と「会話の(dialogisch)」という形容詞がつくことが要求される。そして、さらに、学問分野である「言語学の(linguistisch)」という形容詞によって関心領域が形づくられることで、歴史会話研究の対象の範囲が限定される。

 したがって、言語学的に歴史上の会話を研究するこの新しい学問分野の、研究対象と関心領域については、結局のところ、まずもって、先ほどあげた形容詞の組み合わせで表されるすべての言語、ということになる。つまり、ドイツ語で表せる「歴史上の」もので「会話の」ものであるすべてが対象となる。そのさい、形容詞「会話の」に関して、歴史会話研究は言語構造および語用論、社会言語学に関する調査をおこなう——あるいは、構造言語学および語用論、社会言語学の分野に足をふみいれる。さらに、形容詞「歴史上の」に関しては、言語学的な会話研究がおこなわれた日付を年代順に調べるのではなく、この点ではより具体的に、歴史上のドイツ語による会話を研究する立場から、言語の歴史にかかわる研究対象を年代順に調査していく。したがって、どのような時代の会話が研究されているのか、研究状況に関して大雑把に概観することが、語史への導入となる形容詞「歴史上の」に境界を設けることに役立つ。

 研究対象や関心領域が多様であり、さまざまな調査がおこなわれているにもかかわらず、歴史会話研究は、今のところ総じて、確たる研究成果が出ているとはとうてい言いがたい状況にある。ましてや、独自の言語理論的・方法論的な上積みなどは存在しない。理論的・方法論的に不安定であり、具体的な研究対象に関しては基本的に学際的であるため、歴史会話研究は、語史研究をおこなう理論的な分野と語史記述をおこなう応用言語学とに分裂してしまっている。そして、歴史会話研究は、歴史文法研究や歴史語彙論と同様に、言語学における独自の一分野だが、言語学的な会話研究のカテゴリーと

研究方法を歴史的なコーパスに応用している場合には、言語学的な会話研究の「応用観点(Anwendungsaspekt)」(Henne/Rehbock 2001: 228)でもある。したがって、さまざまな個別の調査を、方法論的、理論的、経験的観点からまとめて、「研究状況」を概観することにしよう。

## 2.1. 研究対象の領域

すでに「会話」の言語学的概念を、機能的・形式的に「言語という媒体をつかっておこなわれ、2人以上の参加者が話し手／書き手と聞き手／読み手の役割を交替する、特定のテーマについての相互行為」と定義してあるのだから、歴史会話研究があつかう知識の範囲と形式的に独白的である言語生産に関する知識の範囲との境界は、形容詞「**会話の**」によってはっきりと定めることができる。とはいえ、歴史会話研究があつかう知識の範囲は、今のところまだ概観することができない。というのも、一方では、上述の「会話」の定義にしたがえば非常に広範囲をあつかうことになり——ドイツ語による会話に限定してさえも——たとえば、『ヒルデブラントの歌(*Hildebrandlied*)』における軍団長による儀礼的な「闘争の会話」(第4章参照)から、バロック時代の諸侯の控えの間における宮廷的な「お世辞」、さらには、近現代のドイツ議会における政治的な「討論」まであつかうことになる。あるいは、中世における学者による「論争」から、18世紀における市民的な「多弁を弄すること(Räsonieren)」、さらには現代の日常的なチャットにおけるコンピューターによる「おしゃべり(Klatsch)」まで。そして、その一方では、これまでにあげた具体的な研究対象の多様性からも分かるように、歴史会話研究は、他の言語学の分野があつかう多くの問題提起を単独で、あるいは組み合わせながらあつかう。

「会話」の概念とそこから導きだされた形容詞「会話の」とにもとづいて、歴史会話研究には、現象学的に3つの異なる次元および調査の方向性がある(Fritz 1994: 550ff.、Rehbock 2001: 963ff.、Kilian 2002a: 60f. 参照)。すなわち、会話的な行為の方法および形式の言語構造の調査(第3章参照)、

会話的な行為の方法および形式の語用論的機能の調査（第 4 章参照）、会話的な行為の方法および形式の社会的条件の調査（第 5 章参照）の 3 つだ。これらの次元は、学術的な「特徴領域（Merkmalfelder）」に移しかえることができる（Kilian 1997a: 78f. 参照）。そして、それぞれの「特徴領域」を一般的な会話研究において蓄えられた研究方法を用いて調査する場合には、歴史会話研究は、完全に一般的な会話研究の「応用観点」（Henne/Rehbock 2001: 228）とみなせる。4 つめの——せまい意味における語史的な——次元は、会話や会話種、会話タイプ、会話領域の発生および発展過程の調査ならびに会話をつうじた言語変化の調査、会話そのものの変化の調査をおこなう次元だ。この次元は、先にあげた 3 つの次元を横断するように、それらと結びついている。

　どの順番でこの 3 つの「特徴領域」を、歴史語用論のための学術的な方法論に持ちこむかは、それぞれの研究者がどのような言語的状況にあるのか、そしてどのような関心をもっているのか次第だ。「付加的」語用論の代表者たちは、構造言語学的な問題提起をおこない、そこに言語を観察したさいの語用論的な問題提起を付加する、という観点から研究をはじめている（したがって「付加的」なのだ）。したがって、この方針をとる研究者たちは、過去におこなわれた具体的な個別の「パロール」的会話をあつかうにしても、抽象的な歴史上の「ラング」的会話種をあつかうにしても、構造言語学によって裏づけられた会話の言語構造の調査を出発点とし、そこから、それらのもつ語用論的機能や社会的条件にも調査範囲をひろげる。それにたいし、「統合的」語用論の代表者たちは、機能の調査を優先しつつ構造言語学的な問題提起をとりこむ（したがって「統合的」なのだ）。彼らは、行為の目的やタイプを語用論的に再構築することから調査をはじめ、そこから会話の社会言語学的な情報や、目的をはたすための手段としての言語構造の調査をおこなう。付加的語用論があつかう具体的な言語構造が、歴史上の会話的なものであり、なおかつ特定の行為の目的やタイプのための表現手段であると解釈することができる場合にかぎり、付加的語用論の研究者は、その会話の言語構造を歴史的なものとして説明することができるだろう。また、統合的

語用論があつかう行為の目的やタイプを表現するための構造を考察して、機能を果たしていると認識できる場合にかぎり、統合的語用論の研究者は、既知の行為の目的やタイプを歴史上の特別なものとしても理解することができるだろう。むろん、彼らは、真理をもとめるための同じ輪のなかにいるのだ。なぜなら、どちらの方針をとるにせよ、方法論的にはどの「特徴領域」も無視することができないからだ。「付加的」および「統合的」語用論の区分というものは、言語理論的な主義主張や方法論的な下地の問題にすぎない。とりわけ、実際に分析をおこなうさいには、この区分は、たんなる関心領域や解釈方針の比重の違いにすぎず、調査結果にはほとんど影響しない。この点から、「付加的」語用論と「統合的」語用論の区分については、本書では重視しないことにする。むしろ、前述の3つのアプローチ方法を、本書をすすめるために利用することにしよう。本書では、これらのアプローチ方法を、「言語構造に関する会話研究」、「語用論的な会話研究」、そして「社会言語学的な会話研究」と呼ぶことにする。すでに述べたように、これは、あくまでもアプローチの出発点の違いをキーワード的に表したものにすぎない。どのアプローチ方法をとるにしても、この出発点から調査をすすめ、多かれ少なかれ別のアプローチ方法もとりいれていく。話者交替の方法と形式などの言語構造を重視する会話分析が、とくに語用論的な機能の解明を目標としていたり、語用論にもとづく会話文法が、とくに理想的な会話種の構造の解明を目標としている、といった具合に。

　それでは、歴史会話研究の4つの次元——言語構造、語用論、社会言語学、語史——いずれにおいても基礎となる問題提起について、以下に例をあげつつ紹介することにしよう。そうすることで、各次元における問題提起も言語学的に会話にアプローチするための方法も、たがいに不可分であることが明らかになるだろう。第3章から第6章までは、言語学的な会話へのアプローチとその批評の具体的な紹介にあててあり、これらの問題提起に歴史会話研究がどのような答えをもたらしたかをしめしている。しかし、そのまえに、歴史会話研究と、(歴史)構造言語学や語用論、社会言語学とがあつかう研究対象との相違について明らかにしておく必要があるだろう。そのため

に、ヤーコプ・ミヒャエル・ラインホルト・レンツが1776年に著した喜劇『軍人たち（*Die Soldaten*）』の第1幕第1場を例としてあげる。マリーとシャルロッテという姉妹がおこなうこの虚構世界の会話は、1980年に最初の歴史会話研究がおこなわれたさいの出発点となった。この研究は、厳密にいうと歴史上の対面会話の研究（Henne 1980）で、発表後の数年間、言語学的な会話研究として高い評価を受けた（Betten 1985: 147ff. 参照）。

MARIE（mit untergestütztem Kopf einen Brief schreibend）. Schwester, weißt du nicht, wie schreibt man Madam, M a ma, t a m m tamm, m e me,

CHARLOTTE（sitzt und spinnt）. So'st recht.

MARIE. Hör, ich will dir vorlesen, ob's so angeht, wie ich schreibe: ‚Meine liebe Matamm! Wir sein gottlob glücklich in Lille arriviert', ist's so recht arriviert, a r ar, r i e w wiert?

CHARLOTTE. So'st recht.

MARIE. ‚Wir wissen nicht, womit die Gütigkeit nur verdient haben, womit uns überschüttet, wünschte nur imstand zu sein' – ist so recht?

CHARLOTTE. So lies doch, bis der Verstand aus ist.

MARIE. ‚Ihro alle die Politessen und Höflichkeit wiederzuerstatten. Weil aber es noch nicht in unsern Kräften steht, als bitten um fernere Continuation.'

CHARLOTTE. Bitten wir um fernere.

MARIE. Laß doch sein, was fällst du mir in die Rede.

CHARLOTTE. Wir bitten um fernere Continuation.

MARIE. Ei, was redst du doch, der Papa schreibt ja auch so.

（*Macht alles geschwind wieder zu, und will den Brief versiegeln.*）

CHARLOTTE. Nu, so les sie doch aus.

MARIE. Das übrige geht dich nichts an. Sie will allesfort klüger sein, als der Papa; letzthin sagte der Papa auch, es wäre nicht höflich, wenn man immer wir schriebe, und ich und so dergleichen（*Siegelt zu.*）Da Steffen（*gibt ihm Geld*）tragt den Brief auf die Post.

CHARLOTTE. Sie wollt mir den Schluß nicht vorlesen, gewiß hat sie da was Schönes vor den Herrn Stolzius.

MARIE. Das geht dich nichts an.

CHARLOTTE. Nu seht doch, bin ich denn schon schalu darüber gewesen? Ich hätt ja ebenso gut schreiben können, als du, aber ich habe dir das Vergnügen nicht berauben wollen, deine Hand zur Schau zu stellen.

MARIE. Hör, Lotte, laß mich zufrieden mit dem Stolzius, ich sag dir's, oder ich geh gleich herunter, und klag's dem Papa.

CHARLOTTE. Denk doch, was mach ich mir daraus, er weiß ja doch, daß du verliebt in ihn bist, und daß du's nur nicht leiden kannst, wenn ein andrer ihn nur mit Namen nennt.

MARIE. Lotte. (*Fängt an zu weinen und läuft herunter.*)

マリー「(ほお杖をついて手紙を書きながら)姉さん、知らない、「マダム(Madam)」ってどう書くのか？ Mとaでma、tとa、m、mでtamm、mとeでme？」〔以下、マリーのフランス語のつづりは間違っている〕

シャルロッテ「(座って糸をつむぎながら)そうよ」

マリー「ねえ、私が書いたのがこれで良いか、読むから聞いてね。「私の親愛なるマタム！　私たち、おかげさまで無事にリールに到着しました」「到着した(arriviert)」ってaとrでar、rとi、e、wにwiertで合ってる？」

シャルロッテ「そうよ」

マリー「「私たちに注がれるこのご慈悲に、私たちがふさわしいのか分かりません。ただ、あなた様のあらゆる礼儀正しさやていねいさに」——って、合ってる？」

シャルロッテ「いいから、分からなくなるまで、読みつづけなさいよ」

マリー「「ご恩返しができたらと願うばかりです。しかし、今はまだ私たちの力では、末永くご愛顧賜りますよう、お願い申しあげることしかできません」」

シャルロッテ「「私たちは、末永くご愛顧賜りますよう」よ」

マリー「なによ、じゃましないで」

シャルロッテ「「私たちは、末永くご愛顧賜りますよう、お願い申しあげる」よ」

マリー：「あらっ(Ei)、なにを言ってるの。パパだって、こう書くわよ」（急いですべてを封筒にいれ、手紙に封をしようとする）

シャルロッテ「あらまぁ、あんた(sie)、最後まで読んでよ」

マリー「ほかのところは、姉さんに関係ないの。あんた、いつだってパパより賢くあろうとするのね。パパだって最近、いつも「私たち」とか「私」とかそんなのを書くのはていねいじゃないって言ってたわよ（封をする）。さあ、シュテフェン（彼に金をわたす）、手紙を郵便局に持っていって(tragt)ちょうだい」

シャルロッテ「あんた、手紙の結びを読もうとしなかったけど、きっとシュトルツィウスさんになにかステキなことを書いたんでしょ？」

マリー「それは、姉さんには関係ないじゃない」

シャルロッテ「あらまぁ、私がこういうことで、やきもちやいた(schalu)ことがある？　私だってあなた(du)と同じくらいうまく書けたでしょうけど、あの人に自分で手紙を書くっていう喜びをあなたから奪いたくなかったのよ」

マリー「ねえ、ロッテ姉さん、シュトルツィウスさんとのことは私の好きにさせて。このことは、はっきり言っておくわ。でないと、下に降りていって、パパに言いつけてやるから」

シャルロッテ「それで私が何をするか考えてみなさいよ。パパだって、あなたが彼に恋していることも、誰かが彼の名前を呼ぶだけでもうがまんできないってことも知っているのよ」

マリー「ロッテ姉さん」（泣きだして階下にかけ下りていく）

(J. M. R. Lenz: Die Soldaten I, 1；*Werke*. Hrsg. von Fr. Voit, Stuttgart 1992: 174f.)

### 2.1.1. 言語構造

　歴史会話研究は、**言語構造**に関する研究という視点から、歴史上の会話的な行為の方法や形式がもつ構造を記述していく。つまり、なによりも、歴史上の会話における話しことばの再構築(Henne 1980 など参照。またフランス語に関しては Radtke 1994 参照)や、歴史上の文通における書きことばの再構築(Schikorsky 1990、Elspaß 2002 など参照)をおこなう。前述の Koch および Oesterreicher のモデルにしたがえば、ここであつかうのは、いわば音声および文字「コード」の再構築だ。歴史会話研究は、そのさい、さまざまな異なる範囲と集中度において、歴史音声学や音韻論、正音学、音調論、歴史形態論、語彙論、統語論などの構造言語学的な研究分野(および「知識の範囲」)と接点をもつ。書きことばの再構築にさいしては、さらに、たとえば歴史文字論や書記素論、正書法をもあつかう必要がある。

　歴史上の話しことばの再構築に関していえば、歴史会話研究は、一貫して、資料によって後世に伝わった話しことばの特性に関心を向けている。こうした特徴は、会話にとっても重要である。たとえば、ターン交替のさいの声の高低という音調的な特徴がある。シャルロッテは、手紙からの引用の終り("Continuation")をマリーによるターンの終りと解釈している——このとき、どのような声の上げ下げがみられたのだろうか？　さらに、発言や発語内行為の音調的な指標としての個々の談話辞のイントネーションの流れを知ることができれば、会話行為を語用論的に解釈するさいのヒントになるだろう。シャルロッテが "So'st recht."(そうよ)と言ったとき、この直示の *so* にアクセントをおいて、とくに「承認」をしめしたのだろうか？　あるいは、音調的に *recht* にアクセントをおいて、この述語的文成分形容詞をとくに「確認」のために用いたのだろうか？　あるいは、無関心さをしめして会話を「拒絶」するために、文アクセントを不明瞭にしたのだろうか？　そして、もしこれが妹への私的な「手紙」であったなら、シャルロッテは、こうした発語内行為をどのようにしめしたのだろうか？　隔字体やアンダーライン、大文字で？　つまるところ、18 世紀において、承認や確認、無関心な拒絶

は、音調や文字の体裁によってどのようにしめされたのだろうか？

　歴史音韻論および音調論は、さらに、会話にとって重要な話しことばの一側面を指摘してくれる。それは、歴史会話研究を補助する他の学問分野、たとえば歴史社会言語学などが調査している研究対象だ。18 世紀において、*so* と *ist* とを "so'st" と縮約した場合、それは日常語的な発音の習慣によるものである可能性がある。一方で、すでに 16 世紀にはフランス語から借用されていた *Madame* を「マタム」と発音するのは、日常語的というだけでなく、さらには、話し手が属する特定の社会集団からの影響も指摘できる。この「手紙」における呼称の形式には、つまり、18 世紀の手紙による文通における書きことばを再構築するさいに有益なヒントが含まれているのだ（第 6 章参照）。

　*so* と *ist* とを "so'st" と縮約する例は（上述のテクストでは他にも "ob's" や "ist's" もみられる）、歴史形態論、つまり歴史語形論があつかう範囲だ。歴史会話研究は、この構造言語学の一分野からさらに歩をすすめて、研究対象となっている時代の人間がとる会話的な行動にとっての重要性と関連づけながら、会話にみられる形態統語論的な語形を検証する。そのため、たとえば、今日の日常的な話しことばでもふつうにみられる省略、つまり動詞のあいまい母音［ə］の語末音消失（*redst*、*wollt*、*hätt*）が、上述のテクストにもみられることは、研究者の目をひく。この観察結果は、すくなくとも、18 世紀の小市民階級が話していたドイツ語の形態統語を再構築するためのヒントを与えてくれる。もっと目につくのは、敬称の所有代名詞 *Ihro* がラテン語風の形になっていることだが、この形式については、過去の文法書や辞書をたよりに、その言語構造を描きだすことができる。そうすれば、この形式が会話においてどのような語用論的な機能をもっているのかも、明らかにすることができるだろう。

　言語構造に関する調査においては、歴史会話研究は、結局のところ、歴史語彙論および統語論にも手を出さなくてはならない——あるいは、これらの分野に足をふみいれることになる。それぞれの「対面会話のターン」や「文通のターン」（「ターン［turn］」や「手番［Zug］」とも）は、「ある個人が自

分の番でおこなったことや言ったこと（あるいは書いたこと）」（Goffman 1974。Henne/Rehbock 2001: 16 より引用）であり、基本的に、統語論的に整理されたことばのまとまりからなる。ここでなぜ「基本的に」という制約が必要かというと、まず、統語的な配置に関しては、ディスコースやバリエーションごとにコンセプトがきわめて多様だし、さらに、会話におけるターンや行為は1つの「談話辞」だけで成立することはなく、語彙化されない音の連続からなりたっている。このことは、クルト・トゥホルスキー［ワイマール共和国時代の作家］の『非政治的な女（*Die Unpolitische*）』（1925）における以下の例が明快にしめしている（そのさい、それが単なる音の連続なのか、あるいは機能的な会話における行為なのかも考察する必要があるだろう）。

「ツィンシュマンさんはご在宅で？」と呼び鈴を鳴らした男は尋ねた。小柄でふっくらとした子供がそこに立っており、丸めたこぶしを口につっこんでいた。「でええぇもおおお（Aaaoobah）──」
（*Gesammelte Werke in zehn Bänden*. Hrsg. von M. Gerold-Tucholsky und Fr. J. Raddatz, Bd. 4, Reinbek bei Hamburg 1993: 258）

あるいは、18世紀末に書かれたカンペ［18〜19世紀の教育者］の『ロビンソン・ジュニア（*Robinson der Jüngere*）』には、より習慣的に用いられており、*sch*、*pscht*、*pst*、*st* といった形ですでに初期新高ドイツ語（17世紀）でも語彙化されていた談話辞がみられる（強調著者）。

みんな一斉に「ああ、してみたいな──ああ、できたら良いのにな──ああ、それから──」
父親「シーッ（**Sch**）！──まったく、一言も聞きとれないじゃないか（…）」　　（J. H. Campe: *Robinson der Jüngere* [...]. Zweiter Theil, Hamburg 1780, Ndr. Stuttgart 1981: 220）

過去におこなわれた会話や会話の構造、さらには言語共同体における会話

的なやりとりの言語構造を調査するさいには、歴史会話研究は、歴史語彙論や辞書学にたちもどって、過去の時点における語彙構造にこれらの語彙をあてはめ、そのうえで談話辞として歴史語用論的に解釈する。マリーの「あらっ(Ei)、なにを言ってるの。パパだって、こう書くわよ」というセリフは、ターンを開始することば *ei* の、18世紀の日常会話における機能にたいする興味をひきおこす――そして、通時的な視点からみれば、この歴史上の談話辞と21世紀における日常的でとりわけ若者ことば的な間投詞 *ey* とが、どのような関連性をもっているのかが興味深い。同じことが、挨拶や呼びかけにどのような語彙が使われているのか、という点についてもいえる。たとえば、マリーの「手紙」における書きことば的な呼びかけ「親愛なるマタム！」がそうだ。それから、もちろん、会話における陳述をおこなう行為に用いられている語彙、たとえばシャルロッテが使った *schalu*［南西ドイツの方言で「やきもちをやいている」の意］もそうだ。

　言語構造を再構築するための次のステップは、発言や文の再構築だ。会話に用いられた語彙と同様に、統語的な配置の規範は、歴史的な流れのなかで変化していく発話・執筆に関する文化の影響下にあり、会話の統語構造も、調査対象である会話が属する言語の歴史的段階や、ディスコースおよびバリエーションの特性に依拠している。そういうわけで、言語構造に重点をおいて歴史会話研究をおこなうさいには、歴史統語論が、手をつけなければならない構造言語学の4番目の分野となる。

　"Schwester, weißt du nicht, wie schreibt man Madam"（姉さん、知らない、「マダム」ってどう書くのか）というマリーの質問では、従属的な疑問文が定動詞第2位で表されている。定動詞第2位は、近年のドイツ語における接続詞 *weil* をふくむ因由文に関連して、日常的な話しことばと標準的な書きことばにおける統語の規範をめぐる議論をまきおこし、歴史的な検証を求める声があがっている（Selting 1999 ほか参照）。この場面でマリーは、1776年ごろのフランスおよびフランドル軍の駐屯地リールに住んでいた小市民が普段しゃべっていたように、話しているのだろうか？　また、日常的な話しことばでは特定のタイプの発言で主語が省略されていたのだろうか（"So'st recht."［そうよ］や "ist so recht?"［合ってる？］）？――もし普段からそのような省略があったのなら、どのようなタイプの発言で省略されたのだろうか？　こうしたコンセプトとして話しことば的な形式は、どのような文通種にみられるのだろうか(第6章参照)？

　それから、慣用表現にも「雄弁な沈黙」とあるように、沈黙はターンとみなすことができる――そして、このことは、歴史上の会話を言語構造に重点をおいて分析するさい、語彙論にも統語論にも限界があることをしめしている。さきほどのレンツの『軍人たち』にも、その一例がみられる。

　　ヴェーゼナー「あなたのお父さんは、装身具商人だったのですか？」
　　（女性［ヴェーゼナーの生き別れた娘］は静かに黙ったまま）
　　ヴェーゼナー「あなたのお父さんは、誠実な方だったのですか？（…）」
　　　　　　　　　　　　　　　　　　　　　　　（第5幕第4場）

　この場面における沈黙が、ターンのような「行為の計画にそった位置価値(handlungsplanmäßiger Stellenwert)」(Henne/Rehbock 2001: 176)を持っているならば、この沈黙は話し手による非言語的な行為であり、言語的な反応と同様に前述の「ターン」の定義をみたすことになる。

　言語構造をあつかう言語学および通時的な構造言語学のうち、紹介した4つの補助的な学問分野(歴史音韻論、歴史形態論、歴史語彙論、歴史統語論)については、第3章で例をしめしながらくわしく説明することにしよう。むろん、すでに、このマリーとシャルロッテとの文学的な虚構世界の会話で明らかにしたように、歴史会話研究は、これら構造言語学の分野から恩恵をうけているだけでなく、こうした分野に貢献することもできる。

　課題1　辞書などをたよりに、「敬称」について調べてみましょう。それは、どのような構造をしていますか？　そして、「創意の六歩格」(「誰が、どこで、何をつかって、なぜ／何のために、どのような方法で、いつ［使うのか］？」)を手がかりに、その「敬称」にどのような社会語用論的な特徴

があるか考えてみましょう。

|課題 2| 辞書などをたよりに、マリーの使った間投詞「あらっ(ei)」の意味や語用論的な特徴について調べてみましょう。日本語の間投詞には、この間投詞と意味や語用論的な特徴が同じものがあるでしょうか？

## 2.1.2. 語用論

歴史会話研究では、過去におこなわれた会話の言語構造の形式を再構築することからはじめて、さらに、語用論的な機能という側面からも話しことばや書きことばを再構築するという手法がある("form-to-function-mapping" Jacobs/Jucker 1995: 16 参照)。その一方で、歴史会話研究のうち、せまい意味での**語用論的な**研究分野では、まず、会話的な発話あるいは会話的な執筆の目的をさぐり、その後、その時代において話したり書いたりする人々にとって、そうした目標を達成するためにどのような方法や形式がありえたのかを探る("function-to-form-mapping" Jacobs/Jucker 1995: 19 参照)。語用論の分野においてはもう、過去の話しことばや書きことばそのものを再構築することは、中心的な関心の対象ではない。むしろ、それは目的のための手段——各会話における行為の流れを再構築するためや、それらを歴史上の会話種や会話タイプとして分類するための手段にすぎない(第 4 章参照)。また、一般的な歴史語用論の関心領域は、その一分野である歴史会話研究のそもそもの研究領域でもある。歴史上の会話を研究する場合、それぞれの会話における特殊なことや特別なこと、特異なこと、そして、その会話特有の言語構造だけでなく、一般的なこと、つまり、それぞれの時代や社会において、「会話的なもの」に関して規範的だとか妥当だと思われていたことや一般におこなわれていたことも追及しなければならないからだ。それが、会話種と会話タイプだ。

研究対象の範囲に関していえば、歴史会話研究は、歴史語用論や語用論的な語史記述の一分野といえる(Cherubim 1998: 545 参照)。このことについては、学問体系における位置づけを確認しておく必要があるだろう。歴史会話

研究は、構造言語学における研究方法やアプローチ方法を応用する場合と同じく、語用論や歴史語用論の分野にも足を踏みいれているが、研究方法も確立されていないし、目下のところ体系的にも確立されていないにもかかわらず、一貫して要求だけは高い。そして、方法論的に必要とされるものを既存の他分野から受けついで実験的な調査をおこなっているからこそ、時には、新しい道を見出すこともあるというのが現状だ。そもそも、発話行為論を歴史的な次元にも応用しようとする研究がおこなわれだしたことが、歴史会話研究にとっては必要不可欠だった。また、現代語を対象とした共時的なドイツ語の会話研究において、長いあいだ相容れないと思われていた、エスノメソドロジーにもとづく会話分析と発話行為論にもとづく会話文法という２つの異なるアプローチ方法が、近年になって、むしろ相補的な関係にあると理解されるようになったことは、歴史会話研究における語用論的な研究方法に、多様性をもたらした(Weigand 1992、Luttermann 1997、Kilian 2002a: 27ff. 参照)。歴史会話研究と密接に結びついた語用論の分野においてもさまざまな研究方法が折衷案としてとり入れられているため、目下のところ、歴史会話研究という「新しい学問分野」には統一性がなく、確固とした研究分野ではないように思えてしまう。これにたいして、さまざまな研究方法を体系的にとり入れる方法をくわしく紹介することが、まさに本書の意図するところなのだ。それはつまり、意識的に個々の関心にそって複数の方法をとり入れることで、過去におこなわれた会話を高いレベルで再構築する方法だ。

　まずは、歴史会話研究にとっての語用論的な「補助的な学問分野」について述べておこう。歴史会話研究は、語用論的な調査をおこなうために、現代語を対象とした共時的な会話研究のものだけでなく、テクスト言語学や発話行為論のアプローチ方法や研究方法、カテゴリーも応用する。それは、会話的な言語行為や、そうした行為がつくりあげた言語行為の原型を再構築するためだ。そのさい、再構築は、個々の会話における個別の事例から出発し、語用論的な行為の形式や種類、タイプ(ここには言語構造に関する側面も含まれる)に焦点をあてていく。これらは、言語共同体や話者集団が、言語の歴史のなかで発展させ、規範化し、修正し、変化させ、あるいは放棄してき

たものだ。このことは、マリーとシャルロッテによる虚構世界の会話にもみられた。

　この会話は、比較的、慣習的な「情報のための会話」としておこなわれている。ここでいう「慣習的な」というのは、この会話の根底には原型、つまり会話種があるという意味で、その原型にそってマリーは会話をおこなっている。会話の参加者は、この原型にそって会話をおこなうこともできるし、あるいは前述の例のように、会話を中断したり、会話の流れのなかで別の原型や別の会話種を持ちこむことで、もともとの原型を変更したり、まるきり放棄することもできる。上述の会話は、その後者のパターンだ。妹のマリーは、姉に「情報のための質問」をすることで(「姉さん、知らない、「マダム」ってどう書くのか？」)、「相補的な会話タイプ」に属する会話をはじめている。相補的な会話というのは、「会話において話し手の１人に欠けているものを解消」(Franke 1986: 90)するための会話だ。情報をえるための各質問にさいしては、会話の参加者は「専門知識や技術にもとづいて制限された」対等ではない関係にあるが(Henne/Rehbock 2001: 27 参照)、すぐに、マリーによってこの非対等性が弱められる。なぜなら、質問をした彼女自身がその答えを提案しており、それによって、「情報のための質問」が相手の承認をえるための婉曲的な「依頼」になっているからだ。シャルロッテもまた、質問にたいして直接「返答」してはおらず、協力的にマリーが提案した答えを「承認」しているにすぎない。この会話の結末、つまり Adamzik (2000a)のいう「会話成果(Dialogertrag)」を考えると、シャルロッテがやる気のない返事しか返していないことから、すでにもう、この会話の「様相」が変化しているのかもしれない、と考えてみる必要があるだろう。また、こうした観点から語用論的な解釈をおこなうためには、言語構造を分析する必要がある。

　そして、シャルロッテの４番目のターン(「「私たちは、末永くご愛顧賜りますよう」よ」)では、「専門知識や技術にもとづいて」彼女の方がより多くの情報を持っているということがしめされ、マリーのことばがじかに「訂正」されているが、マリーは、その対等ではない立場を「拒絶」している

(「なによ、じゃましないで」)——それどころか、彼女は、シャルロッテがもともと「分からなくなるまで」読むよう「要求」していたことを、ほのめかすことにも成功している。(おそくとも)この箇所では、会話の様相は変わっている——むしろ、変えられている。つまり、協力的で相補的な会話タイプから、会話の参加者が「おたがいの主観的な要求に固執する」(Franke 1986: 88f.)「競争的な会話タイプ」へと変化したのだ。この会話は、とても平和にはじまったが、結局は、21世紀においてもふつうにおこなわれている兄弟ゲンカのように、「脅迫」とともに終わっており(「でないと、下に降りていって、パパに言いつけてやるから」)、一方が泣くことになる。

　歴史会話研究における語用論的な課題の1つは、この会話がすでに学問的に研究されている21世紀における会話の原型にだけそっているわけではないと確認することではなく、こうしたいくつかのターンや会話の流れの大まかな解釈をつうじて、この作品が書かれた18世紀末における私的な「情報のための会話」や私的な「言い争い」の典型例を再構築できると証明することだ。このことは、**帰納的な**会話分析の手法をとることで証明できるだろう。つまり、18世紀の会話サンプルを集め、それらに一貫してみられる会話機能にかかわる行為がどのように構成されているのかを調査する、という方法によってだ。この、一貫してみられる行為の構造が、会話種「情報のための会話」や会話種「言い争い」を再構築するための足場となる。一方、**演繹的な**会話文法の手法で再構築をおこなう場合、まずは、「情報のための会話」や「言い争い」のための原型における行為の構成を、研究者自身の言語能力にもとづいて導きだしておく必要がある。そして、その原型を後世に伝わった18世紀の会話サンプルと比較し、後づけ的に「歴史的な」原型にしていかなければならない。

　文通種の再構築についても、基本的には同じことが言える。もっとも、より長期間にわたって「間延びした」手紙によるコミュニケーション(K. Ehlich)を原型の一例として分類するのは、ずっと困難な作業なのだが。たとえば、以下の手紙の例をみれば、一目でこの手紙には「情報提供」という機能があり、したがって、この手紙は私的な「情報のための文通」の一例で

ある、といえるだろう。これは、オッホトルップからアメリカに渡り、南北戦争に義勇兵として参加したテオドール・ハインリヒ・ブランデスが自宅に宛てて書いたものだ。

メンフィス　1862 年 12 月 18 日

　ぼくはまだ元気で、君たちもまだ元気であることを願っている。ヴィスボルク（著者注：ビックスバーグ）へ進軍せよ、と命令がきた。そこで、大きな戦闘が起きるらしい。ぼくは、2 ターラーの価値があるブレンケット（著者注：毛布）をベツヴィル（著者注：オールデンバーグ近郊のベイツビル）へ、リルへ送った。君たちがそれを受け取ってほしい。それは、45 ツェン（著者注：セント）かかるだろう。ぼくたちは、まだお金をもらっていない。お金が手に入りしだい、君にお金を送る。ぼくたちは、きっと新年が過ぎるまで報酬を受けとることはないだろう。元気に楽しくすごして。

　愛しい妻である君とかわいい子供たち、そして友人のポルマンへ挨拶を込めて

ハインリヒ・ブランデス

(A. Holtmann [Hrsg.]: „Für Gans America Gehe ich nich Wieder Bei die Solldaten…"［…］, Bremen 1999: 73 より引用)

　この手紙にたいする妻の返事は知られていないので、文通の原型を類型論的に再構築しようと思っても、会話の片方しか手元にないわけだ。この手紙は、発語内行為に関しては、前述のとおり「情報提供」という特徴をもっている。もっとも、こうした解釈が可能なのは、歴史上の会話を考察する研究者が、「情報提供」の機能をもつ私的な手紙について知識をもっているからで、その知識にしたがって演繹的に分類をおこなっているにすぎない。しかし、南北戦争に義勇兵として参加したこの人物の他の手紙を調べてみると、この文通の「ターン」1 つとってみても、その発語内行為の構造は、ずっと複雑であることが分かってくる――そして、その構造についての解釈は、さ

らに複雑になる(たとえば、送金の遅れにたいする「謝罪」などがふくまれている)。また、その他の移民や義勇兵が書いた手紙もふくめて、帰納的な方法で調査をおこなうことで、文通タイプ「戦時文通」に属する、兵士と遠方に住む身内とによる文通種「前線における文通」を再構築する、といった研究が可能になるだろう。

　会話種や会話タイプを再構築したうえで、ようやく、言語共同体がおこなってきた歴史上の語用論的なやりとりが、すくなくとも大まかには記述できるようになり、同じ言語共同体がおこなっている現代語によるやりとりの発生過程が説明できるようになる。そうすることで、ようやく、話しことばと書きことばの言語構造的な要素の存在や機能も、言語学的に説明できるようになる(たとえば、シャルロッテにたいする"Schwester"［姉さん］という呼びかけや、シュテフェンにたいする二人称複数形［tragt］を用いた命令文など)。さらには、(思春期の兄弟姉妹による「言い争い」などの)原型全体や(親の権威を借りた「脅迫」などの)その一部分の連続性と非連続性が通時的に記述できるようになる。

|課題3|　戯曲の作者もまた「会話分析者」(Henne 1980: 94)であるという立場にたてば、レンツの戯曲は、「言い争い」がどのようにして生まれるのかをしめしているといえます。それでは、マリーとシャルロッテが交わした前述の会話は、どこで、相補的な「情報のための会話」から競争的な「言い争い」へと変わったのでしょうか？　レンツの「会話分析」の結果からは、「情報のための会話」と「言い争い」の構造について、どのような特徴がみられますか？

|課題4|　前述の手紙を、再構築された文通種「前線における文通」における1つの文通ターンだとします。この資料にもとづいて、この文通種における会話的に書くことの目的を考えてみましょう。書き手はどんな目的を持っているといえますか？　それは、こうした前線から家族に宛てて書かれた手紙において、典型的なものだといえるでしょうか？

## 2.1.3. 社会言語学

　歴史上の会話種や会話タイプ、あるいは会話領域全体を語用論的に再構築するためには、**社会言語学的な**データで裏づけをとる必要がある。語用論的に語史を記述するさいつねに社会言語学的な確証が必要であることは、「社会語用論的語史記述」という概念において表明されている (v. Polenz Bd.1 $^2$2000: 13f. 参照)。そして、歴史会話研究もまた、**社会語用論的語史記述の**一分野として、文献学的な分野の外にある研究対象にまで手を伸ばす必要がある。文献学的な学問分野もまた、幅広い「歴史社会学」(Wehler 1980) の一部としては、そうした対象にとり組まなければならないのだ。とりわけ、歴史学や社会学があつかう研究対象は、歴史上の人々がさまざまな異なるコミュニケーション実践領域で行為をおこなったさいの条件を教えてくれる、という点で重要だ。たとえば、医学の領域 (医者と患者の会話における伝統とその変化など) や法律制度の領域 (官庁語による文通や現代の行政法上の文通など) など。

　マリーとシャルロッテの会話もまた、社会言語学的な裏づけがなければ、十分に理解することができないだろう。すでに最初のターンで、マリーがフランス語のつづりをよく分かっていないことが明白になっているが、こうした描写は、マリーと同時代の彼女と同じタイプの人物がとる言語行動の指標となっている。つまり、それは、付随的に、マリーが読み書きをどのような方法で身につけたかをしめしているのだ。また、その一方で、すでに受取人にたいする呼びかけが正書法的に間違っていることから、マリーが、貴族や教養人が身につけているような手紙のための言語規範とは無縁の、より低い社会階級出身であることが分かる。出身階級に由来する限られた言語能力のせいでこのような問題が生じていることは、この虚構世界の会話をおこなっている登場人物たちがおかれた社会言語学的な条件だけでなく、さらには彼らが生きた時代の言語共同体のありようも表している。当時は、たとえば、書きことばであっても、目上の人に宛てた手紙に一人称代名詞の省略がみられた (「末永くご愛顧賜りますよう」)。こうした省略は、1776年において社

会言語学的に根拠のある統語的な規範だったのだろうか？　あるいは、マリーの書き方は一般的ではなく、たんに彼女個人が不十分な言語能力しかもっていない、ということをしめしているのだろうか？　いずれにせよ、シャルロッテは、この一人称の省略を——複数形で——訂正している（「「私たちは、末永くご愛顧賜りますよう」よ」）。そして、作者レンツはこの規範をとりあげて、マリーに「あんた、いつだってパパより賢くあろうとするのね。パパだって最近、いつも「私たち」とか「私」とかそんなのを書くのはていねいじゃないって言ってたわよ」と言わせている。さらにいえば、この（「私たちは［…］お願い申しあげる」にみられる）謙譲の複数形（Pluralis modestiae）［謙虚さをしめすために単数形 *ich*（私）の代わりに使う複数形 *wir*（私たち）］は、どのようにして使われはじめたのだろうか？　歴史会話研究は、こうした過去の修辞学や文体論にかかわる問いにも、答えていかなければならない。

　言語構造の分析や語用論的な分析を社会言語学的に補っていく作業は、結局のところ、過ぎ去った時代における言語行為の規範を明らかにすることにつながる。18世紀末を生きたあの小市民階級の姉妹にとって、発言や言語行為にさいして普段どのような選択肢があったのだろうか？　あの場面では、「礼儀正しさ」に関する規範が、間接的に述べられている。つまり「発言のじゃまをするな！」という規範が。さらには、もしこの2人が女同士ではなく男と女だったとしても、会話の参加者が対等な関係にはない「情報のための会話」から、比較的対等な「言い争い」に変わることができたのだろうか、という疑問も生じてくる。そして、この時代のこの社会層において姉妹が「情報のための会話」をおこなう場合、どのような会話布置（Rede-konstellation）が一般的だったのか、そして、姉妹がおこなった「情報のための会話」には、なかば制度化されていた「教えるための会話」のどのような特徴がとり入れられていたのだろうか？

　課題5　日本語の場合、一人称代名詞による主語（「私は」）を省略することがよくあります。文通においても、このように主語を省略することはできるで

しょうか？ また、主語を省略するべきなのは、どんなときでしょうか？
メールやチャットなど、身近な媒体での使用例をあげ、その社会語用論的な機能について考えてみましょう。

課題6　レンツの戯曲でマリーが書いた手紙は、「私の親愛なるマタム(Meine liebe Matamm)！」という、奇妙な呼びかけから始まっています。ネットや辞書を使って、さまざまな手紙の書き出しを集め、それらがもつ社会語用論的な機能について考えてみましょう。どんな基準にしたがって、どんなときに、どのような呼びかけをしていますか？

## 2.2. 関心領域あるいは歴史会話研究の意義

　歴史会話研究は言語学の一分野として、その関心の対象をおたがいに密接に結びついた2つのレールにそって追い求めている。その1つが、より広範囲をあつかう**歴史語用論**(Cherubim 1998: 545 ほか参照)の一分野としての歴史会話研究だ。この方向では、いわば「原理原則学問(Prinzipienwissenschaft)」(ヘルマン・パウル)として経験的・語用論的に言語の歴史を記述するための下準備をおこなうという課題を抱えている。そのために、この分野では、言語学的な会話研究の手法やカテゴリーを歴史上の会話に応用し、こうした手法やカテゴリーが普遍的(つまり、どの言語にも当てはまる)かつ汎時的(つまり、どの時代にも当てはまる)だということを実証しようとする。そして、もう1つは、より広範囲をあつかう**語用論的語史記述**の一分野としての歴史会話研究だ。つまり、いわば、現代語を対象とした共時的な会話研究の語史的な「応用観点」(Henne/Rehbock 2001: 228f.)としての歴史会話研究であり、この方向では、ドイツ語史の枠内で会話の発展史を記述し、ドイツ語による会話の歴史の一側面を明らかにすることが目的である。

　語用論的語史記述の一分野としての経験的な関心は、最初から、歴史語用論としての理論的・方法論的な関心よりも優位にありつづけてきた。歴史会話研究は、基本的に、後世に伝わった会話から出発し、研究方法やカテゴリーは現代語を対象とした共時的な会話研究のものを——多かれ少なかれ考

慮され、基本的には問題なく——歴史上の会話コーパスに応用している。こうした調査をおこなうさいに注目されてきたのは、前述の3つの次元と「特徴領域」だ。研究の対象となるのは、「パロール」的な個別の会話か「ラング」的な会話種で、言語構造の次元では歴史上の会話的な行為の方法と形式が、語用論の次元では会話として機能する歴史上の行為の原型(会話種や会話タイプ)が、社会言語学の次元では歴史上の行為の条件があつかわれる。そのさい、研究者はいまだに、「ラング」的な会話種がいかに生まれて発展したのかという通時的な調査には積極的にとり組まず、(「パロール」的な会話はこの意味では発展しないので)行為の方法や原型、条件などを共時的に調査することに集中してしまっている(Fritz 1994: 547ff. および Rehbock 2001: 964f. 参照)。共時的な調査に集中しているということ、とくに、文学作品における虚構世界の「パロール」的な会話を対象とした構造分析に集中していることから、歴史会話研究が、文学的な解釈をおこなうための文献学的な補助学問とみなされてしまうことも少なくない。もちろん、歴史会話研究にはそういう側面「も」ある——しかし、それだけではない。むしろ、歴史会話研究の分野ではそれぞれの研究がまだ関連づけられていないし、すべての研究に共通する研究方法もまだ確立されていないが、歴史語用論および語用論的語史記述のなかの、したがってより広範囲をあつかう歴史社会学のなかの、独立した言語学の一分野でありうるのだ。以下の節ではドイツ語を対象とした歴史会話研究の現状を具体的な「歴史上の」対象ごとにまとめて紹介するが、そのまえに、この分野に関心が高まっているからこそ、歴史会話研究が独立した学問分野でありうるのだということについて、よりくわしく述べておこう。

　かなり以前から、歴史学の分野では、"historia rerum gestarum"(起こったことの記述)が試みられている。つまり、過去のものごとをただ起きたこととして物語るのではなく、過去のものごとの歴史——「日常史」や「概念史」、「共同体史」、「文化史」、「メンタリティ史」、「社会史」、「構造史」といったものが、人々が考えたり、ふるまったり、行動したりした過程や結果とみなされ、研究されているのだ(Daniel 2001、Kocka 1986、Wehler 1980

参照)。また、歴史学におけるいわゆる「言語論的転回」によって、歴史的な過程において言語がはたす役割がより重視されるようになり、研究の対象となっている。しかし、こうしたことにもかかわらず、語用論的語史記述は――それとともに歴史会話研究も――広範な「歴史社会学」における歴史学的な研究のなかでは、基本的には、周辺的にしかあつかわれてこなかった（Wehler 1980 および Kocka 1999 参照）。たとえば、Jürgen Kocka は、社会学的なアプローチをおこなう歴史研究の 3 つの組み合わせをとりあげている。つまり、1)社会経済史、2)政治社会史、3)社会文化史だ。そして、そのうちの 3 番目の分野についてのみ、言語の調査が「文化史を知るための重要な糸口」(Kocka 1986: 141ff., 158)だと述べている。これにたいして、ドイツ語学者ヘルマン・パウルは、すでに 1920 年の時点で、文献学の視点から「歴史学の課題と方法」をとりあげ、「言語的・文化史的知識にもとづく解釈」をつうじて「文化価値」の保存をおこなうという観点を強調している（Paul 1920b: 55 ［復刻版 248］）。そして、19 世紀末から 20 世紀初頭にかけて、彼は、学問分野を整理しようと試みている。彼の案によれば、語史記述は、「文化論」の一分野として確固たる地位をしめることになっていた。『語史の原則（*Prinzipien der Sprachgeschichte*）』においてパウルは、すべての文化論と人文科学を「歴史学」としていた。これらの学問分野は、記述し説明する歴史学の一分野としてのみ進展することができる、と彼は考えたのだ。この観点からいえば、歴史会話研究は、過去のものにたいする関心にこたえ、過去のものを記述するだけでなく、さらには、現代のものを説明することにも貢献できる、といえるだろう。

## 現代を理解し説明すること

　Jürgen Kocka も同様に、社会史研究の目標を「規範的なものや、実践の場や生活の場において伝えられた過去についての言明が、現代の評価や望ましい未来への態度表明と溶け合っている次元に入りこむこと」(Kocka 1986: 100)と述べている。それから、Kocka は、歴史社会学の 7 つの機能と課題を

紹介している（Kocka 1986: 123ff.）。この機能と課題は、人々が——会話的なものもふくめて——考えたり、ふるまったり、行動したりした過程や結果として歴史をとらえるならば、歴史会話研究にもあてはまる。Kocka によれば、歴史学は——前述の理由から歴史会話研究にもあてはまるが——まず、(1)「現代の現象の（歴史上の）原因と発展を明らかにすることで、それらを理解し、説明し、そうすることで正しく実践的な対処方法」(Kocka 1986: 123)に関する知識を伝えなければならない。

史料編纂がもつこの機能と課題は、現代が歴史的過程の結果であるということを前提としており、この考えにしたがえば、現代ドイツ語による会話的なやりとりも、過去におこなわれた会話の遺産だということになる（このことについては、Paul 1920b: 37f.［復刻版 230f.］および Lerchner 1988: 284 参照）。この考えを、歴史会話研究があつかう具体的な研究対象にあてはめるなら、たとえば、古高および中高ドイツ語によるテクストに記された「舌戦(Rededuell)」を調査することは、こうした「舌戦」を通例にしたがった儀礼的な会話の原型として記述することであり、この原型を明らかにすることで、同じく闘争を誘発する言語行為、たとえば、プロ・ボクサーが試合前におこなう現代語による挑発合戦や、若者たちがおこなうけなしあい［ヒップホップ文化の「ビーフ」＝ディスりあい］を説明することもできるだろう（Dundes/Leach/Özkök 1972 および Bax 1983: 19 参照）。ひょっとすると、チャットにおけるいわゆる「フレーミング」、つまり、おたがいに罵ったり侮辱したりすることの説明もできるかもしれない。こうした会話については、『ヒルデブラントの歌』を例に第 4 章で再度とりあげる。

Kocka によれば、歴史学にはさらに、(2)「現代の社会・政治（さらには言語）に関する認識や説明の役に立つモデル的なカテゴリーや分別方法を提供する」(Kocka 1986: 123)という機能がある。

このことをしめす例も、歴史会話研究の分野からあげておくべきだろう。コンピューターを使った外国語習得プログラムでは、人間と機械との相互行為によってコミュニケーションがおこなわれている。そこでは、外国語学習者は、話しことばであれ書きことばであれ、学習過程を自分で組むことがで

きる。しかし、コンピューターには多くの可能性があるにもかかわらず、こうした外国語習得プログラムは、学習者をただ「反応」させるだけの状態においやっている。というのも、こうしたプログラムは、ときにはちょっとした変化もつけるが、たいていは事前に組みこまれた言語をほぼ一言一句正確にくりかえさせようとするからだ。CDによる「外国語としてのドイツ語」プログラム(『オスカー・レイクって誰？　相互行為的な外国語クラス！　スリリングなゲーム！(*Wer ist Oscar Lake? Ein interaktiver Sprachkurs! Ein spannendes Spiel!*)外国語としてのドイツ語レベル1マニュアル付』ニューヨーク、1998年)の一部をしめしてみよう。ここでは、学習者は、架空世界の駅にいて、ある女性から話しかけられ、2つの選択肢から正しい答えを選ぶことになる(分かりやすくするために、同じ意味の答えになるもの3つに網掛けをしてある)。

表2　外国語習得プログラムの一例

| 順番 | 女性 | 反応1 | 反応2 |
|---|---|---|---|
| 1 | "Hallo."<br>(ハロー) | "Auf Wiedersehen."<br>(さようなら) | "Hallo. Wie geht's?"<br>(ハロー。元気？) |
| 2 | "Wie geht es Ihnen?"<br>(お元気ですか？) | "Gut, danke."<br>(元気ですよ。どうも) | "Ich bin hier."<br>(私はここです) |
| 3 | "Was gibt es Neues?"<br>(なにか新しいことは？) | "Gut."<br>(いいですね) | "Nicht viel."<br>(とくには) |
| 4 | "Wie geht's?"<br>(元気？) | "Tschüß."<br>(じゃあね) | "Sehr gut. Und wie geht es Ihnen?"<br>(元気ですよ。あなたは？) |
| 5 | "Was ist los?"<br>(何かあった？) | "Immer dasselbe."<br>(いつもどおりです) | "Schön, Sie kennenzulernen."<br>(知り合えてよかったです) |
| 6 | "Wie geht es Ihnen?"<br>(お元気ですか？) | "Mir geht es gut."<br>(私は元気です) | "Ich bin Student."<br>(私は学生です) |

　歴史会話研究によって、教育の場においては、こうした構造の会話はまっ

たく新しいものではない、ということを明らかにすることができる。こうした会話は、17世紀および18世紀におこなわれていた「教理問答」、より厳密には「教えこむための試問(einflößendes Abfragegespräch)」の構造にしたがっているのだ。デンマーク王国教会役員会の会員だったコンラド・フレデリク・シュトレーゾーは、こうした構造の会話を「教えこむための問答(einflössende Katechisation)」と呼び、1765年に著した『学校教師のための手引き(*Handbuch für Schulmeister*)』のなかで、見本となる虚構の会話をつかって紹介している。この会話の見本のなかで、教員は、たとえば、「神は全能の神であり、いつでも救ってくださる」と発言している。それから、この発言を児童の頭にたたきこむためだけに、「教えこむための問答」をおこなうのだ(原典では、それぞれ2つずつ連続するダッシュ記号で生徒からの正しい回答を表していたが、以下の引用では、ダッシュ記号のあいだに生徒の回答をカッコ付きで補った)。

「全能である神は、なにができるのかね？」—(「いつでも救ってくださいます」)—「君も言いなさい、「全能である神は云々」」—(「いつでも救ってくださいます」)—「なぜ、神はいつでも救ってくださるのかね？」—(「神は全能だからです」)—もう一度、別の児童に質問し、必要であればそっと教えてあげましょう。「なぜ、神はいつでも云々」—(「神は全能だからです」)—(C. F. Stresow: *Vollständiges Handbuch für Schulmeister* […], Halle 1765: 160)

決まりきっていて好きなときにくりかえせる質問というものは、統語的、意味論的、語用論的に決まりきっていて型どおりの回答を要求している(Kilian 2004b 参照)。歴史会話研究は、教育というコミュニケーション領域における会話をあつかうことで、こうした構造の会話は、ただ学習者に丸暗記をさせるためのものだった、という認識をあたえてくれる。ヨーハン・ゴットフリート・ヘルダーは1800年に、こうしたやり方を「ことばによる欠伸そのもの」と呼んでいるが、的を射ているといえるだろう(Kilian

2002a: 266 参照)。これは、ことばを言ったり聞いたりしつづけることで理解しないまま記憶している状態を意味している。しかし、そこまで否定的にとらえる必要はないかもしれない。ここでとりあげた——単語などを——暗記するための会話の構造が成果をあげることもあるのだし、CDをつかった語学の授業で外国語のフレーズを丸暗記したからといって、なにか支障がでるわけでもないのだから。とはいえ、学習ソフトの開発者は、こうした会話の構造はけっして「相互行為的」な構造ではなく、学習者にゲームとして会話的な行為を提供するものではない、ということを肝にめいじておく必要がある。こうしたケースでは、歴史会話研究は、会話研究を応用して、会話の構造に関する観点とならんで教育学的・教授法的な観点をも提供することができる。

## 現代を正当化し安定させること、現代を批判すること

そして、Kockaによれば、歴史学には、(3)「今ある社会的・政治的支配関係を正当化し安定させる」(Kocka 1986: 124)という機能がある——そして、同時に、バランスをとるために、支配者による歴史の利用を批判するという課題が歴史家にはある。ここでも、歴史会話研究の分野から一例をあげよう。なお、この例は、後でもう一度とりあげる。ドイツ語文化をふくめた多くの言語文化においては、会話相手が不快になるような話題をさけるという、ポライトネスのための規範がある。だからこそ、とくに大勢が集まっている場では、たとえば、テーブルで隣に座っている人が片腕で、真剣にその理由が知りたくても、「いつどこで腕をなくしたんですか」などとは聞かないものだ。あるいは、よく知っている人物と会話をしているときに、たとえ試験勉強を手伝ってあげようと提案するつもりだったにせよ、「なんで3回も試験に落ちたの」などとは聞かないだろう。一般的な意味での「ポライトネス」とは、会話相手が期待していることや願っていることを察しつつ周囲の人たちとつきあっていくということだ。ポライトネスとは、相手の期待にこたえたいという自分の希望にたいする義務をはたすことであり、言いか

えるなら、「視点の受け継ぎ」(Beetz 1990: 156) にたいする義務をはたすことである。してはならない言ってはならないという規範については、すでにプルタルコス（およそ 46 年～119 年）［ローマ時代のギリシャ人作家］が書き記している。彼の論文「クセノフォンが食卓で話さないより話すほうがよいと言った質問と冗談はいずれか？」には、以下のような記述がある。

> 事故にあった人に、事故のことを聞かないほうがよい。というのも、その人が、裁判で負けたことや自分の子供たちを埋葬したこと、海や陸での交易で出した損失のことなど、多くのことを語らざるをえなくなったら、その人はきっと傷つくだろうから。
> 
> （Schmölders 1986: 101 より引用）

歴史会話研究は、このような、会話のさいに要求されていた、ポライトネスのための規範の歴史やその発展を批判的に再構築することで、こうした規範には共同体の構造を安定させる機能があったことを明らかにしてくれる（Beetz 1990: 177 および本書第 5 章参照）。子供たちは——そして子供っぽい大人や無邪気な大人も——こうした規範や、こうした規範がもつ共同体の秩序を安定させるためのポライトネスの機能を学び、それらにしたがっていかねばならない。彼らは、基本的に、相手の期待にこたえたいという希望を会話相手がもっているのかどうかを察しようとせず、会話相手の期待ではなく自分自身の期待にそって相手とつきあおうとする。

ポライトネスのための規範が自然なものではなく、文化的に生みだされたものであることは、ヴォルフラム・フォン・エッシェンバッハが 13 世紀初頭に著した叙事詩『パルツィヴァール』でもふれられている。ここでは、ヴォルフラムは——聖杯の王アンフォルタスの苦しみに関連して——前述の規範を守ったばかりに期待されていなかった行動をとってしまう、という特殊なケースを描いている。ヴォルフラムは、パルツィヴァールに、まず会話にさいしてのポライトネスのための規範を学ばせ、それからその規範にしたがわせた——そして、そのせいで、パルツィヴァールの苦難の道がはじまる

のだ。ヴォルフラムによる叙事詩の第3巻において、若いパルツィヴァールは初めて、身分相応の教育を「貴族を教育する達人」と称えられていたグルネマンツから受ける。そのとき、彼は、そのほかの規範とともに、以下にあげるように、ポライトネスにしたがって会話をするための規範も教わっている。

| | |
|---|---|
| irn sult niht vil gevrâgen: | 無駄な質問をするでない。 |
| ouch sol iuch niht betrâgen | ただし誰かが貴君から |
| bedâhter gegenrede, diu gê | なにかを聞き出そうとしたら |
| rehte als jenes vrâgen stê, | すぐに答えを用意して |
| der iuch will mit worten spehen. | 熟慮したうえで答えよ。 |

（Eschenbach 1992: I, 3, 171, 17ff.）

　ここで、グツネマンツはパルツィヴァールに、すでにプルタルコスが述べている、つまり古代からある言語行為の規範を教えている。おそらく、この言語行為の規範は、個別の言語だけにあてはまるものではなく**普遍的**なものなのだろう。そして、時の流れのなかでほとんど変わっていないのだから、**汎時的**なものでもある。ヴォルフラムは、この規範を中高ドイツ語の文章語で書かれたバリエーションとして、とりわけ宮廷における、より厳密には騎士たちが宮廷で人づきあいをするさいの、社会構造を安定させるための談話規範として、後世に伝えている。

　すこし後でパルツィヴァールが聖杯城に着くと、そこで彼は聖杯の儀式を目にすることになる。そして、聖杯の王アンフォルタスが耐えがたいほどの苦しみを抱えていることに気づく。その場面は、以下のとおり。

| | |
|---|---|
| wol gemarcte Parivâl | すべての豪華なものと不思議なことに |
| die rîcheit unt daz wunder grôz: | パルツィヴァールは気づいたが |
| durch zuht in vrâgens doch verdrôz. | 教育をうけた貴族らしく黙っていた。 |
| er dâhte, mir riet Gurnemanz | 彼は思った。「グルネマンツは |

| | |
|---|---|
| mit grôzen triuwen âne schranz, | 親切にもはっきりと教えてくれた |
| ich sollte vil gevrâgen niht. | 無駄な質問をするでない、と。 |
| waz ob min wesen hie geschiht | 無作法にふるまって、また |
| die mâze als dort bî im? | 不快な思いをさせたいのか？ |
| âne vrâge ich vernim | 質問なんてしなくてもこの騎士たちが |
| wie ez dirre massenîe stêt.' | どんなものか分かるだろうよ」 |

(Eschenbach 1992: I, 5; 239, 8ff.)

翌朝、聖杯の城は消えていた。パルツィヴァールは、騎士たちを探しているうちに、普遍的で汎時的かもしれないポライトネスのための規範にしたがったことが、このケースでは間違いだったと知る。彼はジグーネと出会い、彼がいたのは聖杯城ムンサルヴェーシェであり、聖杯の王アンフォルタスに同情して苦しみの原因をたずねれば王を救うことができた、ということを彼女から教わるのだ。

| | |
|---|---|
| ‚ôwê daz iuch mîn ouge siht', | 「ああ、あなたに会ってしまうなんて！」 |
| sprach diu jâmerbaeriu magt, | 苦しみのあまりうずくまり、乙女は言った。 |
| ‚sît ir vrâgens sît verzagt! | 「聞きそこなっただなんて！ |
| […] | (…) |
| iuch solt iuwer wirt erbarmet hân, | あなたは神に罰せられた城主に同情し |
| an dem got wunder hât getân, | 苦痛の理由を聞かなくてはならなかった！ |
| und het gevrâget sîner nôt. | あなたは確かに生きているが |
| ir lebt, und sît an saelden tôt.' | 生きる喜びは失われてしまった！」 |

(Eschenbach 1992: I, 5; 255, 2ff.)

たしかに、不快な質問をしないという規範にしたがったことで、アンフォルタスの苦痛は長引き、パルツィヴァールは聖杯を探す旅にでることになった。しかし、まさに、こうなることで、この規範は構造を維持するという機能をはたした、という点に注目してほしい。パルツィヴァールは、規範にし

たがうことで、聖杯をまもる共同体を神に罰せられたという古い構造のまま維持したのだ。

会話における言語行為のための規範には、どのような伝統があるのか、そして、どのような社会的機能があり、どのような変化や断絶があるのかについては、会話を歴史社会言語学的に分析する第 5 章でふたたびとりあげる。

## 現代の変化能力と可変性

Kocka はさらに、(4)「現代の社会および政治が、なにかから変わってできたものであること、したがって、それらには変化する能力があり、つまり原則として可変性を(も)もっていること」(Kocka 1986: 126)をしめす、という歴史学の機能をあげている。したがって、歴史学によって、現代がいくつかの可能性のなかから生まれたものであると証明することができるし、必然的に生まれたなどという神秘的な説を除外することができる。これと同じ観点から、21 世紀のドイツ語共同体がおこなっている会話的なやりとりも、コミュニケーションにたいする共同体の需要にもとづいて選別され、使用される可能性のある会話種が規範化された姿とみなすことができる。そして、それぞれの会話種の典型例は、言語の歴史のなかで、人々が言語行動をとった結果うまれたものであり、多くの標準化の流れにもかかわらず、可変性を保ちつづけている――なぜなら、それは人が生みだすものだからだ。多様な新しいコミュニケーション技術をともなう新しい媒体が生まれる時代には、なにかから変わってできた現在あるものが変わっていく状態を、はっきりと観察することができる。たとえば、チャットや E メール、SMS などで、これまで伝承されてきた会話種が、新しい媒体における条件や可能性に適応していくさまを観察することができる(第 6 章参照)。たとえば、ハレ大学のクリスティアン・トマジウス教授［哲学者・法学者でドイツ啓蒙主義の先駆者］のところでは、17 世紀末のオフィスアワーがどのようであったのかを観察することができる。トマジウス教授は、学生が「毎日午後の 1 時から 3 時に」彼の家をたずねることを許可し、「好意的に聞き、親切に答えること」

を約束している——ただし、以下の条件付きでだが。

> 1. 不必要なお世辞は言わず、すばらしい話は、それを聞きたいであろう人たちのところへ行くまで話さないこと。2. 要望は簡潔かつ明確に述べること。3. 質問への答えをもらい、ほかに質問がないなら、すぐに退出すること。ただし、私が君たちを必要としている場合をのぞく。
> (Chr. Thomasius: [Vom elenden Zustand der Studenten], in: Chr. Thomasius: *Allerhand bißher publicirte Kleine Teutsche Schrifften* [...], Halle 1707, 567–614, hier 613)

21世紀におけるオフィスアワーで大学教員がおこなうフェイス・トゥ・フェイスの会話は、トマジウスのものとは違っている。この会話種は変化したのだ。いや、より正確に、大学という組織が様相を変えたために、変えられてしまったというべきだろう。オフィスアワーは、今日ではトマジウスのときのように家ではなく教員の研究室でおこなわれるし、面談時間が決まっているとはいっても「毎日」ではないし、この会話種を実践するさいの言語行為に関する規範は、今日ではほとんど定められていない。もっとも、どの学生も、この会話種を自分の都合にあわせて変化させている点は、かつてと変わらない。たとえば、何時に来るのか、どれくらい話すのか、どのように申し込むのか、さらには最近は、(Eメールで質問するなど)どの媒体をつかって面談するのかも——たいていは特定の質問でのみ可能なことだが——学生から提案することができる。

## 歴史的な知識固有の価値

Kockaのリストにある残り3つの機能は、いずれも、すでにあげた4つの機能と歴史学がもつ個々人にとっての教育的価値とを結びつけたものだ。そこで、本書ではまとめて紹介することにする。歴史学は、(5)「現代における個人や集団を指導することに貢献」(Kocka 1986: 126)できる。さらに、歴

史学は、(6)具体的で体験できることの関係を集中的にあつかうので、「体系をあつかう社会学よりも「具体的な思考」を育てる」(Kocka 1986: 127)こともできる。そして、(7)一般的に、教育的な価値や娯楽的な価値のあることを知的に楽しむことができる(Kocka 1986: 128f. 参照)。

## 文献学的な貢献

　せまい意味では歴史会話研究の機能というわけではないが、会話によるコミュニケーションと関連するほかの歴史学的な学問分野に、研究成果を提供していくことは重要だ。そうした他分野のなかから、まずは、当然ながら、歴史学をあげるべきだろう。この分野では、最近、「言語論的転回」がおきたばかりでなく、会話によるコミュニケーションも、とくにディスコース研究の枠内で、歴史に関する知識を促進するための調査対象とみなされるようになったからだ(最近の研究では、Landwehr 2004 ほか参照)。歴史会話研究が、歴史的な出来事についての知識そのものに変革をもたらすものではないことは明白だ(この点にたいする Enninger の批判については、Kilian 2002a: 461f. 参照)。しかし、歴史会話研究がこうした研究対象に手をだすことで、現代社会と結びつけながらアプローチするという研究方法に、新しい観点を持ちこむことができる。それから、自明のことだが、(ドイツ)文学をあげるべきだろう。言語芸術として詩学的にあつかうにせよ(Hauenherm 2002 および Urscheler 2002 ほか参照)、文学社会学的にあつかうにせよ(Zimmer 1982 および Hasubek 1998 ほか参照)、さまざまな観点において歴史上の会話と関連があるからだ。そのほかにも、政治学の分野においては、歴史上の政治的会話や会話種の構造が研究されているし(Ziebura 1963 ほか参照)、教育学の分野では、歴史上の教育的会話の形式や構造が研究されている(Petrat 1996 ほか参照)。言語学の一分野である歴史会話研究は、これまでのところ、こうした他分野にたいして文献学的に貢献するものとしては(ここでいう「文献学」とは「言語学的な解釈学」[Fritz Hermanns]という意味だ)、まだたいして注目されていない。歴史会話研究は、新たな知識を獲得するた

めに、少なからぬ貢献ができるはずなのだが(Kilian 2003: 178f. 参照)。

　歴史会話研究は、広範な歴史社会学における語用論的語史記述の一分野であり、こうした機能を背景として、過去や現在と結びつき、未来を指ししめす学問だ。また、せまい意味では文献学的な技術であり、人文科学的な解釈学の枠内で、他の学問分野において歴史上の会話が解釈されるさいに、補助学問として貢献することもできる。さらには、応用言語学の一分野でもあり、過去の会話を研究することで現在の会話を説明することができるし、未来の会話を垣間見せてもくれる。2つの形容詞「歴史上の」と「会話の」によって、これまでバラバラにたいした関連もなく発表されてきた研究が「歴史会話研究」という学問分野にまとめられることは、自明なことといえるだろう。

**参考文献**
Paul 1920a、Paul 1920b、Wehler 1980、Kocka 1986、Cherubim 1998、Kocka 1999、Daniel 2001。

## 2.3. 歴史会話研究の現状

　ドイツ語を対象とした歴史会話研究の分野ではどのような研究がおこなわれているのかを、形容詞「**歴史上の**」の視点からまとめるさいには、この形容詞をそれぞれなにと結びつけるのかによって2つに分ける必要がある。まずは、研究対象の範囲そのものが歴史上のものである場合。つまり、ドイツ語による会話にどのような作用があり、どのように発展してきたのかという歴史をあつかう場合だ。この場合、会話という行為の構造や機能、条件の歴史が研究対象となる。つぎに、こうした会話の要素の歴史をあつかう研究の歴史が研究対象となる場合。つまり、ドイツ語学の一分野である歴史会話研究の歴史をあつかう場合だ。

　ドイツ語による会話にどのような作用があり、どのように発展してきたの

かという「歴史」の範囲は、原則として、ドイツ語の全歴史と重なっている。つまり、8世紀の古高ドイツ語の時代から現代にいたるまで、この作用と発展の歴史がつづいているのだ。このことは、人々が「他と対話できる」(Herder 1772: 47。第1章1節参照)ようになろうと努力し、共同体が文化をつくりあげたなら(Paul 1920a: 7)、いつの時代においても毎日々々、媒体や地域、社会、専門分野ごとに異なる形式のバリエーションをつかって、人々はおたがいに会話によるコミュニケーションをとっている、ということが前提になっている。マルチメディア時代である21世においてさえ、こうした日常における会話的な出来事のごく一部しか記録も保管もされていないが、それにもまして、より古い時代のドイツ語はごくごく少数しか後世に伝わっていない。そして、資料をめぐる状況は量的にも質的にも、より古い時代のものよりは良くなっていっており、20世紀に関してはほとんど概観できないほど多くの資料があるが、より古い時代の、歴史会話研究のための「歴史上の」研究対象は全体からみればとても少ない。ところが、1300年にわたるドイツ語の歴史をあつかった先行研究においては、対象となる時代にそれほど偏りがあるわけではないのだ。たしかに、会話もふくめた古高ドイツ語による言語生活にせまっていくのは、新高ドイツ語による言語生活を研究するときほどには、うまくはいかないだろう。しかし、「歴史」という視点からみれば、より新しい時代のドイツ語による会話の歴史、新しいコミュニケーション技術の影響をうけて変化しつつある時代の会話の歴史さえ、より古い時代の、たとえば1520年代のいわゆる「宗教改革の会話」などとくらべても、それほど研究が進んでいるわけではないのだ。

　もっとも、ドイツ語を対象とした歴史会話研究は30年の歴史をもつが、その間、全体からみれば、いくつかの特定の時代がとくに研究対象として関心を集めてきた。それは、その時代の会話が文化史的・社会史的・思想史的・メンタリティ史的にぬきんでている、とみなされている時代——それゆえ、その時代の会話が後世に伝わっているわけだが——たとえば、宗教改革期や啓蒙主義的・「教育学的」18世紀などだ。ドイツ語史を整理するために、古高ドイツ語、中高ドイツ語、初期新高ドイツ語、新高ドイツ語という

おおざっぱな区分をつかいながら、以下に、ドイツ語を対象とした歴史会話研究の代表例を紹介しよう。

## 古高ドイツ語および中高ドイツ語による会話の研究

　古高ドイツ語［750–1050］および中高ドイツ語［1050–1350］の時代については、文学的な会話研究にくらべると、言語学的な会話研究はわずかしかおこなわれてこなかった。**古高ドイツ語**による会話の言語学的な研究としては、すでに、ドイツ最古の大規模な会話資料として、『ヒルデブラントの歌』を対象としたいくつかの研究がある（v. Polenz 1981、Bax 1983、Bax 1991 など）。さらに、日常語による会話や会話種も研究の対象となっており、たとえば、いわゆる「カッセル会話」や「パリ会話」（9世紀あるいは10世紀）が研究されている。もっとも、こうした研究にさいしては、たいてい話しことばの再構築が関心の対象となっており、会話の構造に関する問題提起や、会話をめぐる語用論的・社会言語学的な問題提起はあまりおこなわれていない。**中高ドイツ語**を対象とした歴史会話研究としては、『ニーベルンゲンの歌（*Nibelungenlied*）』がなんども研究対象になってきた（Weydt 1980、v. Polenz 1981、Sonderegger 1981、Weigand 1988 など）。そのさい、『ニーベルンゲンの歌』における競争的な会話タイプ、とりわけ会話種「言い争い」（英雄たちと女王たちの「言い争い」など）には、特別に語用論的な関心がむけられている。こうした関心がむけられているのは、一方では、もちろん資料の状況によるものなのだが、その一方では、*gel(p)f* とよばれる大言壮語を用いた騎士による「闘争の会話」が、この時代特有の会話の様相をしめしているとみなせるからでもある（第4章参照）。

　このほかにも、古高ドイツ語および中高ドイツ語を対象とした言語学的な研究はおこなわれており、あつかうテーマはかなりはば広いが、全体的な数は、まだ概観できるていどしかない。とくに挙げておくべきなのは、すでに述べた「言い争い」の形式の研究のほかには、中高ドイツ語による「教えるための会話」の研究（Kästner 1978、Neuendorff 1987 ほか）や「ミンネの会

話」［騎士による奉仕的恋愛の会話］の研究(Kästner 1999)、叙事詩における会話種の研究(Urscheler 2002 など)、発話行為論にもとづく会話における言語行為タイプの分析(たとえば、Schwarz 1984 における「愛の告白」分析や——むしろ文学的な研究だが——Schnyder 2003 における「沈黙の地誌」研究など)がある。また、古高ドイツ語および中高ドイツ語による韻文叙事詩で描かれた虚構世界の会話は、資料がすくないという困難な状況におかれた歴史会話研究がかかえる方法論的な問題を解決するためにも利用されている(たとえば、Michel 1979 はハルトマン・フォン・アウエの『グレゴリウス(Gregorius)』を例に、発話行為タイプの条件を再構築しようと試みているし、Neuendorff 1986 は会話を分類しようと試みている)。

## 初期新高ドイツ語による会話の研究

　初期新高ドイツ語［1350–1650］を対象とした歴史会話研究も、まずは、この時代における会話の特殊な点に関心がむけられており、したがって特定のテーマに研究が集中している。これまでのところ、16世紀におけるいわゆる「宗教改革の会話」に重点がおかれている(Bentzinger 1990、Bentzinger 1992、Enninger 1990、Kampe 1997 など)。「宗教改革の会話」という研究対象は——会話タイプとして——社会史上の特別な出来事と密接に結びついているし、宗派間の対立構造がそれらの会話に反映されているという点で重要だ。たとえば、「論争」や民衆を啓蒙しようとする「教えるための会話」、そしてまた(論争的ではない)「言い争い」といった形で。この、過去に実際におこなわれた、虚構世界のものではない資料にもとづく研究に関しては、歴史語用論が設定した目標にむかって、歴史会話研究は卓越したやりかたで研究をすすめていった。つまり、ドイツ語によって実際におこなわれた過去の言語行動そのものの歴史を再構築する、という目標に。しかしながら、歴史的・政治的な出来事そのものを歴史会話研究があつかうということ、そして、こうした研究をつうじて、文学作品における会話を文献学的に解釈するだけでなく、歴史上の出来事や経過の因果関係をも明らかにするのだという

自負は、この研究分野が批判をうける原因にもなっている。たとえば、Werner Enninger は、1523 年の第 2 回チューリッヒ論争を例に、「急進的な改革者が（…）抑圧された者としての立場から、論争の枠をこえて相手を論破するさいに、どのように会話を構成しているのかを再構築」(Enninger 1990: 147) しようと試みている。とはいえ、そのさいに資料となりうるものは現代語を対象とした会話分析で必要とされるほど十分にはなく、Enninger は「談話分析の方法を歴史上の文書に応用するのは（…）方法論的に不確かなどころか、投げやりだとさえいえる」(Enninger 1990: 159) と結論づけている。そして、こうした研究をつうじて史料編纂をおこなうことについては、さらに否定的だ。

> 上述の調査結果は、歴史学的・神学的な文献ではまだ知られていなかったような事実を、なに 1 つ明らかにはしていない。
> (Enninger 1990: 157)

Enninger の結論は一貫して、「歴史学」（ヘルマン・パウル）の否定を意味している。というのも、資料はけっして、私たちの要求すべてに十分こたえてくれることなどないからだ――この結論は極端すぎるのかもしれないが、彼のするどい指摘は、つぎの 2 つの問題を明らかにしている。まずは、歴史上の会話をあらわすテクストが、歴史会話研究にとってどのような価値があるのか、という問題。この問題は、語史のための資料を研究し批判することによって解決しなければならない（次節参照）。そして、歴史会話研究が歴史学の他分野に文献学的に貢献するさいに、その言語学的な解釈にはどれほどの価値があるのか、という問題がある（前節参照）。

## 新高ドイツ語による会話の研究

歴史会話研究のうち**新高ドイツ語**［1650–］を対象としたものとしてもっとも早いのは 18 世紀末をあつかう研究であり、それは、社会史における

「鞍部期（Sattelzeit）」［初期近代から近代への移行期］が、どのように会話の歴史に反映されているのかを探る研究だ——だから、ここでもまた、社会史や事件史が、具体的な研究対象を選ぶさいの基準になっている。しかしながら、新高ドイツ語を対象とした歴史会話研究は、社会史や事件史に影響をうけたテーマへの関心から始まったというわけではない。そうではなく、言語構造への関心から始められたのだ。つまり、「18 世紀の話しことばを再構築すること」（Henne 1980 の副題。Betten 1985: 145ff. も参照）への関心から。このテーマは、もともと 1970 年代にドイツ語研究の分野でおきた、話しことばの文法論的・語用論的・社会言語学的な側面への関心から選ばれたものであり、同時にまた、18 世紀末に文学のことばが「自然な」話しことばに近づいたことも、きっかけになっている。というのも、社会史における「鞍部期」は、文学のことばにも、とりわけ、疾風怒涛派の戯曲における登場人物のセリフに影響をあたえており、登場人物は——民衆劇やハンス・ヴルスト劇［典型的な道化役が出てくる滑稽劇］だけでなく——高尚な作品や悲劇などであっても、「現実の人間」のように話しており、それまでのように「機械」のように話さなくてよくなった（たとえば、レッシングは、ゴットシェートの作品に出てくる登場人物のセリフをはげしく批判している。*Werke*. Hrsg. von H. G. Göpfert, IV: 505）。18 世紀末の戯曲における登場人物のセリフは、さまざまな社会階級（貴族や上流市民層だけでなく召使いなどの下層階級も）に属する人々の日常的な話しことばに「自然に」近づけられており、疾風怒涛派の戯曲作家たち、とくにヤーコプ・ミヒャエル・ラインホルト・レンツなどは「文学における会話分析者」（Henne 1980: 94）と呼んでも言いすぎではない。

　こうした背景から、文学作品を対象とした会話分析の手法が歴史上の資料に応用され、歴史会話研究は文学作品を対象とした会話分析の「応用観点」としておこなわれた（Henne/Rehbock 2001: 228ff. および Schlieben-Lange 1979: 1 参照）。また、そのさいには、会話タイプや会話種の再構築もおこなわれた。こうした研究の中心となってきたのは、17 世紀および 18 世紀の私的な空間における社交的な「歓談（Konversation）」だ（Fauser 1991、Ehler 1996、

Schlieben-Lange 1983a など）。また、一時期、注目を集めていたのが、博愛主義的なソクラテス式思考法［問答を通じた思考法］にもとづいた「授業時の会話」および「教えるための会話」（Kilian 2002a、Naumann 1991、Spinner 1992 など）、そして、「文字による会話」としての「手紙による文通」（Ettl 1984、Vellusig 2000 など）などだ。その一方で、市民層が政治的に無力であることを覆い隠そうとする、当時の（半）公的な「討論すること（Debattieren）」や「議論すること（Diskutieren）」、「多弁を弄すること」などは、残念ながら、会話の歴史の一部としてはまだ研究されていない。19 世紀は、ドイツ語を対象とした歴史会話研究においては、なによりも市民による「歓談」および「雑談（Causerie）」の世紀であり（Linke 1988、Linke 1996、Kilian 1999）、学生による「儀礼的言い回し（Comment）」の世紀であり（Objartel 1991）、そして議会における「討論（Debatte）」の世紀だ（Burkhardt 2003 など）。こうした研究対象としての会話種の選択には、すでにそれぞれの時代が反映されている。また、これらの会話種の痕跡は直接現代につながっているのだから、こうした研究は——Kocka のいう意味で——現代における会話の解明に貢献することになるだろう。最後に、20 世紀を対象とした歴史会話研究をテーマの観点からまとめると、会話の歴史と発展とが、政治的・イデオロギー的観点ごとに、そして媒体ごとに（まとまりなく）個別に研究されている。たとえば、大規模な「討論」が抱える困難さから小さなグループにおける「審議／助言（Beratung）」や「党派間協議（interfraktionelle Besprechung）」の長所を導きだす研究や（Kilian 1997a、Burkhardt 2003 など）、電話やテレビ、コンピューターといったコミュニケーションのための新しい技術が、ドイツ語による会話的なやりとりにどのような影響をあたえているのか、伝統的な会話種を変えたり、新しい会話種をつくりだしたりしているのかなどの研究——たとえば、「電話による会話」や「トーク」、「チャット」、「E メール」、「SMS」などを対象とした研究がおこなわれている（Schwitalla 1996、Kilian 2001a など）。

　全体的にみると、新高ドイツ語を対象とした歴史会話研究には、調査方法にあまり注意をはらわない研究が目につく。そのため、もっぱらせまい意味

での語史に注意をむけているようにみえる。これはおそらく、新高ドイツ語の資料における会話のことばが、現代の会話のことばに近いことに原因があるのだろう。あるいは、調査方法に注意をはらった結果、あまりにしばしば、不必要なほどの説明をしなくてはいけなくなり、経験的な研究に支障がでてきたことが、その原因かもしれない。しかし、たとえ「歴史学」(ヘルマン・パウル)の——したがって歴史会話研究の——もっとも重要な関心対象が、実際には、「そもそもどのようだったか」(レオポルト・フォン・ランケ)を明らかにすることであったとしても、新高ドイツ語を対象とした場合においても、方法論的な問題を無視してはならない。技術的に選別された現代語のコーパスにもとづいて検証された、会話をあつかう言語学のためのカテゴリーを、この時代の会話にも用いる必要がある(Kilian 2002a: 5ff. およびFritz 1994: 547 参照)。そのさい、さらに、新高ドイツ語の推移にそって資料の基盤を拡げていくことや、資料の質を歴史会話研究の視点から改良していくための方法論的な原則や考察が必要とされている。

 とはいえ、方法論的な問題を解決しようとする意欲は、関心の対象が変わったこともあって、近年では創造的な活動に結びついていない。最近は、「個別の」会話や「個別の」会話種をミクロ、メゾ、マクロレベルで分析することよりも、会話種や会話タイプの外的な歴史の調査や、語史へのアプローチをつうじて文化史や社会史、思想史、メンタリティ史を明らかにしようとする研究に関心が移ってきているのだ。こうした研究では、対面会話で用いられた具体的な話しことばや、文通で用いられた具体的な書きことばが、ときには意図的に研究の対象からはずされることさえある——その理由として、いずれにせよ、こうした話しことばや書きことばを再構築することは資料の状況から困難だ、という点があげられることもまれではない。そして、その代わりに、会話における行為を左右する、すでに存在していた、あるいは新たに確立された規範に関する問題提起、または、会話を用いる生活様式や儀礼的な相互行為、「コミュニケーションの理想」(Göttert 1988)に関する問題提起がおこなわれるようになってきた(Linke 1996: 36 および本書第 5 章参照。文学的な視点からの研究については、Beetz 1990: 7 参照)。歴

史会話研究のこの分野において資料となるのは、たいていは、会話種や会話タイプについて考察した資料やそれらの規範についてふれた資料、たとえばマナー本や日記などだ。ただし、こうした資料によって後世に伝わった規範は、それぞれの時代特有の考え方を伝えていることが少なくない一方で、何百年にもわたって伝わってきた、会話をうまくおこなうためのガイドラインを再録していることもある（たとえば、会話中に相手の発話をさまたげてはいけないとか、食事中は沈黙をまもるべきだとか）。だから、こうした歴史上の会話の規範を、それぞれの時代の会話をめぐる文化や社会、思想、メンタリティと結びつけることに問題がないわけではない。したがって、戯曲などの虚構世界における会話のことばをそれぞれの時代の話しことばと結びつける研究よりも、規範をあつかう研究には方法論的な問題が少ない、ということもできない。

歴史会話研究における個々の調査は、特定の時代や会話種、会話タイプ、あるいは後世に伝わった特定の会話サンプルを対象としたものに比較的集中している。しかし、それぞれの調査の具体的な目標は、「会話的なもの」にたいして言語構造に関する問題提起をおこなうのか、語用論的あるいは社会言語学的な問題提起をおこなうのかによって、また、方法論や理論にたいする関心から研究をおこなうのか、あるいは文献学的な関心から経験にもとづく研究をおこなうのかによって、おおきく異なっている。さらに、「歴史的な」視点に関して、特定の時代を考察するのか、特定の会話種や会話サンプルを歴史の流れにそって通時的に考察するのか、あるいは、それらを共時的に分析するのかによっても、おおきく異なる。どの観点が重視されたとしても、そのほかの観点が調査から除外されるわけではないが、どの観点を重視するのかによって、必然的に、研究にさいして焦点をあてるべきポイントが決まってくる。したがって、前述のように、古高ドイツ語や中高ドイツ語を対象とした研究では、ながらく、当時の話しことばを再構築するために、個々の会話サンプルにおける言語構造の分析に焦点があてられており、語用論的および社会言語学的な問題提起は、せいぜい、そうした分析のための外

枠を提供しているにすぎない。しかし、その一方では、おなじ資料にもとづいて、「言い争い」や *gelpfheit*、つまり大言壮語における発語内行為がどのようにかみ合っているのか、その流れを再構築しようとする試みにも焦点があてられており(v. Polenz 1981、Bax 1983 など)、そこでは逆に、言語構造に関する視点がただ脇役を演じているにすぎない。また、19世紀における会話によるコミュニケーションの調査では、多くの場合、現代の研究者が使用していることばに研究対象が近いこともあって、話しことばの音声学的、音調論的、文法的な構造についてはまだあまり注目されておらず、会話の語用論的な構造についてはまだ多いほうだが(Kilian 1999 ほか)、しかし、注目を集めているのは、なんといっても社会言語学的な次元での会話研究だ(Linke 1996、Kilian 2001b、Takada 2004 ほか)。最後に、方法論および理論への関心からおこなう研究か、文献学的な関心から経験にもとづいておこなう研究か、という二者択一についても述べておく必要があるだろう。方法論および理論への関心からおこなわれる研究のなかには、方法論や理論を検証したり分かりやすく説明するための材料として、会話サンプルや会話種の一例をとりあげているものがある。たとえば、会話をあつかう言語学のためのアプローチ方法やカテゴリーの検証のためなどに(Ungeheuer 1980 ほか)──これはつまり、原則的に、その一例でうまくいけば、その他の会話サンプルや会話種でもうまくいく、という理屈だ。

　これまでおこなわれてきた数多くのケース・スタディの結果、歴史会話研究は拡大と収束という2つの方向に進展した。拡大に関していえば、当初はもっぱら、文学作品における個々の会話分析によって話しことばを再構築しようとしたり、会話をあつかう言語学のカテゴリーを検証しようとする研究が中心的におこなわれていたが、その他の(メンタリティ史などへの)関心や(裁判記録などの)資料のジャンルにも注目が集まるようになった。収束に関していえば、こうした関心が──したがって、経験にもとづく問題提起や方法論的・理論的な問題提起も──歴史会話研究という形で体系的に整理され、まとめられるようになった。たしかに、まだ未整理の問題提起が多く残されているが(Cherubim 1998: 542ff. および Fritz 1994: 545f.)、そうした問

題提起も、レンツの『軍人たち』における会話例を用いて紹介した本書の各章を構成している4つの作業分野ごとに、体系的に整理することができる。つまり、1)言語構造、2)語用論、3)言語社会学、4)せまい意味における語史の分野だ(Fritz 1994: 550ff. および Rehbock 2001: 962ff. 参照)。

　それでも、ドイツ語を対象とした歴史会話研究を抽出検査的に概観すると、まだ、いくつかの重大な不備があることが分かる。まず、それぞれの研究をしっかりと結びつける学術組織が必要だ。そして、ドイツ語を対象としたものにかぎらず、これまでおこなわれてきた研究の全貌を明らかにするための書誌学的な調査は、たしかに困難なものになるだろうが、今後の研究のためには不可欠だ。歴史会話研究そのものに関していえば、現代語を対象とした共時的な会話研究でもまだ解決されていない課題だが、歴史上の会話種および会話タイプの体系化と分類をすすめる必要がある(第4章参照)。さらに、会話種および会話タイプを長期間にわたって通時的にあつかった研究は、まだほとんどおこなわれていない。先行研究のなかには、メタ・コミュニケーション的な資料や言語をあつかった資料にもとづきながら、概念の歴史を明らかにしただけで終っているものも多い(Fritz 1994: 547ff.、Rehbock 2001: 965 ほか参照)。それから、歴史上の対面会話を言語学的にあつかった研究を補うものとして、歴史上の文通をあつかった研究もおこなわれる必要がある。すでにいくつか、そうした研究がおこなわれており(Nickisch 1979、Langeheine 1983、Nickisch 2003 など)、さらに近年では、手紙を言語学的にあつかう研究、とくに「下からの」庶民の言語に目をむけた語用論的語史研究がおこなわれており、これまでの文学研究の影響がつよかった手紙研究とは一線を画している(Schikorsky 1990、Klenk 1997、Elspaß 2002 など)。もっとも、この分野における歴史会話研究では、個々の手紙に書かれた文章だけを、形式的には独白であるテクスト種「手紙」としてテクスト言語学的にあつかうのではなく、会話的におこなわれる文通全体を研究対象としなければならない。そして、最後に、歴史会話研究に残された最大の課題は、ドイツ語による会話の歴史を、その伝統や変化、中断をふくめて解明し記述することだ。

## 3. 資料研究と資料批判

文献学的あるいは歴史学的な研究は、つねに「資料」にもとづいておこなわれる。この資料を定義するならば、以下のようになるだろう。「資料とは、あらゆる歴史的発展のうち、我々が直接観察することのできる事実である」　　　　　　　　　　　　　　　　　　（Paul 1891: 155）

　これまでの記述で明らかなように、歴史会話研究は、現在に伝わった歴史上の会話を言語学的に研究するという点で、応用科学だといえる。歴史会話研究は、語史に関する、あるいはせまい意味での文献学に関する問いに答えることができるのか、それとも、理論的あるいは方法論的な関心に応えることができるのか。その答えをみつけるためにも、その関心に応えるためにも、基本的にはデータ・コーパスにもとづいて作業をすすめ、証拠をみつけるか、すくなくとも後づけ的に検証しなければならない。語史にきわめて精通した会話研究者であっても、過去の言語をあつかう言語能力は十分にはないし、演繹的に現代語から歴史上の言語を推論するという手法は、なにかを解釈し発見するための最初の補助手段以上のものであってはならない。

　経験的にドイツ語を対象とした歴史会話研究をおこなうための理想的なコーパスをつくるには、形容詞「会話の」および「歴史上の」が当てはまるすべてのドイツ語で書かれた資料を、集めなくてはならないだろう。さらに、その資料は、会話の2つの媒体――つまり対面会話と文章による文通――に合わせて、歴史上の対面会話研究用ドイツ語コーパスと歴史上の文通研究用ドイツ語コーパスという、2つの部門に分けなければならない。この両部門もまた、さらに、たとえば、「時代」や「場所」、「発話者／執筆者」などの言語外の要素ごとに区分することができる（Hoffmann 1998: 879 参照）。あるいは、社会的なコミュニケーション実践領域ごとに区分することもできる。資料に記されているそれぞれの対面会話種や文通種には、歴史上の「特定の領域を指ししめす機能(Indikatorfunktion)」（Steger 1986: 206 参照）があるからだ。たとえば、第1章1節で紹介したルターとツヴィングリ

との「論争」は、16世紀における教会や宗教といったコミュニケーション領域と結びついているし、マリーとシャルロッテという姉妹がおこなった「言い争い」や、この場面で暗にしめされたマリーと「マダム」との「手紙」による文通は、18世紀末の小市民的な日常というコミュニケーション領域と結びついている、といえるだろう。

このように——会話サンプルの言語外の要素だとか会話種のコミュニケーション実践領域ごとに——資料を収集して分類するやり方は、およそ1950年以前であれば、比較的ゆたかな「文通」コーパスときわめて貧相な「対面会話」コーパスを生みだす結果になったことだろう。多かれ少なかれ全体が後世に伝わった手紙は、さまざまな時代から大量に入手可能だ(アンハルト＝ケーテン侯と「実りを結ぶ会(die Fruchtbringende Gesellschaft)」の会員が1617年から1650年におこなった文通や、ゲーテとシラーが1794年から1805年におこなった文通、さらには、19世紀の「庶民」や20世紀の「大物」による私的な文通、たとえば、テオドール・ホイスとコンラート・アデナウアー［西ドイツの初代大統領と初代首相］が1948年から1963年にかけておこなった文通など)。それにたいして、対面会話というのは、ようやく1950年以降(あるいは「1900年ごろにおこなわれた最初の録音」以降。Hoffmann 1998: 875参照)に記録し保管できるようになった。1950年以降の時代に関しては、文通と、技術の発展によって保管が容易になった対面会話とは、資料となる数が逆転しているかもしれないが、この時代は、そもそも歴史会話研究が注目している時代ではない。ともかく、文通のためのより新しい技術(Eメールやチャット、SMSなど)の発展や、マスメディアにおける演出され保管された対面会話(TVにおけるトーク・ショウや劇、ビデオ会議など)の急激な増大によって、資料の量に関する問題については解消されるに違いない。だから、より新しい時代の新高ドイツ語を対象とした歴史会話研究——たとえば、1945年から1989年における政治的会話の研究——をおこなう未来の研究者は、コーパス作成にさいして今ほどの問題を抱えていないことだろう。

より古い時代に関しては、対面会話をそのまま記録した資料がまったくな

いため、会話研究者のなかには、歴史会話研究の一環として対面会話を研究することは難しいと考える者もいる。彼らによれば、歴史上の対面会話を研究しても、その結果は「結局のところ仮説の域」を出ないし(Brinker/Sager 1996: 13)、文章として書き起こされた対面会話に言語学的にアプローチすることは、まったく「方法論的に不確かなどころか、投げやりだとさえいえる」のだそうだ(Enninger 1990: 159。こうした否定的な意見やその対応策については、Hess-Lüttich 1996: 933ff. 参照)。とりわけ、対面会話の言語構造を再構築することに関して、こうした声がある。しかし、あらゆる側面、語用論的な側面や社会言語学的な側面、語史的な側面の再構築にたいしても、この批判はあてはまる。というのも、実際におこなわれた対面会話そのものは、一度として後世に伝えられたことがないからだ。むしろ、「現実にあるのは伝承(Überlieferung)にすぎない」(Paul 1891: 160)。言語構造を完全に再構築するために不可欠なものは、調査対象である会話がおこなわれた時代には存在していたのだろうが、後世には伝わっていないのだ。「研究すること」は、「せいぜい推測にもとづいて歴史を記述すること」などではない。だから、歴史上の対面会話を研究することはできないという批判には重みがあるし、資料の媒体に関していえば反論の余地がない。1950年以前の対面会話の資料は、文章化されたものしか後世に伝わっていないので、せまい意味における自然な対面会話のコーパスをつくることはできないのだ。文章化された対面会話には、実際の対話会話を綿密かつ忠実に書き起こしたものもあれば、自由に創作されたものもある。文章化された対面会話は、いずれの場合においても、文章化した書き手の解釈がさまざまなレベルで入っており、「本来の会話そのものからは2〜3段階、遠いところにある」(Fritz 1994: 550)。Brigitte Schlieben-Lange は、資料をめぐるこの方法論的な問題について、かなり早い段階からとり組んでおり、以下のように問題視している。

> 私たちには「文字によって固定された資料」しかないのに、「話すことの歴史」を記述するというのは不合理ではないだろうか？
> (Schlieben-Lange 1983b: 37)

さらに彼女は、その著書『話すことに関する伝承 (*Traditionen des Sprechens*)』のなかで、関心の対象によってではなく手に入る資料によって研究範囲が制限されているとして、歴史上の対面会話を研究することの不合理性をしめしている (「私たちが研究できることは資料しだいだ」Schlieben-Lange 1983b: 38)。

> 話すことに関する伝承のための資料を編纂する者にとって、資料として手に入るのは日常的なものではなく、まさに維持しつづける価値があるとみなされてきたものだということ、そして、そうした資料がそのときどきの目的にあわせて常に手を加えられながら後世に受け継がれてきたこと、これらのことをふまえたうえで、ようやく資料探しにとりかかることができる。
> 
> (Schlieben-Lange 1983b: 39。Schlieben-Lange 1979: 1f. 参照)

そのうえで、Schlieben-Lange は、2種類の資料をみつけている。まず、(1)「当たり前と思われている話すことについての伝承に焦点をあてて明確にした」資料、つまり、会話教本 (Gesprächsbücher) のように言語そのものをあつかう資料、そして、(2)議事録のように「別の目的のために記録されたものや、話すことについての伝承にもついでに触れている」資料だ (Schlieben-Lange 1983b: 39)。会話種や会話タイプの発展を通時的に調査するために欠けている資料については、「推測にもとづく歴史」によって補えるのではないかと Gerd Fritz (1994: 549) は指摘している。この「推測にもとづく歴史」というのは、「予想する能力」や「連想力」(ヴィルヘルム・フォン・フンボルト) を用いて、推測によって資料の穴を埋めた歴史という意味だ (Linke 1996: 33f. および Schlieben-Lange 1983b: 30ff. 参照)。しかし、多くの場合、資料をめぐる状況は思ったほど悪くはない——もちろん、これには、現代のビデオ撮影された会話資料と同様の方法論的な要求に応えようとするのではなく、手元にある資料にあわせた方法で調査をおこなうならば、という前提条件がつくが。たとえば、**媒体として**話しことばそのままの資料

をあつかう代わりに、文章化された資料によって後世に伝えられた歴史上の**コンセプトとしての話しことば**（第1節参照）を、それぞれの資料によって裏づけながら調査することもできるだろう（そのさい、どのような意図や状況のもとでその資料が後世に伝わったのかなど、資料そのものを考察する必要もある）。その場合、もともと「別の目的のために記録された」資料であっても、もはや「ついでに」歴史上の対面会話についてもふれているわけではなく、歴史上の対面会話を研究するための一次資料とみなすことができる——ここでは、対面会話そのものという意味ではなく、対面会話そのものを間接的に表しているという意味で「一次資料」ということばを使っている。これにたいして、「二次資料」というのは、たとえば同時代の文法書などで、間接的に対面会話を表す資料以外のものだ。議会や授業、裁判や審理などにおける対面会話の記録係は、原則として、これらの対面会話における言語を後世に伝えようとは思っていないからこそ、間接的に、言語による「遺物」、つまり「出来事そのものが後世に伝わったもの」を私たちに提供してくれている。これにたいし、文法書などの言語に焦点をあてた資料は、十分に考察された「伝承」をあつかっている。つまり、「出来事そのものが、その後、人々の解釈を通じて再生産されたもの」（Ernst Bernheim［1868］。Kilian 2002a: 90ff. 参照）といえる。

## 一次資料：会話そのものの遺物

　歴史上の対面会話を研究するためにもっとも重要な「遺物」は、対面会話そのものを書きとめた口述筆記だ。Hans Ramge は、1309 年にヴェツラーでおきた相続問題に関する口述筆記を調査し、その一部を公刊した。

> Na desen redin . *sprichit* her . Ernst von Nuu*e*ren . ... eymutliche daʒ
> Hencle . Conradis brudir sůn . quam vʒ siner mudir hůiz gegangen vor Conradis huis . vn*d* sprach
> **federe /ich bedin dich . daʒ dů mit mir deylis solich gůuit . so dů mit**

**mir deylen . salt von reitte.**
Dů sprach Conraid
**neve dů bist nů in eynnen andirn wech gevallen . ich sal gerne mit dir deylen . also dů mostis aber liber zů Rome dar vore sin .**

これらの弁明のあとで、エルンスト・フォン・ナウボルン氏（審判人）は、同じことを話した。コンラートの甥ヘンクレは、彼の母親の家からコンラートの家へ行き、そこで言った。「**おじさん、わたしが持っている権利にしたがって、あなたが譲るべき財産をわたしに分けてください**」そこで、コンラートは言った。「**甥よ、おまえは別の道をとってしまった。私は、よろこんでおまえに財産を分けるだろう。しかし、そのためには、おまえはまずローマに行かなければならない**」（「まずは自分のために最上級の立場から判決をうけてこい」［Ramge 1999: 391］）。　　　　　　　　　　　　（Ramge 1999: 382）

　この審理記録は、「もっとも情報を提供してくれる会話分析用コーパスに記録しなければならない」(Henne/Rehbock 2001: 55f.)だろう。もちろん、多くの要求に応えてくれていないし、まさに話しことばに典型的とされる現象がみられない。たとえば、枠外配置や縮約、省略、取り出し(Herausstellung)、破格構文といった音韻論的・形態論的な現象や(Schwitalla 1994: 20ff. および Schwitalla 1997: 38ff. 参照)、あるいは、同時発話や、ターンの受け継ぎのさいの間や発話の重複、聞き手の側からのターンの要求などの語用論的な現象がみられないし、あらゆるパラ言語および非言語情報もふくまれていない。しかし、「これらの記録（著者注：審理記録）においては、しばしば審理に参加した人々の口頭による発言がそのまま再現されている」(Mihm 1995: 22f.)のだから、この対面会話の記録は、700年もまえに実際におこなわれた会話の話しことばについて知る機会を、私たちに提供してくれているといえるだろう。この記録には、たとえば、対面会話における呼びかけの形式(*federe*［おじさん］と *neve*［甥よ］)がみられるし、特定の発話行為をしめす形式(たとえば助動詞を用いた比較的ていねいな「拒絶」"sal deylen"［分けるだろう］)や、発話の内的側面を解釈するために必要な、発話行為を表す

表現("sprach"［話した］)もみられる。もちろん、この後世に伝わったものは、上述したように、「出来事そのままが後世に伝わったもの」ではなく、記録者が後世に伝えるさいにフィルターをかけている。しかし、それでもなお、この記録は「直接的にあるいは間接的に、話しことばについての失われた伝承についての情報」(Mihm 1995: 21)を伝えているし、特徴的な行為の流れや会話の構造がどのように生まれ、どのように発展していったかを垣間見せてくれている(Ramge 1999: 378ff. 参照)。

**一次資料：回想された会話**

　理想的な議事録においては会話はその場で書きとめられるが、そうではなく、時間がたってから会話を書きとめたというタイプの資料が比較的多くある。たとえば、以下に紹介するゲーテと母親の会話は、ベッティーネ・ブレンターノ［ベッティーナ・フォン・アルニムとして知られるロマン主義の作家・文学者］が、約35年後の1810年11月28日付のゲーテ自身宛ての手紙に書きとめたものだ。

　　お母様にお客があったある晴れた冬の日、あなた(Du)は彼女に、来客とマイン川へ行こうと提案されましたね。「お母さん、あんた(sie)はまだ、僕がスケートをするところを見てないでしょう。それに、今日はこんなに天気が良いんだし、云々」——私（著者注：母エリーザベト・ゲーテ）は、長い裾が付いていて前は金のバックルで留めた、あのえんじ色の毛皮のコートを着て、それから一緒に出かけたの。あの日、私の息子は、矢のように他の人たちのあいだを滑っていたわ。冷たい空気のせいでほっぺが真っ赤だし、髪粉も茶色い髪から吹きとばされていた。彼は、えんじ色の毛皮のコートを目にすると、馬車のほうへやってきて、感じのよい笑い声をあげたの。——「あら、あなた(Du)は何をするつもりなの？」と私は言いました。「おや、お母さん、あんた（［単数形の］Sie）は車の中にいて寒くないんだから、あんたの上等な上着を貸

してよ！」——「あなたは、それを着るつもりはないんでしょう？」
——「もちろん、着るつもりだよ」それで、私はすてきに暖かいその上
着を脱ぎました。彼はそれを着ると、裾を腕にかけて、まるで神々の子
みたいに氷のうえを滑っていきました……

(E. Grumach/R. Grumach ［Hrsg.］: *Goethe. Begegnungen und Gespräche*,
Bd. 1: 1749–1776, Berlin 1965: 243)

このような、実際におこなわれた会話を後に書きとめた資料は、研究にさいしては「回想された会話」(Henne/Rehbock 2001: 33ff.)と呼ばれる。回想された会話は、通常の会話そのものが記録され保管された資料とはかけ離れているが、それでも、過去に口頭でおこなわれた会話から作られた資料なので、創作された虚構世界の会話や虚構の会話よりも、通常の会話そのものに近い。ただし、会話の構造や流れ、後世に伝えられたことばに関していえば、回想された会話は——すべての記憶がそうであるように——ときには、回想する人物による創作の影響をうけている。たとえば、ゲーテ自身は、ベッティーネ・ブレンターノによって伝えられたターン「おや、お母さん、あんたは車の中にいて寒くないんだから、あんたの上等な上着を貸してよ！」を、以下のように回想している。「「愛するお母様、あなたの(Ihr)毛皮のコートをお貸しください！」と、私は唐突に、ほかにはなにも考えずに大声で言った。「ひどく寒いんです」」(Goethe: *Dichtung und Wahrheit*, 4. Teil, 16. Buch; Hamburger Ausgabe Bd. 10: 85)この２つのバージョンから、歴史会話研究をおこなう研究者は、話しことばのコンセプトがそのまま後世に伝わっているとみなして、会話がおこなわれた1775年ごろの——いや、むしろ手紙が書かれた1810年ごろの、というべきだろう——話しことばがどのように用いられていたのか、どのように少年が母親に話しかけていた「かもしれない」のかを、帰納的に推理することができる。とはいえ、この会話の実際の流れがどうだったのかは、(会話の)歴史の闇の中だ。このほかにも、この回想された会話という資料のグループに関していえば、たいていの場合、いわゆる「偉大な」歴史上の人物、たとえばレッシングやゲーテ(とり

わけエッカーマンとの会話)、カントやフィヒテについてしか資料がない、という問題点があげられる。

## 一次資料：虚構世界の会話と虚構の会話

　すでに述べたように、コンセプトとしては対面会話そのままである資料にもとづいて研究をすすめることで、事前の準備がおこなわれていない通常の会話における過去の話しことばに、再構築をつうじて「近づいていく」ことができる(Henne 1980: 91f.、Schlieben-Lange 1983b: 37f.、Kilian 2002b: 154ff. 参照)。文字によって伝わった対面会話の資料は、媒体としては、けっして音声でおこなわれた対面会話そのままではないが、それらの資料は、あたかも肖像画やポートレート写真が被写体となった人物をしめすように、それぞれの時代におこなわれた対面会話そのものの姿をしめしている。このことは、これまで歴史会話研究の最重要資料だった、文学作品における虚構世界の会話にも——あるいは、こうした資料にこそ、とくに——あてはまる。もちろん、各時代特有の条件や文学的・美学的な条件による影響は、無視できない。たとえば、古高ドイツ語や中高ドイツ語の文学作品における会話部分や会話の断片は、通常の会話とは異なった方法で表されている。こうした作品においては、会話における発言は極度に様式化されており、「芸術的なレトリック」(Betten 1990: 332)を好む傾向がみられる。しかし、そこでは、「実際に話されることばのための各建材や道具」(Sonderegger 1990: 310)が後世に伝えられており、それらにもとづいて、それぞれの時代における話しことばを帰納的に推理することができる。しかも、こうした古い時代の作品における文章化された会話は、ときには、より新しい時代の作品における会話よりも、話しことばに近い場合がある。というのは、新高ドイツ語の文学作品における会話は、たいてい、形態統語論的に規範化され、正書法によって標準化されていることが前提となっているからだ——もっとも、新高ドイツ語で作品を書く作者が、会話で用いられる語彙そのものや、彼が生きた時代の特定の会話種における典型的な流れを、意識的に再現しようとする場合も

ある。たとえば、劇作家ヤーコプ・ミヒャエル・ラインホルト・レンツは、先に引用した『軍人たち』において、あきらかに意識して「日常語的・俗語的な会話によるコミュニケーションを文学的手法として」(Henne 1980: 91。Betten 1985: 147ff. 参照)とり入れている。つまり、マリーとシャルロッテの虚構世界の会話は文章による創作物であり、媒体として話しことばになるのは舞台で上演されるときだけだが、「劇作家として会話を分析していたレンツ」(Henne 1980: 94)は、彼の時代におこなわれていた実際の会話におけるコンセプトとしての話しことばらしさにしたがって、1776年に実際におこなわれた「かもしれない」この会話を作りだしたといえるのだ。18世紀末の小市民階級がおこなっていた実際の会話について、レンツの描写がどれほど的を射ていたのか、そして、彼の描写にもとづいてどれほど歴史会話研究がおこなえるのかについては、同時代に書かれた二次資料や「伝承」資料、つまり Schlieben-Lange のいう「焦点をあてて明確にした」資料――たとえば、文法書や辞書、あるいはこの「喜劇」の批評さえも――を用いて確かめる必要がある。

　このような虚構世界の会話であれば、会話史の観点からみればより古い時代に属する遺物も手に入れることができる。こうした資料は、しばしば、美的な観点から形式が(過剰に)整えられているため、会話種の構造や、それらに属する会話サンプルにみられる典型的な流れを、現実にとても近い形で観察することができるし、この方法で、さらに通時的な調査をおこなうこともできる。たとえば、ヴォルフラム・フォン・エッシェンバッハが13世紀(1210年ごろ)に中高ドイツ語で書いた『パルツィヴァール』では、「挨拶」のシークエンスが以下のような発言によっておこなわれている。

| | |
|---|---|
| dô sach er [Gawan] wie si lâgen, wes diese und jene pflâgen. swer ‚Bien sey venûz' dâ sprach, ‚gramerzîs' er wider jach. | ガウェインは、人々がやりくりするさまを観察していた。この人は何をするのか、あの人は何をするのかと。誰かが彼に「ようこそ」と言ったなら、彼は「ありがとう」とこたえた。 |
| | (Eschenbach 1992: I, 7, 351, 5ff.) |

「挨拶」にたいして——"Bien sey venûz" は、古フランス語の "bien seies venuz"("bien venu")に相当し、「ようこそ」の意——現代のドイツ語では、ふつう、挨拶を返すものだが(「こんにちは」—「こんにちは」のように)、ここでは感謝のことばを返している——弱変化動詞 gramerzien は、フランス語の "grand merci" に相当し、「ありがとうと言う」の意。こうした言語形式を伝えている会話史の資料は、ヴォルフラムの『パルツィヴァール』だけではない。「おたがいに挨拶する」という最小サイズの会話における語用論的な構造は、そもそも、2つのたがいに結びついた会話における行為、いわゆる隣接ペア(adjacency pair)からできている。こうした構造は、すでに聖書(列王記下 4 章 29 節)にみられ、神話的な性質があるのではないかとも考えられている(DWb および HWbdA の danken[感謝する]および grüßen[挨拶する]の項目参照)。中高ドイツ語の時代にこの構造が一般的にはどのようだったのかを、ヴォルフラムはしめしている。そして、この言語形式は、虚構世界の会話の資料を用いることで時代ごとに追うことができ、新高ドイツ語の時代までに、どのように変化していったのかを観察することができる。たとえば、レッシングが 1763 年に書いた喜劇『ミンナ・フォン・バルンヘルム(Minna von Barnhelm)』の第 1 幕第 2 場では、以下のように描かれている。

> 主人「おはよう、ユストさん、おはよう！　おやおや、こんなに早くに、もうお起きで？　それとも「こんなに遅くまで、まだ」と言うべきですかな？」
> ユスト「あんたが言いたいように言えよ」
> 主人「わたしは、「おはよう」としか言いませんや。それにたいして、ユストさんが「ありがとう」と言ってくれるんじゃないですか？」
> ユスト「ありがとうよ！」

同時代に書かれた二次資料、たとえば歴史上の辞書などを調べれば、この虚構の作品によって後世に伝わった構造が、レッシングの生きた時代におい

ては、実際の会話における構造そのままだったのかを確かめることができる。ためしに、レッシングと同時代人であるヨーハン・クリストフ・アーデルングが書いた『高地ドイツ語文法的・批判的辞典(*Das grammatisch-kritische Wörterbuch der Hochdeutschen Mundart*)』(第 2 版、1793–1801)における *danken* (感謝する)の項目には、以下の例文がのっている。

> ただ感謝を表す身振りだけでも済ませられるが、挨拶にたいしては感謝し、さらに挨拶のことばを返す。「私は彼に挨拶をしたが、彼は私に感謝しなかった」
> 　　　　　　　　　　　　　　　　　　　(Adelung Bd. 1 1793: Sp.1387)

　疾風怒涛派の戯曲などの歴史上の文学作品における虚構世界の会話や、ドイツ語を学ぶ外国人用の教材における虚構の会話の見本などは、このように、そこで描かれている社会集団におけるコミュニケーションを反映している(Glück［u.a.］2002 および Koch 2002: 285ff. 参照。「虚構世界の(fiktional)」と「虚構の(fiktiv)」という術語については、Henne/Rehbock 2001: 27f. 参照)。そして、その当時おこなわれたかもしれない会話を模倣することで、共同体におけるさまざまなコミュニケーション実践領域を、さまざまな会話種や会話タイプを用いて会話がおこなわれる領域として、具体的にしめしてくれる。そのさい、会話教本や歓談教本(Konversationsbücher)には、資料として特別な価値がある(Beetz 1990: 64ff. ほか参照)。こうした資料は、話すことについての伝承を読者に伝えるために、とくに「当たり前と思われている話すことについての伝承に焦点をあてて明確に」しているからだ(Schlieben-Lange 1983b: 39 および Prowatke 1985: 67 参照)。そのため、会話におけるミクロ構造や典型的な会話の流れが、それぞれの時代それぞれの話者集団ごとにどのようなものとみなされていたのかを、これらの資料を用いることで概観することができる。たとえば、9 世紀のいわゆる「カッセル会話」や 9 世紀または 10 世紀の「パリ会話」によって、外国人旅行者と現地の使用人との会話など、外国を旅した人々の日常的なコミュニケーション領域を知ることができる。

51. 私の馬をよこせ（gimer）。
52. 私の盾をよこせ。
53. 私の槍をよこせ。
54. 私の剣をよこせ。
（…）
72. 私の馬にエサをやったか？
73. 私はそうしました、ご主人様。

(W. Braune: *Althochdeutsches Lesebuch*［...］, 14. Aufl.［...］, Tübingen 1965: 8ff. より引用)

　この会話例では、話しことばの文法構造も帰納的に推理することができる（人称代名詞 *mir* が前接して、"gib mir" ではなく "gimer" になっているなど）。その一方で、より新しい時代の会話教本は書きことば的に書かれているため、その会話例の資料としての価値は、むしろ歴史社会語用論的な関心にこたえてくれる点にある。たとえば、ニコラウス・フォルクマルスの『40の会話——役にたつ話し方（*Viertzig Dialogi, Nützliche Arten zu reden*）』（ダンツィヒ、1729年）には、「どのように教会に行くのか」（会話9）や「天気について」（会話15）、「商売と航海について」（会話35）など、さまざまなコミュニケーションにかかわる出来事やコミュニケーション領域から、会話の見本がおさめられている。同じように、マリアン・ラノソヴィッチが1778年に著した『スラヴ語入門（*Einleitung zur Slavonischen Sprache*）』などの会話教本には、日常的なコミュニケーション領域（「昼食に招待する」など）や教会や宗教にかかわる領域（「教会について」など）、経済に関する領域（「売買について」）などにおける、さまざまな会話の見本が載っているし、さらには、以下の会話のような「食事道具の名前ならびに食卓でよく使われる話し方」も載っている。

　［客］このスープは、ほんとうにすばらしい味ですね。
　［主人］ご冗談でしょう、旦那さん（Herr）。

[客] まったく違いますよ。私は、まじめに言っているのです。
[主人] お口に合ったのなら、嬉しいです。
[客] 私は長いこと、こんなにおいしいスープを食べていませんでした。
[主人] そうおっしゃりたいだけなんでしょう。
[客] いいえ、本当ですよ。　　　　　　　　(Lanossovich 1778: 219)

　この例からも明らかなように、外国人がドイツ語を学ぶための会話教本は、慣習的な会話の規範も後世に伝えている。ただし、すでに述べたように、これらの実際の会話の見本は(標準的な)書きことばで書かれているため、こうした資料から会話で使われた話しことばを帰納的に推理することは、かなりむずかしい。

## 二次資料：確立された会話の規範と存在していた会話の規範

　記録された会話や回想された会話、創作された(虚構世界の、あるいは虚構の)会話、それから実際におこなわれた文通そのもの(17世紀の「実りを結ぶ会」の会員間の文通など)や創作された文通(ゲーテの書簡体小説『若きウェルテルの悩み(*Die Leiden des jungen Werthers*)』における文通など)からなる一次資料のグループのほかに、歴史会話研究のための資料としては、二次資料という大きなグループがある。これらの資料は、Schlieben-Lange のことばを借りれば会話に「焦点をあてて明確にした」資料であり、会話そのものを提供するわけではなく、会話についての情報、とりわけ会話における特定の規範や方法についての情報を提供してくれる。たとえば、ドイツ語による最古のテーブル・マナーのひとつ、13世紀半ばに書かれた『タンホイザーの詩と宮廷でのマナー(*Daz ist des tanhausers getiht und ist gout hofzuht*)』によって、すでに会話の(厳密には対面会話の)規範が後世に伝えられている。これは、食事のときにはなるべく話さないようにし、せめて口にものをほおばったまま話さないようにし、けっして言い争いをしないこと、という規範だ。

| | |
|---|---|
| 17. Der beide reden und ezzen will, diu zwei werc mit einander tuon, und in dem slâf will reden vil, der kann vil selten wol geruon. | 17. 食べるのと話すのとを、寝るのと十分に語るのを同時にしたいなどと考える者は、けっして落ちつくことができない。 |
| 18. Ob dem tisch lât daz rehten sîn, sô ir ezzent, daz sümlîche tuont. | 18. 食卓について食べているときに、口論をする者もいるが、そのようなことをしてはならぬ。 |

(H. Kischkel: Tannhäusers heimliche Trauer [...], Tübingen 1998: 305 より引用)

　テーブル・マナー本やしきたり本（Sittenbücher）のように規範をあつかうテクストは、たいてい、すでに存在していた規範（subsistente Normen）を収録している。だから、こうしたテクストには、具体的な執筆者もいなければ法的な効力もなく、むしろ、多くの場合は、何世紀にもわたって伝承されてきたものが、なんらかの形で「意識される」ようになったものだ。たとえば、食事中は黙っておくことという規範が、タンホイザーによって知られるようになったように。この規範は、ラテン語の "numquam ridebis nec faberis ore repleto"（ほおばったまま笑ったり話したりすべきでない）（Elias 1989: 112 参照）にもみられるし、基本的な原則、つまりコミュニケーション規則として普遍的にみられる規範とみなしてよいだろう。この会話のための規範１つをとってみても、時の流れとともに、食卓での一般的な沈黙の要求から──口にものが入っていなければだが──間接的な発言の許可にいたるまで、多くの局面をむかえている（慣用表現 "Wer den Mund hat voll/ Der nicht reden soll."［ほおばったなら／おまえは話すな］もあるし、現代語でも "Man spricht nicht mit vollem Mund."［ほおばったまま話すな］という）。たとえば、19世紀にいたるまで、上流階級の子供たちは、食卓ではいっさい話してはならなかった（Beetz 1990: 313）。

　それにたいして、校則や法律のテクストなどは、確立された規範（statuierte Normen）、つまり規範を書いた人物が創案し編纂した規則や規定をあつかっている。そして、これらのなかにも、会話的な言語行動に関するものがふく

まれている。すでに存在していた規範があとから編纂されて、確立された規範になることもまれではない。たとえば、前述の、食事中は沈黙せよという要求がそうだ。1569年に書かれた「ユリウス公による校則および教会法令」では、前述の、食事中はいっさいの会話を禁ずという、すでに存在していた規範が、確立された規範へと変化している。

> もしも誰かが、祈りや読書のさい、あるいは食事中に雑談を(…)したならば、その者は、たびたびおこなった場合は数回の食事抜き、よりひどい場合には牢屋に入れられて、水とパンだけという罰を受けなければならない。
> 　　　　　(Fr. Koldewey [Hrsg.]: *Schulordnungen des Herzogtums Braunschweig* [...],
> 　　　　　　　　　　　　　　　　　　　　　　　Bd. 2, Berlin 1890: 69 より引用)

　すでに存在していた会話の規範も新たに確立された会話の規範も、たいていは、理想的な会話をあつかっている。そして、時代をこえてくりかえし主張されてきたのだから、こうした会話のための理想的規範が(習慣的規範とくらべて)高く評価されてきたことが分かる。

## 二次資料：言語に焦点をあてた資料

　さらに、よりせまい意味で言語に焦点をあてた資料がある。それは、会話的に話したり書いたりするさいの方法や形式についての情報をあつかっている資料だ。このグループの資料としては、なによりも同時代人が書いた文法書と辞書があげられるが、そのほかにも、文体論や修辞学をあつかった資料や手紙教本などがある。たとえば、ヨーハン・クリストフ・アーデルングの『高地ドイツ語文法的・批判的辞典』(第2版、1793–1801)を利用すれば、前述のラノソヴィッチの会話教本における主人が用いた呼びかけ *Herr* が、18世紀末にどのような意味をもっていたのかが分かる。

*Hêrr*(…)とは、他人に命令できる人物のことであり、そこから、なにかを所有する人物のことも表す。(…)2)とくに、命令する権力をもっていたり、他人を支配する力を有する多くの階級にある人物。(…)のちに、この語は男爵やバロンを表すものとなり、今では、さまざまな爵位の男性にたいしてきわめて頻繁にこの語が用いられているが、この意味はまだ完全にはなくなっていない(…)。さらに都市部では、上流市民階級、たとえば市参事会員にたいしては、市民はもっぱら *Herr* とのみ呼びかけている(…)。同様に、封土や騎士領の所有者、領主にたいして、家臣や農奴が。(…)ていねいに呼びかける場合には、いくつかの階級に属するすべての男性にたいしても、敬称だけでなく名前もそえて *Herr* と呼びかける(…)。　　　　　　　　　　　　　(Adelung Bd. 2 1796: 1131ff.)

　まとめると、歴史会話研究をおこなうための資料としては、「実際におこなわれた会話」と「理想的な会話」という両極のあいだに 8 種類の異なるジャンルがある。そのうち 4 ジャンルは「遺物」であり一次資料、残りの 4 ジャンルは「伝承」であり二次資料とみなせる(Rehbock 2001: 962 および Kilian 2002a: 96ff. 参照)。

　　1)実際におこなわれた会話を記録したもの
　　2)実際におこなわれた会話を回想したもの
　　3)虚構世界の会話
　　4)虚構の会話
　　5)確立された会話の規範
　　6)存在していた会話の規範
　　7)会話における言語的手段について一般的に考察した資料
　　8)マナーなど会話に関する思想史についての資料

　この他にも、歴史会話研究に有用な言語について考察した多くの資料が、まだ知られていない状態で、他の資料とともに整理されないまま後世に伝

わっているに違いない (Gloning 1993 参照)。

　ここでは資料を研究して整理するために、「遺物」と「伝承」、「一次資料」と「二次資料」という分類を提案したが、歴史会話研究のための各資料がもっている価値は、その資料を執筆した人物がどのような意図をもっていたかや、媒体あるいはコンセプトとして会話そのままであるのかどうか、といった基準だけで決めることはできない。実際の資料の価値は、むしろ、それぞれ具体的な研究テーマに関心をもっている研究者たちに、なにを伝えることができるのかにかかっている。言語構造に関する研究なのか、語用論的あるいは社会言語学的な研究なのか、それとも、せまい意味での語史を明らかにしようとしているのか、それらに応じて、どのジャンルが重要なのか決めなければならない。もちろん、手に入らない資料のジャンルもあるだろう。たとえば、言語構造に関心のある研究者には、しばしば、文学作品における虚構世界の会話と同時代人が書いた文法書や辞書などの二次資料の方が、会話の記録そのものよりも価値のある資料となる。それにたいして、文化史や社会史、思想史やメンタリティ史に関心のある研究者には、多くの場合、会話についての二次資料、より具体的には、当時の人々が特定の会話種や会話タイプにたいしてどのような態度をとり、どのような期待をしていたのかを伝える資料の方が、穴の多い一次資料のコーパスよりも有意義だ。あるいは、より広範囲の時代をあつかって、たとえば、若い女性たちが会話にさいしてどのような権利や義務をもっていたのかという歴史を明らかにしようとする研究者にとっては、マナー本や日記の方が、穴の多い文通や対面会話のコーパスよりも豊かな資料となるだろう。後者の資料からは、せいぜい、わずかながら「そもそもどのようだったか」(レオポルト・フォン・ランケ)を明らかにできるくらいだが、マナー本は、すくなくとも間接的に特定の時代の——たいていは現在にまでつづいている——特定の話者集団がいだく「考えや感覚、願望」(Hermanns 1995: 71)を概観させてくれるからだ (Linke 1996 ほか参照)。

**参考文献**

Gernentz 1981、Kunze 1982、Schlieben-Lange 1983b: 37ff.、Prowatke 1985、Betten 1990、Sonderegger 1990、Gloning 1993、Jacobs/Jucker 1995: 6ff.、Hess-Lüttich 1996: 933ff.、Hoffmann 1998、Henne/Rehbock 2001: 33ff.、Kilian 2002a: 90ff.、Kilian 2002b.

> **課題7** 過去におこなわれた「教えるための会話」には、どのようなものがあったのでしょうか？ 授業の風景が描かれた資料(小説やマンガ、絵画、映画など)を利用して、過去におこなわれた会話について、会話の内容だけでなく、どのような状況で会話がおこなわれていたのかなど、できるだけ多くのデータを集めてみましょう。

> **課題8** 辞書などをたよりに、どのような(歴史上の)「談話辞」があるのか調べてみましょう。「談話辞」の定義については、巻末の語彙集を参照してください。そのさいには、「間投詞」や「感嘆詞」といったキーワードが役立つでしょう。そして、それらの語彙がどのような機能をもっていたのか、そして、もっているのかを考えてみましょう。こうした語彙にもとづいて過去におこなわれた実際の会話を再構築することについて、肯定的な理由と否定的な理由を考えてみましょう。

# 第 2 章
# 歴史会話研究のための研究方法とカテゴリー

　現代の会話を対象とした共時的な研究の「応用」として歴史上の会話を研究するのであれば、共時的な研究のための理論や研究方法の蓄積を、歴史会話研究にも用いることができる。たとえば、Fritz/Hundsnurscher の『会話分析ハンドブック(*Handbuch der Dialoganalyse*)』(1994)には会話分析のための 8 つのコンセプトが紹介されているし、Brinker/Antos/Heinemann/Sager の『会話言語学(*Gesprächslinguistik*)』(2001)には 10 通りの研究方法が紹介されている。歴史会話研究の分野では、まだ、理論や研究方法に関する独自の体系が確立されていない。これまでにおこなわれてきた研究は、多かれ少なかれ、それぞれの研究者まかせに、現代の会話を対象とした研究でつちかってきた方法を、歴史上の会話に応用したものだ。このことは、むしろ、歴史会話研究の発展に寄与してきた。というのも、研究方法の体系化がすすんでいた現代を対象とした会話研究の分野においては、ようやく近年になって方法論に関する意見の対立がゆるみ、統合的な研究がすすめられるようになったのにたいし(Weigand 1992 や Luttermann 1997 など参照)、歴史会話研究の分野には、新鮮味のない「正統派」は存在せず、研究方法にはまだ問題もあるが、あっちかこっちかという派閥争いをする必要もないからだ。この分野では、現代の会話を対象とした共時的な研究でつちかわれてきた研究方法とカテゴリーのうち、使えそうなものを使い、手に入れることができる資料を分析する。もちろん、すでに述べたように、このやり方には問題がないわけではない。その資料がつくられた時代を理解していないと、時代錯誤の解釈をしてしまうかもしれないからだ。

第1章2節で述べたように、歴史会話研究は会話における行為や形式に
(1)言語的な構造、(2)語用論的な機能、(3)社会言語学的な条件という3つ
の次元からアプローチすることができる。もっとも、そのさいには、これら
3つの次元のいずれかに焦点をあてることはできても、そのほかの次元を度
外視することはできない。エスノメソドロジー的な関心から帰納的に研究を
おこなう**歴史会話分析**は、過去におこなわれた会話における行為や形式の言
語構造を再構築することから出発するし、その一方で、発話行為論への関心
から演繹的に研究をおこなう**歴史会話文法**は、会話における行為や形式の語
用論的な機能の再構築に焦点をあてている。また、文化史や社会史、メンタ
リティ史、思想史への関心からおこなわれる**文化史的ディスコース分析**で
は、なによりも会話の社会言語学的な側面、とくに特定の話者集団がどのよ
うな会話種・会話タイプにたいしてどのような理想をもっていたのかに関心
がもたれている。さらに、いずれのアプローチにおいても、4つめの視点、
つまりせまい意味での「歴史的」な視点が関係しているが、歴史会話分析
は、共時的に会話サンプルを調査する傾向にあり、一方で、歴史会話文法
は、通時的な調査にもとづいて会話種を再構築しようと試みている。

## 1.　方法および目的としての再構築

　この節では、上述したアプローチの方法や作業の進め方を紹介する。その
ためには、まず「再構築」という概念について説明する必要があるだろう。
というのも、歴史会話研究のあらゆる側面において、この概念が「消失点」
になっているからだ。では、歴史会話研究の分野における「再構築」とは
いったいなにか？　再構築とは、そもそも「再び組み立てること」であり
「復元すること」、つまり、個々の会話サンプルにおいて会話の参加者たちが
言語によって伝えている意味を、理解しつつ復元すること、そして、かつて
の発話者たちが会話のさいにしたがってきた会話種の形式や構造を、理解し
つつ再び組み立てることだ。

　「比較照合は再構築のための唯一の手段であり、その逆に、再構築は比較

照合の唯一の目的である」(Saussure $^2$1967: 262)と、フェルディナン・ド・ソシュールは述べている。これから紹介する歴史会話研究のためのアプローチ方法はいずれも、共時的に言語の状態をあつかうにしても通時的に言語の発展をあつかうにしても、比較することによって再構築をおこなっている。つまり、ある時点 A における会話サンプルや会話種、会話タイプを調査したうえで、時点 A における別の会話サンプルや会話種と共時的に比較し、それらの構造(状態)や機能に関する知識をえようとするのか、あるいは、異なる共時的な状態 A、B、C から(つまり異なる時点 A、B、C から)会話サンプルや会話種、会話タイプを集めて比較し、会話種の通時的な発展に関する知識をえようとするのか(すでに述べたように通時的な調査が可能なのは会話種のみ)という 2 つの方法だ。この比較による再構築にもとづけば、共時的および通時的視点から構造や機能を説明することができるし、通時的視点から遺伝学的な説明をすることもできる(Presch 1981: 218ff.)。ただし、比較するさいの基準を研究者にとって「現在」の会話にした場合は、この比較による再構築には、大きな可能性もあれば大きな危険性もある。現在の会話については最良のデータがあるし、会話研究者はみずからの会話に関する知識にもとづいて作業をすすめることができる。つまり、自分の知識を比較対象にすることができるわけだ。それに、そもそも、語史研究の理論家として今日でも評価の高いヘルマン・パウルが、すでに 1920 年に以下のように書いている。

> いずれの研究者も、現在の状態から研究をはじめざるをえない。なぜなら、彼自身がその状態のなかにあり、また同時に、国家やそのほかの収納場所のなかにいるからだ。彼はそこから出発して、さまざまな異なる状態について判断をくだすことになる。
>
> (Paul 1920b: 37［復刻版 230］)

その一方で、「現在」を出発点とすることの最大の危険性は、「現在」を規範視してしまうことにある。「現在」とは異なるものを「規範にいたるまで

の前段階に過ぎないもの」と思い込んでしまうのだ。また、会話研究者が調査対象となる時代を生きた人々の内面を見あやまり、時代錯誤な解釈を生んでしまうこともありうる。こうした危険性については、後述することにしよう。

## 2. 会話サンプル─会話種─会話タイプ─会話領域

　過去におこなわれた会話を包括的に再構築するためには、すでに述べたように、3つの次元すべてにおいて等しく細やかな問題提起をおこない、おたがいを緊密に結びつけながら研究を進めていかなくてはならないだろう。というのも、ある資料によって伝えられた会話の言語構造（たとえば、話者交替の形式や聞き手のシグナル）は、その言語構造がもつ語用論的な機能や、その会話の参加者がもつ社会言語学的な背景が明らかになってから、はじめて正確に解釈することができるからだ。同様に、歴史上のある特定の会話種がもつ典型的な語用論的な機能を十分に明らかにするためには、そのさいにみられる典型的な言語構造や、こうした会話種が用いられる社会言語学的な条件についても知っておく必要がある。さらに、会話サンプルや会話種、とりわけディスコースや社会がもつ会話種のレパートリーにおけるすべての会話タイプを文化史的に分類する場合には、それぞれの会話の方法や形式ごとにその言語構造と語用論的な機能を知っておく必要がある。このようにさまざまな調査方針がからみ合っていることは、実際に歴史会話研究をおこなってみれば、すぐに明らかになるだろう――あらためて述べておくが、歴史会話研究は「応用」会話研究であり、実際に歴史上の会話を再構築することがその目標であり、困難ではあるが、（発見する）喜びを与えてくれるものでもある。

　上述のとおり、歴史会話研究において重要視されている「再構築」とは、過去の会話種を理解しつつ再び組み立てることだ。実際、会話種は歴史会話研究のもっとも重要な研究対象となっている。それは、会話種そのものがもつ以下の特殊性による。なんといっても、歴史的発展を明らかにできるのは

会話種だけであり、会話種を対象とした場合のみ、過去から現在にいたる通時的な研究や現在あるものの歴史をさかのぼっていく研究が可能なのだ。そして、会話種だけが、せまい意味における言語変化の土台や原動力になり、語史記述にさいしては（ソシュールのいう「ラング」である）バーチャルな言語行為の原型として興味深い研究対象となる。それにたいして、対面会話あるいは文通による会話サンプルは、歴史的な発展をしめすことはなく、ある一時点において表現された個々の出来事をしめしているにすぎない（このことは、話しことばでも書きことばでも同様だ）。そして、会話タイプは、特定の話者集団が用いた会話種を体系的に分類するための、きわめて抽象的で仮説にもとづいたものでしかなく、言語使用にさいしては、それ自体がなにか機能を果たしているというわけではない（ちょうど、原語彙素［Archilexem］が語彙の比較のためにあるようなものだ）。第3章では、会話タイプ「教えるための会話」をとりあげ、会話サンプルと会話種、会話タイプの違いを紹介する（これは、対面会話サンプルと対面会話種、対面会話タイプ、文通サンプルと文通種、文通タイプに相当する。以下のページおよびKilian 2002a: 73ff.、Sager 2001 参照）。

　次ページの表3がしめしているように、個々の対面会話あるいは個々の文通は、そもそも典型的な会話種の原型にしたがっている（そして、この原型はつねに、個々の話し手／書き手によって獲得されているものだ）（Kilian 2002a: 74）。たとえば、カントル［聖歌隊長および教会学校教員］のブルンスが生徒たちにたいして、あるテクストについて決定疑問文を用い、「フリッツくん！　きみは青年かね？」と問えば、明らかに「青年」ではない生徒たちは、これから始まる会話が「知識を問う口頭試問での会話」ではなく「教員によって誘導された授業時の会話」であると気づく、という具合に。そして、会話種をその目的にあわせて体系的に、比較的具体的なコミュニケーション分野ごとに分類することで、それがどのような会話タイプに属しているのかを明らかにできる。学校という公的施設においては、ブルンスのするあらゆる質問は「先生のする質問」であり、生徒たちは「ブルンス先生は、もう答えを知っている」という共通認識をもっている。とはいえ、生徒たち

**表3 会話の体系**

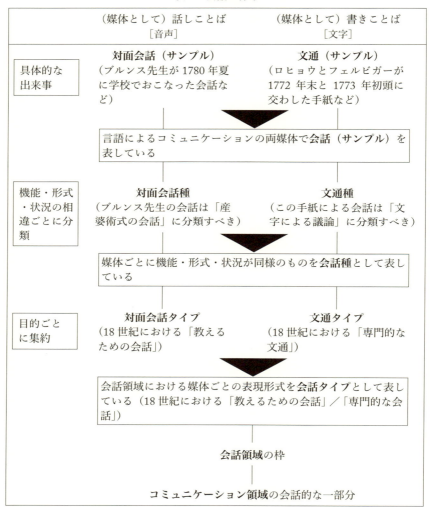

がこの前提条件を信じていいのは、ブルンスが「教えるための会話」という会話タイプ（および、このタイプに属するすべての会話種）の枠内で質問したときだけだ。したがって、会話タイプは、会話研究のために必要な抽象的で仮説にもとづいたものというだけではなく、言語能力のあるすべての話し手

にとって、会話サンプルを作成し受容するさいに、そのサンプルと会話種とを結びつけるための手がかりになるものでもある。そして、1つのコミュニケーション分野において表れるすべての会話タイプが、そのコミュニケーション分野の会話的な側面を形成することになる。

　会話サンプルから出発するにせよ、会話タイプから出発するにせよ、歴史上の会話種を再構築のために、結局、どういう方法をとるのか——それは、研究者の関心がどれほど具体的であるのかによる。ときには、どのような資料があるのかにも左右される。もしも質のよい会話サンプルが会話種の再構築のために大量に使えるのであれば、帰納的に再構築することができる（会話サンプルから、会話タイプのうちの機能的な原型である会話種へという研究のすすめ方は、「小さなものから大きなものへ」方式といえる）。それにたいして、後世に伝わった会話サンプルが少ないのであれば、社会言語学的な側面の再構築にはそれほど関係ないが、言語構造や語用論に関する側面は演繹的に再構築するしかない（会話タイプから、会話サンプルの抽象的な原型としての会話種へという研究のすすめ方は、「大きなものから小さなものへ」方式といえる）。とはいえ、関心の対象が具体的になんであるにせよ、また、資料の状況にかかわらず、（すでに述べたように）歴史会話研究にさいしては、語用論的な考察ぬきに会話種を再構築することはできない。それは、どういうことか？　資料を批判的に評価し、分析し、解釈する必要があるし、会話サンプルを会話がおこなわれた状況との関連から考察する必要がある。また、コミュニケーションがおこなわれた社会環境や会話の背景にあるディスコースと、それぞれの会話サンプルがどのように結びついていたのか、といった点も考察しなくてはいけない。3つの次元のいずれかに焦点をあてて研究するにしても、共時的あるいは通時的に研究するにしても、そして、すべてを包括的に研究するにしても、会話のおかれていた状況と会話サンプルとの結びつきを調べることが、会話を理解するための第一歩になる。いずれの研究方法をとるにしても、表3を利用することができるだろう。社会言語学的な関心をもっているものは（表の）下の3分の1部分に重点をおき、語用論的な関心をもっているものは真ん中の3分の1に、言語構造

に関心をもっているものは上の3分の1に重点をおく、という違いはあるにしても。

　次章以降、第5章までの内容は、ここに述べた「上から下」や「小さなものから大きなもの」についての簡単な描写のつづきだ——第6章ではそれらを複合的にあつかう。また、音素だとか形態素、語や文といった会話の小さな構成要素も、つねに、より大きな会話の構成要素がもつ機能の一部を担っており、そのため、特定の会話種を判別するための興味深いマーカーであるという意味では、統合的な語用論にも関係している。たとえば、現在に伝わった会話サンプルにおける形態統語論的な文構造や語彙は、文脈や前後のつながりに関する語用論的な知識がなければ、形式的にも構造的にも価値判断ができない。そして、それらのもつ会話における機能や、コンセプトとしての話しことば性や書きことば性を確かめるためには、会話布置についての基準を設けておくことがつねに要求される。さらに、この会話布置もまた、特定のコミュニケーション分野における会話タイプに属する会話種に左右されている。(歴史上の)会話を分析することの目的は、ミクロ構造のレベルにおいても、会話の語用論的な機能を考察することにあるのだ。

　歴史語用論的な調査をおこなうためには、方法論的な原則として、マチュー・ド・ヴァンドーム［ラテン語の韻律論で知られるフランスの作家］がすでに12世紀に提唱していた「創意の六歩格」(quis, quid, ubi, quibus auxiliis, cur, quomodo, quando)が役に立つことだろう。これを歴史会話研究に応用するならば、「誰が、何を、どこで、何をつかって、なぜ／何のために、どのような方法で、いつ(誰に、言う／書くのか)？」ということになるだろう。社会学者 Harold D. Lasswell も、1948年にテクストを語用論的に分析するための質問形式として、よく似たものを書いている。そのいわゆる「Lasswell の質問形式」とは、「誰がどの経路・媒体によって誰にどのような効果とともに？」である(Henne 1975: 93 参照)。どちらの形式も、言語構造に関する関心から出発した研究であれ、語用論や社会言語学に関する関心から出発した研究であれ、会話の3つの次元すべてを考慮しつつ解釈していく必要があること、そして、会話的に話すことや書くことは、なによりも人間がおこな

う社会的な言語行動であり、しかも、そこにはさらに語史的、文化史的、社会史的な背景があることをしめしている。

**参考文献**

Weigand 1992、Fritz/Hundsnurscher 1994、Luttermann 1997、Brinker/Antos/Heinemann/Sager 2001。

# 第3章
## 歴史上の会話の言語構造：
## 歴史上の会話における行為の方法と形式を再構築するには？

　上述した3つのアプローチ方法の1番手は、エスノメソドロジー的な帰納的におこなう会話分析の方法やカテゴリーを用いて、歴史上の会話を集めたコーパスを調査するというものだ。したがって、この章では、歴史上の**対面会話**を分析することが中心テーマとならざるをえない。**文通**も会話研究の対象なのだが、これらを対象とした言語構造の比較分析は、まだあまりおこなわれていないからだ。テクスト（種）言語学的なアプローチはおこなわれているが、書かれたもの（手紙など）を会話的コミュニケーションにおける「ターン」としてあつかう研究は、ほとんどない（第6章参照）。

　「エスノメソドロジー的」とは、簡潔にいえば、観察をおこなう研究者が観察対象となる話者集団の（内的）視点に入りこむ方法だ（Bergmann 1994 参照）。そのエスノメソドロジーから発展した歴史会話分析では、したがって、実際におこなわれた言語行動そのものがあつかわれるだけでなく、つねに、会話の参加者の解釈もおこなわれる。会話そのものも特定のまとまりとして存在しているわけではなく、個々の会話サンプルが社会的な事実として存在しているにすぎない。会話サンプルは、人々がおたがいにおこなった言語行動を会話としてまとめたもので、この言語行動が、あとから特定の会話種に属する会話サンプルとして解釈される。この（歴史上の）会話を分析するための基本理念は、実際に歴史上の会話の構造を研究するさいには、助けにもなるし妨げにもなる。この理念によれば、研究者は会話の参加者の役割とその内的側面を把握するだけでよいのだから、その意味では助けになる。それらを把握しさえすれば、あとは後世に伝わった会話とその構造を、あたか

も自分がその会話の参加者であったかのように解釈すればよいのだ。歴史上の会話は、いずれにしても、後世に伝わった会話を手がかりとして帰納的に分析するのだから、このアプローチ方法は一見、比較的問題がないように思える。

　しかし、その一方で、歴史会話分析にとっては、この会話の構造についての基本理念は多くの問題を抱えている。なぜなら、過去におこなわれたコミュニケーションの結果を会話として解釈するばあい、その参加者やその内的側面が不明な場合があるからだ。このアプローチ方法をとるために必要な、第1章3節で述べたような文章として残された質の良い会話の資料というものが、そもそも満足に手に入らないのだ。さらに、8世紀から19世紀にかけておこなわれた会話の参加者の内的側面を、21世紀の研究者が把握することは困難だといわざるをえない——なんといっても、内的側面を把握するためには言語構造や語用論に関する当時の行為の方法と形式が再構築されていなければならないが、そもそも、それらがまだ再構築されていないのだ。したがって、厳密にエスノメソドロジー的な(歴史)会話研究は、現実には不可能だ。まとめると、以下のような結論になる。

1. 会話の資料を選定するためには、外的側面から「会話」とみなせる資料がなくてはならず、さらに行為の方法と形式を再構築するために、これらに関する概念がなくてはならないため(なにを再構築するためになにを探さなければならないか、知っておく必要があるので)、汎時的なカテゴリーを用いて、過去におこなわれた会話の内的側面に学術的にアプローチすることになる。これはつまり、会話の研究者は、それぞれの会話の参加者の内的側面にもとづくカテゴリーではなく、会話がおこなわれた時代ごとの差を考慮しない、学術的にまえもって定義された分析用のカテゴリーを用いるということだ。こうしたカテゴリーは、基本的に現代語を対象とした共時的な会話分析のものが用いられており、そのときどきで、過去の資料にあわせて手が加えられ、「歴史化」される(Cherubim 1998: 542 および Kilian 2002a: 29ff. 参照)。

2. それでもなお、内的側面を把握し、過去の会話に可能なかぎり接近するためには、間接的な資料を用いて当時の会話環境や行為の条件を再構築するという方法がある。こうした再構築は、外的側面についての学術的なカテゴリーを用いた解釈で裏づけつつ、会話の参加者自身が書いた資料や彼らが従っていた資料にもとづいておこなう。要するに、調査にふさわしい会話サンプルを、それがつくられた歴史のなかから分析しつつ拾いあげ、解釈しながら再び歴史のなかへはめ込む必要がある——まさに、理解しつつ分析と統合をくりかえすという、解釈学的な温冷交代浴の古典的一例というわけだ。

この観点から、Helmut Henne と Helmut Rehboch は 1979 年に「歴史会話分析の研究計画のために」をまとめた。そのなかで、両者は、上述の「再構築」という概念を、行為の方法と形式を言語構造にもとづいて分析するさいの問題に応用している。

> 強調しておきたいのは、「再構築」という概念との関連である(…)。なぜなら、それははじめから、過去の会話において用いられた言語は、それそのものとして研究することができないこと、そして、すくなくとも 3 段階のフィルターがかけられていることを前提としている。それは、(1)(会話に関する理論の枠内で)会話分析のカテゴリー、(2)(語史に関する理論の枠内で)語史のカテゴリー、(3)(会話の言語を解釈された言語としてあつかう場合)学者による解釈の 3 つである(…)。
> (Henne/Rehbock [4]2001: 229。Linke 1996: 41ff. 参照)

さらに、4 つめのフィルターとして、歴史上の会話に関する理論や実践が、資料が不足しているために、その対象となる会話領域を制限されていることが挙げられている(Henne/Rehbock 2001: 229)。Henne/Rehbock によるこの「研究計画」自体が、歴史上の会話の方法と形式を再構築するためのガイドとみなせる。注意してほしいのは、この「研究計画」が先に紹介した

「大から小へ」方式をとっており、「会話タイプ」のさらに上位概念である「会話領域」からはじめて、個々の会話における行為、さらには個々の言語行為をあらわす不変化詞の音調論的な特徴へと研究を進めていく点だ。この「研究計画」は、つまり、統合的語用論の方法をとっており、関心の対象となるたった1つの点だけを研究してはならないという方針をしめしている。
では、その「研究計画」をみてみよう。

1. まず最初に、会話やそれぞれの異なる会話領域が、人々の公的・私的な生活においてどのような評価をうけていたかを明らかにすること。そのためには、比較調査をおこなう必要がある。つまり、社会的な背景をふまえたうえで、手紙や本などといったほかのコミュニケーション形式との比較をおこなうのだ。こうした調査の目的は、会話というカテゴリーがどのようにして形成され、どのように評価されてきたかという歴史的な過程を認識することにある。
2. つぎに、現存する(…)通常の会話や虚構の会話、あるいは虚構世界の会話を、文章化された会話としてコーパスに組み入れ、会話領域や会話タイプごとに分類する。このコーパスは(…)芸術性の観点(虚構世界の会話の場合)や教育的な観点(虚構の会話の場合)、文章化のさいにどのようなデータが欠損したかという観点(通常の会話の場合)から評価され、解釈される。
3. このコーパスにもとづき、各時代ごとの会話の典型的な構造とその言語的な方法の再構築を試みる。どの言語的な方法が、どの会話領域、どの会話タイプにおいて(…)使用されているのか(聞き手からの言語的なシグナルや会話における行為の構造など)？　授業における会話や学術的なディスカッションなど、制度化された会話にはどのような舞台装置が、つまり会話の儀礼的なパートがあるのか？　文学作品における会話や授業時の会話、公的あるいは私的な生活における会話は、それぞれどんな関係にあるのか？
　　　　　　　　　　　　　　　　　　　　　(Henne/Rehbock 2001: 230)

Brigitte Schlieben-Lange がおなじく 1979 年に著した「歴史会話分析のための問題提起」も、この「研究計画」とおなじ方針をしめしている。

1. （意思疎通、形式の組織化、行為の意味、場合によっては相互行為におけるモダリティ、実情の描写といった）それぞれのレベルにおいて、どのような進め方で会話がおこなわれていたか、現存するテクストから分かるのか？
2. テクストにおいて、会話の進め方が明示されているのか？
3. 会話や会話の特定の形式がどのような社会的な評価をうけていたのか、入手可能な資料から分かるのか？（Schlieben-Lange 1979: 3)

さらに 2 つの「補足的な問題提起」が、これらを補う。つまり、「複雑な言語についての課題にとりくむさいに、どのような一般的な技術の問題があるのか？」と「その課題にとりくむさいに、どのような文化的・時代的な特殊性が問題となるのか？」だ。

## 会話サンプル

「研究計画」をたてるにしても「問題提起」をおこなうにしても、その出発点となるのは、具体的な会話サンプルだ。言語構造を分析するさいには、「話すことの今日の伝統をより古いものと対比させ、まずは両者の違いを確認すること、つぎにどこがどのていど違うのかを確認すること」(Schlieben-Lange 1983b: 30)が課題になる(Presch 1981: 224ff. 参照)。

実際におこなわれた会話の記録という貴重な資料のジャンルから、1 つの会話を例としてあげよう。これは「教えるための会話」で、記録者のハインリヒ・ゴットリープ・ツェレナーによれば、ブルンスというカントルが、1787 年 5 月 13 日にブランデンブルク地方のレッカーンにあるロヒョウ男爵〔18〜19 世紀の教育学者〕の小学校でおこなったものだ。ツェレナーは、この記録を 1788 年に雑誌『説教師のためのジャーナル(*Journal für Prediger*)』に

掲載した（第20巻所収の「レッカーンについてもう少しだけ」）。

Das Stück [„Der sterbende Jüngling" aus Friedrich Eberhard von Rochows Lesebuch ‚Der Kinderfreund' aus dem Jahr 1776, J. K.] wurde erstlich von dem Lehrer deutlich, bedächtlich und musterhaft vorgelesen; dann noch 3 bis 4 mal von einem und dem andern Kinde wiederholt, und darauf durchgegangen der sterbende Jüngling!

B[runs]. Friz! bist du denn ein Jüngling? F. Nein!

B. Ist denn wol ein Jüngling im Dorfe? K. o ja Rüzens Steffen ist ein Jüngling. B. Recht! – Nun der war tödlich krank. Sind denn alle, die krank sind, tödlich krank? wer denn? Allemal? K. nein manchmal.

B. Wie war der Jüngling denn vorher gewesen? – Also fleissig war er gewesen? was heißt denn das? – ein bischen fleissig war er? K. nein recht sehr. – B. Und das half ihn ia doch nun nicht, da er sterben mußte? oder halfs ihn doch etwas. K. O ja! er war ja verständig und gut dadurch geworden. Ein andres: er konnte ja nun freudig sterben, weil er gut war.

B. Aber Kinder! das hätt'ich doch nicht gethan, daß ich so fleißig in die Schule gegangen wäre. Wenn der Herr in die Schule käme und sagte: Kinder! es soll nun keine Schule mehr seyn! Jedes Kind kann nun den ganzen Tag spielen und herumlaufen, wie es will!

Kinder. Wenn auch! das wäre doch nicht gut! B. Warum denn nicht? Ich meyne das wäre doch recht hübsch – oder nicht? Was lernt ihr in der Schule? – Sollt sich etwa mit Schreiben allein schon einen Thaler verdienen lassen? etc. etc. Und den fleißigen und gehorsamen Jüngling ließ Gott sterben? Ey warum das? was sagte der Jüngling zu seinen Eltern? was waren das für Ursachen? – Wißt ihr sie? Kinder. Nein! B. Nun fragt mich einmal, ob ichs weiß? Kinder. Nun sagen Sie uns doch: Warum der liebe Gott den fleißigen Jüngling sterben ließ? – Hr. B. (nach einer Pause, mit einem ehrerbietigen Ernst:) ich weiß es nicht! (wie weise, wie bedeutend und lehrreich!) Aber sehr gut war es gewiß, weil Gott es geschehen ließ.

B. Aber Kinder! geht ihr denn auch gern in die Schule?

K. 1. O ja! recht gern. K. 2. Ich auch. K. 3.4.5. u. s. w. Ich auch! o ich auch!

B. Ich weiß doch aber zwey, die jetzt lieber draußen herumrennten? – Die Kinder sahen sich betroffen einander an. Nicht wahr du? – und du? – –"

　この作品(著者注：フリードリヒ・エーバーハート・フォン・ロヒョウによる読本『子どもの友』[1776]所収の「瀕死の青年」)を、まずは教師がはっきりと、慎重かつ模範的に朗読した。その後、3〜4回、児童によってくりかえし朗読されたあと、瀕死の青年が教室を一巡した！

　**ブルンス**「フリッツくん！　きみは青年かね？」　**フリッツ**「いいえ！」

　**ブルンス**「いったい、この村に青年はいるのかね？」　**児童**「ああ、はい、リュータェンのシュテフェンは青年です」　**ブルンス**「よろしい！　──さて、その彼は瀕死の重病だった。では、病気の者は、だれでも重病だろうか？　だれがそうかね？　いつもそうかね？」　**児童**「いいえ、ときどきです」

　**ブルンス**「では、あの青年は以前はどうだったね？　──それで、彼は勤勉だったろうか？　いったい、勤勉とはどういうことだろう？　──ちょっとだけ勤勉だったろうか？」　**児童**「いいえ、とても勤勉でした」　**ブルンス**「彼は死ななくてはならなかったのだから、それは彼を(ihn)助けにならなかっただろうか？　あるいは、すこしは彼を助けになっただろうか？」　**児童**「ああ、はい、彼はそのおかげで賢くて良い人になりました」　**別の児童**「彼は良い人だったので、よろこんで死ぬことができました」

　**ブルンス**「しかしね、子どもたち！　私は、勤勉に学校に通うようなことはしないよ。もし主が学校に来られて、「子どもたち！　学校はおわりだ！　今日は一日中、好きなだけ遊んだり走りまわったりしよう！」とおっしゃったならね」

　**児童たち**「それでも！　それは良くないです！」　**ブルンス**「なぜだい？　私は、それはとってもすてきなことだと思うが(Ich meyne)──違うかい(oder nicht)？　君たちは学校でなにを学んでいるんだ？　──文字を書けるようになっただけで、大金を稼ごうというのか？　云々。それから、勤勉で聞き分けのよい青年を、神は死なせてしまうものだろうか？　おや(Ey)、なぜだろ

う？ あの青年はご両親になんと言ったかな？ その理由はなんだった？ 君たちは知っているのかね？」 児童たち「分かりません！」 ブルンス「では、私に聞いてみたまえ、私がその理由を知っているかと」 児童たち「じゃあ、教えてください。なぜ、神さまはあの勤勉な青年を死なせてしまったのですか？」──ブルンスさん「（間をとり、うやうやしく真剣に）私も知らない！（いかにも賢明に、いかにも意味深長に！）しかし、神がそのようになさったのだから、それはきっと、とても良いことだったのだよ」

ブルンス「しかし、子どもたち！ それでも喜んで学校に通うかね？」

児童1「ああ、はい！ すごく喜んで」 児童2「わたしもです！」 他の児童たち「ぼくもです！ ええ、ぼくも！」

ブルンス「でもね、私は2人ほど、本当は今すぐ外で走りまわりたいと思っている子がいるのを知っているよ」児童たちは驚いて顔を見合わせた。「──そうじゃないか、君？ ──で、君は？」

(H. G. Zerrenner: Noch etwas über Rekan […], in: *Journal für Prediger Zwanzigsten Bandes erstes Stück*, Halle 1788, 1–47, hier 16f.)

ツェレナーの記録には、すでに（改行や太字など）文字の体裁による強調でこの会話の構造について暗示されている箇所があるが、歴史上の会話を分析するさいには、作業の前段階として、カテゴリーにもとづいてサンプルを整理する必要がある。たとえば、ターンごとに会話を分け、記録者のコメント（「児童たちは驚いて顔を見合わせた」など）を削除するといった作業だ。こうした作業のさい、カテゴリーをしめす術語をつけることで、分析が容易になる（表4参照）。

**表4 会話分析のカテゴリー**

| 会話の開始部(不明) | |
|---|---|
| 会話の中心 | |
| ブルンス | フリッツくん！ きみは青年かね？ ← ターン |
| フリッツ | いいえ！ ← ターン |

| | | |
|---|---|---|
| ブルンス | いったい、この村に青年はいるのかね？ | ← ターン |
| 児童 | ああ、はい、リューツェンのシュテフェンは青年です。 | |
| ブルンス | よろしい！ ——さて、その彼は瀕死の重病だった。では、病気の者は、だれでも重病だろうか？ だれがそうかね？ いつもそうかね？ | |
| 児童 | いいえ、ときどきです。 | |
| ブルンス | では、あの青年は以前はどうだったね？ ——それで、彼は勤勉だったろうか？ いったい、勤勉とはどういうことだろう？ ——ちょっとだけ勤勉だったろうか？ | |
| 児童 | いいえ、とても勤勉でした。 | |
| ブルンス | 彼は死ななくてはならなかったのだから、それは彼を(ihn)助けにならなかっただろうか？ あるいは、すこしは彼を助けになっただろうか？ | |
| 児童 | ああ、はい、彼はそのおかげで賢くて良い人になりました。 | |
| 別の児童 | 彼は良い人だったので、よろこんで死ぬことができました。 | |
| ブルンス | しかしね、子どもたち！ 私は、勤勉に学校に通うようなことはしないよ。もし主が学校に来られて、「子どもたち！ 学校はおわりだ！ 今日は一日中、好きなだけ遊んだり走りまわったりしよう！」とおっしゃったならね。 | |
| 児童たち | それでも！ それは良くないです！ | |
| ブルンス | なぜだい？ 私は、それはとってもすてきなことだと思うが(Ich meyne)——違うかい(oder nicht)？ 君たちは学校でなにを学んでいるんだ？ ——文字を書けるようになっただけで、大金を稼ごうというのか？ 云々。それから、勤勉で聞き分けのよい青年を、神は死なせてしまうものだろうか？ おや(Ey)、なぜだろう？ あの青年はご両親になんと言ったかな？ その理由はなんだった？ 君たちは知っているのかね？ | ← 談話辞 |
| 児童たち | 分かりません！ | |
| ブルンス | では、私に聞いてみたまえ、私がその理由を知っているかと。 | |
| 児童たち | じゃあ、教えてください。なぜ、神さまはあの勤勉な青年を死なせてしまったのですか？ | |
| ブルンスさん | (間をとり、うやうやしく真剣に)私も知らない！(いかにも賢明に、いかにも意味深長に！)しかし、神がそのようになさったのだから、それはきっと、とても良いことだったのだよ。 | |
| ブルンス | しかし、子どもたち！ それでも喜んで学校に通うかね？ | |
| 児童1 | ああ、はい！ すごく喜んで。 | |
| 児童2 | わたしもです！ | ← ターンの受け継ぎと話者交替 |

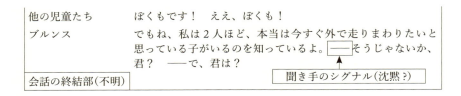

　会話の構造を再構築するさいには、会話のミクロ構造がもっぱら研究対象になる。これは、Henne/Rehbock の「研究計画」における第 3 段階や Schlieben-Lange の 3 つの「問題提起」における 1 番目のものにあたる。「大きなもの」から「小さなもの」へという研究方法は、そもそも別の研究対象をあつかい、別の問題提起に答えるためのものだ。たとえば、会話タイプ（この例では、18 世紀における会話タイプ「教えるための会話」）や社会的コミュニケーションの領域を研究するために、会話サンプルをとりまく社会的な環境を調査するとか、同時代人による会話タイプにたいする評価や、類似の会話サンプルによるコーパス、当時の授業時の会話に関する明確な規範を調査する場合などがそうだ。したがって、そうした研究については、ここではくわしく触れず、キーワードをいくつか拾いあげるだけにしよう（くわしくは Kilian 2002a の第 3 章参照）。

## 歴史上のコミュニケーション領域における会話の評価

　18 世紀においては、教員が朗読したり相手の知識をためす質問をするだけでなく、なによりも、学習者が能動的に授業に参加することで教養や知識を獲得できるようにするために、教育学的・心理学的な視点が導入されていった。このことは、ソクラテスの産婆術を思い起こさせることだろう。つまり、教え子に「アイロニカルな」質問をすることで、相手が意識していない知識を「引き出す」という対話方法だ。こうした「ソクラテス式の会話」は 18 世紀末に、恵まれた市民の子息が通う（「汎愛学院」と呼ばれた）革新的な私立学校で授業に導入された。地方の小学校では、これにたいして「教

員による朗読」や「教理問答式の口答試問での会話」がつづけられた。レッカーン小学校では、農村の子どもたちにたいしても比較的大規模な教室でソクラテス式の会話が導入されているが、これは例外的なケースだ。この点から、レッカーンにおけるブルンス先生の授業時の会話は、同時代人の目からみれば少し特殊なものであり、記録する価値があったのだ。この授業時の会話の記録によって、はじめて、会話タイプ「教えるための会話」に属する会話種「教員によって誘導された授業時の会話」が、当時の小学校では実際にどのようにおこなわれたのか、という語史に関する事実が明らかになった。これは、現代の授業の主流となっている教育的な会話種だ。

　しかし、レッカーン小学校は、あくまでも特殊なケースだ。ここでは、年齢ごとに2つのクラスが設けられており、1クラスが50人から100人という大規模であることもまれではなかった当時にあって、上述の会話がおこなわれた「年少者クラス」には「10人の男子と14人の女子」しかいなかった。歴史上の会話を分析するさいには、会話の参加者の空間的な配置について明確なデータを可能なかぎり手に入れることが、とくに重要になる。なぜなら、このことが会話種の選択や会話の流れに影響を与えているからだ。レッカーン小学校に関しては、情報が残されている。1780年の春と夏に同校の運営状況を視察し、数多くの会話記録を残したカール・フリードリヒ・リーマンによれば、この学校では席順も革新的だったという。なぜなら、(1)これまで生徒が「群れ」をなしていた小学校に席順を導入し、(2)ほとんどの学校が導入していた全生徒を教員に向けて座らせる以外の方法を用いていたからだ。リーマンによれば、会話がおこなわれた教室の席順は以下のとおりだった。

> 教室に入って左手の壁ぞいにある、丈夫で子どもの足が届くていどの高すぎない2列の長いすに、男子が座っており、それぞれの長いすの前には傾斜した細長いふたつきの机がついている(…)。女子は入口の向かい側に座っており、男子と同様の机についているが、行儀よさを身につけるため、その前には亜麻布がかけられている。これは、女子が机の下

をくぐらないようにするためだ。すべての席は正方形を半分にしたような配置になっており、およそ以下の図のようになる。

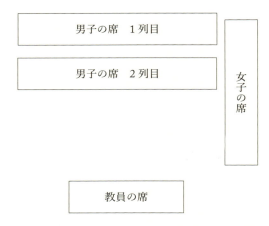

(C. F. Riemann: *Versuch einer Beschreibung der Reckanschen Schuleinrichtung* […], Berlin und Stettin 1781: 189)

## 1. 会話のマクロ構造とメゾ構造

　会話領域を選択したあと(「研究計画」の第1段階)、その領域にふくまれる会話サンプルを選択し(「研究計画」の第2段階)、それからはじめて、せまい意味での言語構造の分析にとりかかる。つまり、会話のマクロ構造、メゾ構造、ミクロ構造をカテゴリーにもとづいて分析する。ここでは、現代語を対象とした共時的な会話分析におけるそれぞれのカテゴリーを定義したり、それについて論議するつもりはない。むしろ、それらが歴史上の会話サンプルにも応用できる、という点を紹介したい。ここでは、とくに以下のカテゴリーを紹介する(現代語を対象とした共時的な会話分析におけるその他のカテゴリーについては、Henne/Rehbock 2001: 247ff. および Brinker/Sager 1996: 171ff. 参照)。

- マクロレベルにおけるカテゴリー：会話の開始部、中心部、終結部
- メゾ（中間）レベルにおけるカテゴリー：ターン、ターンの受け継ぎ、聞き手のシグナル、話者交替
- ミクロレベルにおけるカテゴリー：統語論的、語彙論的、形態論・音韻論的なカテゴリー

## 1.1. マクロレベルにおける会話の局面の分析（1）：開始部と終結部

現代語を対象とした共時的な会話分析では、会話は開始部、中心部、終結部という3つの局面に区分される。開始部と終結部は会話相手との関係のための局面だが、それにたいして中心部は——多くの場合——会話があつかう対象のための局面であり、せまい意味でのテーマに関した局面だ。

### 開始部

開始部では、「会話の参加者が、おたがいに相手を会話の相手として受け入れる」（Henne/Rehbock 2001: 15）。開始部（および終結部）は、基本的に儀礼化されていて（17世紀および18世紀については Beetz 1990: 140 参照）、おたがいに挨拶の言葉を交わしたり（「「こんにちは！」は、日中に誰かと出会ったさいにおこなう普通の挨拶である」［Adelung Bd. 4, 1801: 518］）、ジェスチャーをする（「帽子をあげる」、「おじぎをする」［Adelung Bd. 2, 1796: 841］）。さらに、教師と生徒という社会的な関係は、学校という制度によって前もって用意されたもので、「教えるための会話」をはじめるたびに新たに確立されるものではない。このように、会話の開始部における言語的な側面は、あるていど制度的に儀礼化されているが、そうではないこともあり、まさにこの点が、会話を用いた交際そして会話の変遷に一定の自由を与えている。

歴史的な変遷や連続性を確認するためには、会話を分析する者は、Schlieben-Lange が指摘したように「比較しながら」作業をすすめる必要がある。

つまり、後世に伝わった会話の開始部を、今日における同様の会話の開始部と比較する、あるいは、その他の資料を集めてコーパスを作成し、同時代やより古い時代における同様の会話と比較する必要がある。しかし、どのようなものが「同様の」会話なのかを確定するためだけでも、まずは、仮説にもとづいて想定された会話種「教員によって誘導された授業時の会話」だとか、せめてより大まかに、仮説にもとづいて想定された会話タイプ「教えるための会話」の基準を設けなければならない。歴史上の「教員によって誘導された授業時の会話」の開始部を比較するための、この一見、簡単な作業から、もう上述した——たいていは現代の会話研究から借用した——解釈学的な仮説のローテーションがはじまっている（さきほど引用した会話に「教員によって誘導された授業時の会話」という概念を用いたことが、すでにそのような仮説の1つだ）。そして、それを検証し、今日の素材にあわせて修正する作業も、このローテーションに含まれている。現代語を対象とした会話研究に由来する仮説を用いて会話サンプルにアプローチする方法は、すでに純粋にエスノメソドロジー的な手法とは矛盾している。しかしながら、これ以外の方法は不可能なのだ。なぜなら、会話の研究者が過去の会話の参加者に「自らを同化させる」（レオポルト・フォン・ランケ）などということは絶対にできないからだ。ドイツ語を対象とした会話分析の研究者たちは、たしかにエスノメソドロジー的な手法を捨て去らなかったが、この点からも、その修正をおこなってきた。

現存するブルンス先生の「教員によって誘導された授業時の会話」は突然はじまっているが——今日の授業でも珍しくないが——1つのテキストが会話をはじめるきっかけになっており、複数人が朗読したことがすなわち物語的な前開始部であり、また会話の主導権をにぎっている。しかし、形式においては、この朗読は会話のターンにはなっていない。狭い意味での会話の開始部は、挨拶などであり、この記録には含まれていないが、この会話種に属する別の資料には開始部が含まれているため、「教員によって誘導された授業時の会話」の開始部を再構築することができる。ツェレナーは、ブルンス先生自身による別の会話として、たとえばアイロニカルな会話の開始部を記

録しているし("Kinder zum Rechnen habt ihr heut wol keine Lust?"［子どもたち、君たちは今日、算数なんてしたくないだろう？］［Zerrenner 1788: 9］)、また別の会話では、ブルンスは、きっと児童には真剣に聞こえたであろう質問で会話を開始している("Ich wollte ja heute etwas fragen? was doch wol?"［私は今日、なにか質問をするつもりだったね？　さて、それはなんだったかね？］［Zerrenner 1788: 14］)。どちらの開始部も、ブルンス先生が以下のような工夫をしていることをしめしている。つまり、対等ではなく教員が支配的な授業時のコミュニケーションという、制度的に前もって用意された会話での役割の差を弱め、なるべく会話の参加者の社会的な関係が対等であるかのように演出している。「子どもたち」という親しみを感じさせる呼びかけや心態詞 wol を使っているし、また、「ソクラテス式のアイロニー」［無知をよそおって質問し、相手の知識を問うこと］で質問するさいにも心態詞 ja や wol が使われている。

**終結部**

　歴史上の会話の中心部がどのように構成されているのか、その構造を分析する方法を——とりわけ、ターンや聞き手の行動、話者交替について——以下の節でくわしく説明するが、そのまえに、会話の終結部を歴史会話分析の視点からみておこう。

　さきに引用した「瀕死の青年」についての会話では、会話の中心部が今日の視点からみるときわめて注目に値する終わり方をしている。「いましめ」かつ「はげます」誘導尋問で終わっているのだ。別れ際のシークエンスについては記録が残っていないが、おそらくそれは、記録者であるツェレナーが、そのシークエンスを制度的な会話タイプ「教えるための会話」における儀礼的なやり方だと判断したからだろう。会話の開始部と同様に、歴史会話研究の分野では、なによりも語彙化された別れの形式およびジェスチャーに注目する。そうすることで、形式的な会話の開始部と同じく、その会話がおかれている社会の規則についてイメージをつかむことができるからだ（たと

えば、「「アデュー」から「さようなら!」まで、親密な関係においては、ふつうの形式である」[Adelung Bd. 4, 1801: 1536])。

　さきほどの例でいえば、「教えるための会話」では、別れの挨拶だけでなく終結部全体が、機能の点からいえば制度的に儀礼化されていて、たいていの場合、会話であつかった対象を「まとめ」、会話の相手を「いましめる」という教員の行為があり、宿題が出され、それから別れの挨拶、という形式をとる。このことは、今日においても基本的に変化がない。だから、これから紹介するブルンス先生の会話の終結部も、これだけみれば、一見したところほとんど「歴史上の」会話には思えない。

　　3つめの格言を家で調べてきなさい。シラ書23章26節から29節にあるからね。明日、君たちがそこで、私たちが読んだ物語に関係するなにかを見つけたかどうか、質問するから。　　　　　(Riemann 1781: 129)

　一方で、別の会話の終結部では、レッカーン小学校での授業時のコミュニケーションが新しいものだったという強い印象を、ブルンス先生は残している。というのも、18世紀末の別の地方の小学校でおこなわれていた典型的な授業時のコミュニケーション形式を、比較のために別の資料で確認すると、言語によるものであれ(たいていは「質問―返答」と「命令―服従」の隣接ペアで構成されていた)、非言語によるものであれ(木の枝でつくったムチが教員のシンボルであり、体罰が日常的におこなわれていた)、ブルンス先生のそれとはまったく違うことが分かるからだ。ツェレナーは、算数の授業における「教員によって誘導された授業時の会話」の終結部を記録している。

　　ブルンスさん「さて、子どもたち、もうやめにしようかと思うんだがね
　　　(dächt ich)!」
　　児童「えっ、イヤです。あと1つ!　それと別のも。もう2つ!」
　　先生「でも、君たちが私をほったらかしにするんじゃあな

児童「いいえ、しません」
先生「よし、じゃあやってみようか。(著者注：新しい課題を与える)(…)」
　児童たちは、まだ書きたがっていた。先生だけが「ダメだ！」と言っていた。
先生「それで、明日は誰が私に、説教からなにか書き写してくれるのかな？」
児童全員「はい！　はい！」
先生「では、集まって」
　それから先生は、子どもたちと立ったまま、言葉で言い表せないほどうやうやしく、そしてとても柔らかく上品な調子で、新讃美歌集287番の7節と8節を歌った。「あなたのお命じになることは、私たちにとってよいこと」云々。「あなたを愛する者はもう、あなたに愛されている」云々。子どもたちは、この学校で歌われる他のすべての節と同様に、この節を暗唱することができるのだった。それから、まずは男子が、それから女子が、とても礼儀正しく静かに家路についた。

(Zerrenner 1788: 12f.)

　ここで引用した最初のターンで、ブルンスが本当に授業を終わらせようとしていたとも考えられるが、"dächt ich"(思うんだが)という、相手にターンを渡すという構造をつくる発話行為を、自分たちで決めるようにという提案だと児童たちは理解したに違いない。このことと、児童の学習にたいする個人的なつながりを強調していること(「誰が私に(…)なにか書き写してくれるのかな？」)は、ふたたび、ブルンス先生と「彼の」児童たちとの、例の特別な社会的関係を裏づけている。なぜなら、ここでも、仲良く協力しあう、ときにはほぼ対等な関係が演出されているからだ。同じように、「瀕死の青年」についての会話にみられた"Ich meyne"(思うが)のような、ターンの受け継ぎという構造をつくる発話行為もまた、制度的に決められた役割の差を埋めている。

## 1.2. マクロレベルにおける会話の局面の分析（2）：中心部

　せまい意味で「会話の構造を分析する」といった場合、その対象となるのは、いわゆるメゾ（中間）レベルだ。たとえば、ターンや会話における話し手の行為、聞き手のシグナル、聞き手がどのようにターンをとるのか、それぞれのターンがどのようにつながっているのか、話者交替の方法と形式などが、これにあたる。ここであげたカテゴリーは、特定の条件下でしか使えないものではなく、あらゆる言語あらゆる時代に用いることができる普遍的・汎時的なものだ。しかし、これらが実際におこなわれるさいには、言語や文化ごとの違いがあらわれるし、歴史の流れのなかで変化しうるものだ。

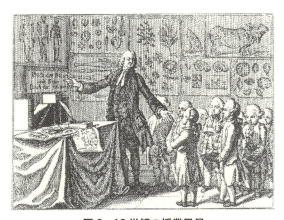

**図2　18世紀の授業風景**

J. B. Basedow: *Des Elementarwerkes erster Band, zweiter Band, dritter Band, vierter Band. Ein geordneter Vorrath aller nöthigen Erkenntniß* […], hrsg. von Th. Fritsch, Bd. 3 Leipzig 1909: Tab. XLVIII.

　話し手や聞き手の行動や話者交替が、会話サンプルのなかで具体的にどのような形式であらわれるのかは、会話タイプに属する特定の会話種があらかじめどのような規範をもっているのかによって決まる。したがって、これらのあらわれ方を明らかにすることは、会話タイプに属する1バリエーションである会話種を再構築することにつながる。ブルンス先生の会話は、すで

に述べたように、古い時代の会話種「教員によって誘導された授業時の会話」についてのオリジナルの資料だ。しかし、そう断定するためには、この会話を、会話タイプ「教えるための会話」に属する他の会話種のうち、およそ1750年以前のドイツ語圏にもあったものと比較しておかなくてはならないことは、もう一度強調しておく必要があるだろう。たとえば、中高ドイツ語（Kästner 1978参照）や初期新高ドイツ語の時代、とくにマルティン・ルターが広めた「教理問答式の会話」の影響が強かった時代には、こうした会話は、本に書かれている質問と暗記しておいた返答のくり返しによって構成されていた（ルターの『小教理問答書（*Der Kleine Katechismus*）』(1529)にある「これは何ですか？」形式の質問を思いうかべてほしい。Polenz ²2000: 238ff. およびEhlich 1999参照）。個々の歴史上の会話サンプルにおける話し手と聞き手の行動や話者交替の形式を、比較検討せずに個別にあつかってしまった場合には、その研究成果はその会話固有のものになってしまい、語史に関する興味深い結果は生まれない。したがって、歴史会話研究にとって重要なのは、現代語を対象とした共時的な会話分析のカテゴリーを歴史上の会話でつくったコーパスに持ちこみ、歴史上の会話サンプルを分析することだ。もちろん、理解しつつ解釈するためには、個別の会話サンプルと比較対象となる会話サンプルだけでなく、二次資料も必要になる。

　会話の構造を理解するために歴史上の資料を比較するという作業を分かりやすくするために、ここで、虚構の「知識を問う教理問答式の会話」をとりあげておこう。これは、その当時の地方の小学校ではまだ普通におこなわれていた会話のすすめ方を批判するために、ヴァルクホフという名の小学校監督官が1797年に出版したものだ。この会話は、モーセの第四戒「父母を敬え」をテキストとして読んだあとでおこなわれたという設定になっている。

「この戒めにしたがって、何をすべきかね？　だれを敬うべきかね？」「お父さん」「他には、だれを？」「お母さん」「お父さんとお母さんに何をすべきかね？」「二人を敬うべき」「なんのために、二人を敬うべきかね？」児童たちは黙っている。教師「良く──」児童たち、思いつく。

「良く生きるために」「他には、なんのために？」「それから、この世で長生きするために」「どのように生きるのかね？」「良く」「どこで長生きするのかね？」「この世で」

(Walkhof: Kurze Anleitung zur Uebung des Nachdenkens der Kinder [...], in: *Der deutsche Schulfreund*, Bd. 17, 1797, 3–29)

## ターン

ターンとは、アメリカの社会学者 Erving Goffman による明確な定義によれば、「ある個人が自分の番でおこなったことや言ったこと」だ（Henne/Rehbock 2001: 16f. 参照）。会話タイプ「教えるための会話」では、教員による質問と生徒による返答とが普遍的・汎時的な基本形式であり、ペアになったターンのくり返しで会話がすすむ。しかし、このくり返しがどのような形であらわれるのかは、文化や時代ごとに異なっている。たとえば、テーマがどのように展開するのかとか、会話の構造がどのように構成されているのかなどだ。あらわれ方についていえば、ヴァルクホフが書いた虚構の「知識を問う会話」とツェレナーが記録した実際の「教員によって誘導された授業時の会話」とでは、その違いは明白だ。ヴァルクホフの「知識を問う会話」では、教師と生徒によるターンはテキストと密接に結びついている。教師は、「何を？　誰を？　他には？　何を？」といった具合に、その内容を順に質問していく。基本的には、第四戒というテキストの内容を質問と答えに分け、教員による質問でテキストの内容を聞き出しているにすぎない。

それに対し、ブルンス先生は、たしかに補足疑問文［欠けている情報を補わせる質問］を用いているが、だからといって、彼の「教えるための会話」をもとに「瀕死の青年」というテキストを再構築できるほど、テキストの内容について質問しているわけではない。彼の場合、明らかに、会話によってテキストの内容を暗記させる以外の目的をもっていた。会話の中心部のはじまりとなる質問は、「フリッツ君！　君は青年かね？」であり、テキストからたった1語とりあげているにすぎないが、その後の会話では、このテキス

トの内容が会話の外枠になっている。ほぼ同じころに生まれたこの2つの会話サンプルを比べることで、「会話の流れについて新しい可能性がうまれると、(言語を用いた)ゲーム全体が変わってしまう」(Fritz 1994: 550)ことがよく分かる。ブルンスは、会話の流れのなかで、教員による質問というターンをテキストから切りはなし、生徒たちが自由に返答できるようにしている。「質問」と「返答」とのつながりは、この会話でも成立しているが、しかし、もはやテキストには縛られていない。その結果として、ここで紹介したように、生徒によるターンがより短くなる可能性がある。レッカーン小学校での会話における発言量を調べてみれば、教師であるブルンスの発言量が非常に多いことがすぐに分かる。ほとんどのターンで彼が話し手をつとめており(計11回)、ターンの長さという観点から見ても、彼の発言(204語)は全生徒の発言(64語)よりも長い。

## ターンの受け継ぎ

　会話の構造に関しては、どのようにターンが受け継がれているのかが、会話分析のさいにとくに注目されているし、そのことを解明することは歴史会話研究にとって、とても大きな価値がある。ターンの受け継ぎでは、話し手は自分のターンにおいて、次の話し手のターンをなんらかの方法で前もって決めている。ここでは、どのように「決定」されるのかが問題になる(Henne/Rehbock 2001: 199ff. 参照)。(1)まず、そのターンでおこなわれる行為(発語内行為)の内容によって、ターンの受け継ぎが決定される。「知っているのかね？」というブルンス先生の「質問」は、発語内行為「返答」がおこなわれるターンによって受け継がれることを決めている。あるいは、「では、私に聞いてみたまえ、私がその理由を知っているかと」という「要求」は、その要求の結果がおこなわれるターンによって受け継がれることを決めている。(2)また、そのターンで言及される内容(命題)によっても決定される。「知っているのかね？」と質問したとき、ブルンスは、青年が死んだ理由という内容をとりあげた。そのため、それを受け継いだターンにも、このテーマが引

き継がれている。(3)さらに、話し手がそのターンで確立した、あるいは少なくとも期待した、会話の参加者どうしの関係(発語媒介行為)によっても決められる。たとえば、誰かが質問をした場合、基本的に、その人は自分の持っていない情報を与えてもらうことを望んでおり、しかも、質問された人物が彼にその情報を与えてくれるだろうと考えている、と理解される。したがって、両者の関係は非対称で補完的な関係だといえる。質問された人は、質問した人よりも優位だからだ(もっとも、教員による質問の場合は話が別だが)。

　もし、2つめのターンが、以上の3つの次元のいずれかで、1つめのターンが決定したことに対応していれば、2つめのターンは1つめのターンに「反応」しており、1つめのターンを受け継いでいることになる。また、ここでは「責任」も問題になるのだが、この「責任」も「決定」と同様に、行為と内容、関係という3つの次元と結びついている。学校という制度においては、「質問」と「返答」のくり返しがターンの受け継ぎの基本タイプだ。教員による質問は、原則としてきわめて強力に、後続のターンを決定する。生徒たちは(発語内行為としての)返答を義務づけられており、(命題としては)質問でとりあげられた内容にしたがわなければならず、(発語媒介行為としては)教員との関係を受けいれなければならない。

　「教えるための会話」におけるターンの受け継ぎがこうした普遍的・汎時的な構造をもっていることと、比較対象としてあげたヴァルクホフの書いた会話をふまえたうえで、レッカーン小学校での会話の記録をみてみると、言語の歴史を知るうえでちょっとした発見がある。この記録には、教師のターンが統語的に質問という形式をとらず、したがって「質問―返答」という発語内行為の次元における決定がゆらいでいる、という場面がみられるのだ。たとえば、「今日は一日中、好きなだけ遊んだり走りまわったりしよう!」というブルンスの発話は、形式としてはまったく質問ではないが、それにもかかわらず、「質問」という発語内行為がおこなわれている。こうしたブルンスのターンがもつ決定力は、内容および発語媒介行為の次元ではさらに弱く、彼がヴァルクホフとは違うやり方で「教えるための会話」をおこなって

いたことの証拠といえるだろう。ブルンスの「教員によって誘導された授業時の会話」においては、教員による質問は、とくに命題に関して、ヴァルクホフのもののような強い決定力をもっていない。ブルンスの質問は、命題に関してはオープンで、もはや「正しい」か「正しくない」かといった二者択一をせまるものではない。その結果、生徒たち自身が自分で考え、テキストをはなれて自由に答えることができた——教員に反論することさえできたのだ（「それでも！　それは良くないです！」）。教師と生徒によるそれぞれのターンは、もはやテキストとではなく、会話の内容そのものと結びついている。ブルンスは、生徒たちの返答をうけて、「問い合わせ（Nachfragen）」（「児童たち「それでも！　それは良くないです！」ブルンス「**なぜだい？**」」）や「連続質問（Nachhaken）」［相手に答えさせずに質問すること］（「それで、彼は勤勉だったろうか？　**いったい、勤勉とはどういうことだろう？**　——ちょっとだけ勤勉だったろうか？」児童「いいえ、とても勤勉でした」）をおこない、授業時の会話を「誘導」している。

## ターンと聞き手のシグナル

　レッカーン小学校の会話サンプルでは、発言のあとに多くのダッシュ記号があるが、このことは、歴史上の会話を分析するさいに、解釈をさまたげる大きな障害になっている。というのは、多くの場合、補足疑問文のあとにあるからだ。こうしたダッシュ記号を、記録者による（「云々」のような）文字の節約だと解釈せず、児童が沈黙しているのだと解釈するならば、レッカーン小学校の児童たちはまだ「教員によって誘導された授業時の会話」に順応できておらず、ターンをとれずに聞き手の立場のまま沈黙していたか、指でさされるなど言語を用いずに返答を要求されて話し手の立場になったが沈黙していたのか、そのどちらかだと考えられる。

　ドイツ語による「教えるための会話」に関する他の資料では、しばしば、生徒が「黙った」とか「口ごもった」、「考えこんだ」とはっきり書いてあるので、ダッシュ記号も沈黙を表していたという解釈がありうる。しかし、

ツェレナーの記録におけるダッシュ記号は、生徒の沈黙だけを表しているというよりは、記録者が記録の一部を省略しただけのように思われる。とくに、会話が特定のテーマを対象として進んでいき、ダッシュ記号を境に、つぎのテーマが表れる箇所などがそうだ。たとえば、「**ブルンス**「では、あの青年は以前はどうだったね？　――それで、彼は勤勉だったろうか？」」など。この解釈の根拠としては、「瀕死の青年」についての会話において、テキストの内容が質問の答えになる場合に、児童の返答が記録されていないことが挙げられる（「あの青年はご両親になんと言ったかな？」）。とはいえ、結局のところ、このサンプルに関しては結論づけるには情報が足りない。

しかし、この会話が参加者の関係をめぐって進みはじめると、児童たちは「驚いて」実際に黙りこんだ。このように、この資料には、生徒たちが聞き手としてどのような行動をとっていたのかという情報も載っているのだ。

**ブルンス**「でもね、私は2人ほど、本当は今すぐ外で走りまわりたいと思っている子がいるのを知っているよ」児童たちは驚いて顔を見合わせた。「――そうじゃないか、君？　――で、君は？」

聞き手の行動に関しては、レッカーン小学校の会話サンプルにある情報は、これだけしかない。現代語を対象とした共時的な会話研究によれば、聞き手は能動的であり、受動的ではない (Henne 1979、Henne/Rehbock 2001: 170ff.、Brinker/Sager 1996: 57ff. 参照)。現代の会話を書きおこした資料にくらべて、歴史会話研究のための資料には、話し手の行動に関してさえも多くの情報が欠けている。だから、たいていの資料に、聞き手の行動についての書きこみや聞き手のシグナルの方法についての記述がなくても、驚くには値しない。そのため、他の点では資料にもとづいて分析できたとしても、この点では、実際のところ、「直感」とか「連想の才能」といったものが要求される。

## 歴史上の話者交替の方法と形式

　第1章1節で紹介した定義によれば、会話は「言語という媒体をつかっておこなわれ、2人以上の参加者が話し手／書き手と聞き手／読み手の役割を交替する、特定のテーマについての相互行為」だ。話し手と聞き手の役割が交替すること、つまり、話者交替は、ながらく、言語学的に会話や歓談を分析するさいの中心テーマだった。現実におこなわれた話者交替の方法や形式をカテゴリーとして抽象的にまとめるさい、興味深いのは、それらがまず「エスノ・バリエーション」にまとめられることだ。これはつまり、歴史的・文化的に異なる形式という意味だ。現代語を対象とした共時的な会話研究では、なによりも、日常における話者交替の構造が重視されているのにたいし、歴史会話研究では話者交替の制度的な方法と形式に注目している。とくに、すでに二次資料がとりあげている方法や形式、たとえば学校の規則などがあつかわれることもまれではない。歴史上の話者交替の分析にも、現代語を対象とした共時的な会話分析におけるカテゴリー項目が歴史上の会話サンプルに応用されるが、それらの項目がすべて歴史上の資料にもみられると考えてはならないし、また逆に、資料にみられる項目以外のものは存在しないとも考えてはならない。

　言語学的に会話を分析するさいには、原則として、話者交替を3つの方法に分類する。つまり、会話の司会による交替、自己申告による交替、そして話し手による交替だ（Henne/Rehbock 2001: 17f. 参照）。教師と生徒という制度的な役割分担においては、今日でも、教師が会話の司会をつとめており、発言権を、したがって話者交替をつかさどっている。要するに、制度的に用意された話者交替の方法というのは、「会話の司会者がつぎの話し手を選ぶ」（Henne/Rehbock 2001: 18）タイプなのだ。ブルンス先生の最初のターン（「フリッツくん！　きみは青年かね？」）において、すでに、レッカーン小学校で児童の名前を「呼ぶ」ことで、この方法の話者交替がおこなわれている。この会話では、児童の名前を「呼ぶ」というのはこの一例しかみられないが、その後もとどこおりなく話者交替がおこなわれていることをみれば、

ブルンスは、答えるべき児童を指さすなどして、言語を用いずに身振りなどで話者交替をおこなっていたと考えられる。もっとも、この点については、記録者はなにも書き記していない。いずれにせよ、この会話がずっとブルンスと生徒のフリッツの2人によっておこなわれたと考えることはできない。なぜなら、名前を呼ばれた直後の返答のターンにだけ「フリッツ」という話し手の名前が記されており、そのほかは「児童」と記されているからだ——記録者は、名前を呼ばれた児童だけ、つまり名前の分かる児童だけ、その名前を話し手として記していたのだ。この点で、この記録の信頼性は高いといえるだろう。「児童」とだけ書かれている話し手との話者交替は、それが同一の児童によるものなのか複数の児童によるものなのかは分からないが、いずれにせよ、教員の発語内行為によって決められたものだと思われる。教員に質問されて会話の相手に選ばれた児童は、制度的な役割上の義務からターンを受け継ぎ、教員が別の児童を選ぶまで、教員と話者交替をつづけることになる。しかし、つぎの箇所では、話者交替のまったく別の方法がみられるので、つねにこの解釈が通用するとはいえない。

　　ブルンス「では、あの青年は以前はどうだったね？　——それで、彼は勤勉だったろうか？　いったい、勤勉とはどういうことだろう？　——ちょっとだけ勤勉だったろうか？」　児童「いいえ、とても勤勉でした」　ブルンス「彼は死ななくてはならなかったのだから、それは彼を(ihn)助けにならなかっただろうか？　あるいは、すこしは彼を助けになっただろうか？」　児童「ああ、はい、彼はそのおかげで賢くて良い人になりました」　別の児童「彼は良い人だったので、よろこんで死ぬことができました」

おそらく、ここで「児童」とだけ書かれているのは、同じ児童のことだろう。その子は、教員による質問がもつ発語内行為の「権威」にしたがって、ターンをとっている。18世紀末の別の地方の小学校における実際のコミュニケーションと比べて、驚くべきことに、この会話では(「別の児童」の)自

己申告による「なめらかな」話者交替がおきている。現代の「教えるための会話」と比較した場合には、ブルンス先生によるソクラテス式の「教えるための会話」がどれほど「近代的」か、その驚きがほとんど伝わらないことだろう。しかし、同時代のヴァルクホフの会話と比較した場合には、児童が自分から発言するということが、ドイツ語による「教えるための会話」にとって新しいものだったと証明できる。歴史上の会話を分析するためのカテゴリーは、分析のための土台となるものだが、そこからさらに研究をすすめて満足のいく解釈をおこなうためには不十分だ。しかし、さらに二次資料に目をとおせば、生徒たちが会話において自由に発言していたことが明らかになる。レッカーン小学校を訪れたことのあるカール・フリードリヒ・リーマンは、この小学校でよく似たケースがあったことを記録したうえで、こうした会話のすすめ方に関して弁解めいたことを書いている。

> まだ学習能力のひくい児童たちは、いつも、まずは教理問答形式で教わるので、ときおり、児童のなかには教員の質問に答えられない子もいるが、一方では、とくに質問されてもいないことに自分から答える子もいる。　　　　　　　　　　　　　　　　　　　　（Riemann 1781: 118）

　レッカーン小学校での会話は、その後はずっと、ブルンスが会話の司会として話者交替の主導権を握っている。そのさい、すでにあげた方法以外に、児童を集団的に「呼ぶ」という方法がみられる（「君たちは知っているのかね？」「しかし、子どもたち！　それでも喜んで学校に通うかね？」）。この場合、児童たちは集団で返答しているが（記録者は話し手を「児童たち」と記録している）、シュプレヒコールのように声をあわせて答えるのではなく、にぎやかに入り乱れて答えている（児童1「ああ、はい！　すごく喜んで」児童2「わたしもです！」他の児童たち「ぼくもです！　ええ、ぼくも！」）。また、この会話では、一度だけ、慣用句的な談話分節辞（Gliederungspartikel）"oder nicht?"（違うかい？）という形で、同意をえるために話者交替をうながすシグナルがみられる（「私は、それはとってもすてきなこと

だと思うが——違うかい？」)(Burkhardt 1982: 148ff. 参照)。この不変化詞には、ターンを受け継ぐよう「要求する」という機能がある(「同意する」という返答を要求している)。ただし、記録にしたがえば、そのすぐあとでブルンス自身が反論をしているのだから、結局、ターンは受け継がれなかったことになる。

　レッカーン小学校での会話サンプルでは、つねに「なめらかな」話者交替がおこなわれてる。現代語を対象とした共時的な会話分析では、それ以外の形式も記録されているが、この資料には一切みられない。たとえば、話者交替にさいする「発話の重複」や「間」、「さえぎり行為」による話者交替、「同時発話」がつづいたあとでおきる話者交替などだ。とはいえ、もちろん、18世紀の会話にはこうした話者交替の形式がなかったというわけではない。このことに関しては、戯曲における会話が補足資料となるだろう。疾風怒濤時代の戯曲における会話では、登場人物が同時に発話する場面がみられるからだ。

## 2.　会話のミクロ構造

　会話における話しことばが——書きことばと標準語を対象とした——文法的規範にしたがっていないことは、直接、観察すること(じかに耳にすること)ができる。ドイツ語の文法記述は、当初から、ドイツ語の書きことばの統一と規範化を義務としており、話しことばは昔から、特定の社会や地方だけで使用される不完全なものという烙印を押されてきた。存在論的・系統学的には「話しことば」は「書きことば」よりも優位にあると認識されている、つまり、人間はまず話すことを身につけ、しかるのちに書くことを学ぶという事実が認識されているにも関わらず、書きことばの方が尊重されているのだ。標準ドイツ語における話しことばと書きことばの違いを、こうした差別抜きにあつかった先行研究は少なかった(Behaghel 1899 参照)。両者の違いを媒体の違いととらえ、1つの言語共同体において異なる語用論的な機能を果たしているものとしてあつかう研究は、ようやく1965年以降にあら

われてくる(Rupp 1965 および Kilian 2003 参照)。

　話しことばの文法やさらには会話の文法が(どのていど)あるのかという議論には、ここでは触れない(このテーマについては、Hoffmann 1998 であげられた資料を読んでほしい)。まさに Helmut Rehbock が書いているように、「話しことばの形式は、なによりも、それが会話のための特殊な機能をもっている点が注目をあつめている」(Rehbock 2001: 963)。そこで、歴史上の会話における話しことばの形式を研究したり再構築するさいに研究の対象となっているものを、レッカーンでの「教えるための会話」の例から抽出して紹介しよう。

## 2.1. 歴史上の会話の統語論

　会話における話しことばの典型的な特徴の1つは、会話の参加者による発言の統語構造が限定されており、書きことばにくらべると多かれ少なかれ不完全な点だ。現代の話しことばにみられる通常の構造を研究することによって、こうした不完全さは構造上の欠損や欠陥ではなく、(たとえば、会話の内外にある文脈を前提とすることで、会話の参加者が言語を用いるさいの負担を軽減している場合など)「会話特有の機能」(Rehbock 2001: 963)を果たすためのものであることが明らかになっている。歴史上の会話を研究するさいには、なによりも、こうした通常の話しことばの統語構造を、言語のより古い段階にあてはめて再構築することが課題となる。そのための第一歩となるのは、またしても、カテゴリー分けされた現代の話しことばの構造だ。たとえば、Gerd Fritz が「会話の形式の歴史」について概観する論文のなかでとりあげているように、発話の統語的な形式としてとくに「短縮形、文の種類、語順のバリエーション、破格構文の使用、心態詞の使用、発言の引用方法(接続法の使用など)」(Fritz 1994: 554)を調査しなければならない。その他の現代の話しことばにみられる通常の構造のうち、議論の的になっている構造は、歴史上のコーパスにおいても探してみる必要がある。たとえば、枠外配置や、書きことばでは従属文を導く接続詞(*obgleich*、*obwohl*、*weil* な

ど)のあとの定動詞第2位、先行する発話の統語構造の受け継ぎ、いわゆる省略文など。「発言の一部を節約する」(Duden-Grammatik ⁶1998: §§1250ff.)という意味での省略文は、「瀕死の青年」についての会話の冒頭にみられる。教師の「フリッツくん！　きみは青年かね？」という問いにたいする答えとして、言語教育の観点から20世紀においてもまだ望ましいと思われていた模範解答は、「いいえ、私は青年ではありません」だった。さらに、17世紀および18世紀においては、超地域的な標準ドイツ語を生成し普及させる目的のためにも、こうした統語的に完全な返答が要求されていた。だからこそ、記録者であるツェレナーが、書きことばの統語構造としては不完全ながら、語用論的にも陳述内容としても十分な生徒の返事「いいえ！」を書き残しておいてくれたことは、歴史上の話しことばの統語構造を再構築するために、よりいっそうの価値がある。さらにツェレナーは、こうした「教えるための会話」における書きことばの統語構造としては不完全な構造の、さらなる例を記している。ブルンス先生は、たとえ——すくなくとも傍目には——生徒からの返事がさしはさまれていても、先行する質問の内容と結びつけて、すでに述べたことについてはくり返しては言っていない(「では、病気の者は、だれでも重病だろうか？　だれがそうかね？　いつもそうかね？」)。あるいは、生徒の答えの内容を暗に受け継いで、(心態詞 denn を用いるなどして)先行するテクストと結びつけることで会話のつながりを強調している場合にも、そうした省略をおこなっている(児童たち「それでも！　それは良くないです！」ブルンス「なぜだい？ ［Warum *denn* nicht?］」)。そのほかにも、ブルンスが条件をしめす副文だけを発話している場面でも、これと似た話しことばの統語構造がみられる(「もし主が学校に来られて[Wenn der Herr in die Schule käme]」、「子どもたち！　学校はおわりだ！今日は一日中、好きなだけ遊んだり走りまわったりしよう！」とおっしゃったならね」)。これが書きことばの統語構造であれば、条件をしめす副文の前後には、仮定法や可能法の質問文(「もし〜なら、何が起きていただろう？」など)や、それに応じた平叙文(「もし〜なら、私は〜しただろう」など)が必要だった。会話の流れのなかでは、しかし、こうしたものは必要ではない

し、18 世紀末の地方の小学校における「教えるための会話」においても、明らかに必要ではなかった。そのことは、生徒たちがすぐにその発言を、教育的で反語的な問いかけだと理解していることから分かる(児童たち「それでも！　それは良くないです！」)。

　この 18 世紀の「教えるための会話」には、さらに、「会話特有の機能」を果たすための特殊な語順の例がみられる。会話のある箇所で、ブルンスは 2 回も、述語形容詞を文頭におき、決定疑問文の定動詞を第 2 位においている。「ブルンス「では、あの青年は以前はどうだったね？　——それで、彼は勤勉だったろうか？(Also fleissig war er gewesen?)　いったい、勤勉とはどういうことだろう？　——ちょっとだけ勤勉だったろうか？(ein bischen fleissig war er?)」児童「いいえ、とても勤勉でした」」ここでは、ダッシュの箇所には記録として残されていない生徒の発言［"fleissig" など］があり、その発言をブルンスは質問にとり込んでいるのだろう、と推測することができる。もちろん、テキストである「瀕死の青年」との関連づけもありうる。いずれにせよ、ここでは、その会話の流れを前提とした「問い合わせ」がおこなわれており、ブルンスはその「問い合わせ」に応じて「連続質問」している。述語形容詞が文頭に来ていることが、こうした機能を裏づけている。こうした構造が(どのていど)典型的なのか、こうした構造を(どのていど) 18 世紀末の(標準)ドイツ語による話しことばの統語構造とみなしてよいのか、こうした問いに答えるためには、なによりも、より大きなコーパスを分析し、歴史上のドイツ語の統語構造を明らかにしていく必要がある(Betten 1990 ほか参照)。また、このように、歴史会話研究は、歴史上のドイツ語の構造を記述していく研究にたいして、それらの構造がもつ機能を解明していくという形で寄与することができる。

## 2.2.　歴史上の会話の語彙論

　歴史上の会話の語彙論では、あるていどせまい分野の語彙、つまり歴史上の会話タイプや会話種において特殊な機能をはたしている語彙を、それぞれ

の歴史的段階から集めていく作業がおこなわれる。そうした語彙の分野としては、とりわけ以下のものがあげられる。

- 会話（対面会話および文通）においてそれぞれ特別な意味論的機能をはたしている呼称の人称代名詞（私、君、彼／彼女、私たち、君たち、彼／彼女たち）、呼びかけの形式、挨拶や別れの形式（"Hochwohlgebohrner Herr"［高貴なお生まれの旦那様］という呼びかけや、とある「依頼人」がその「後援者」にあてて書いた手紙の "Ew.［Euer］Excellenz unterthäniger und gehorsamster Knecht"［閣下の恭順にして従順なる僕より］［C. F. Gellert: *Briefe, nebst einer praktischen Abhandlung von dem guten Geschmacke in Briefen*, Leipzig 1751, Ndr. Stuttgart 1971: 3］といった結びなど）
- 談話辞（"Ach / auwe /［...］ei nun!, ach ja!"［J. G. Schottelius: *Ausführliche Arbeit von der Teutschen HaubtSprache*, Braunschweig 1663: 666ff.］など）
- 発話行為と結びついた表現（会話でどのような行動をとっているのかを表す動詞 *disputieren*［論争する］、*räsonieren*［多弁を弄する］、*diskutieren*［議論する］や会話種の名称 *Katechese*［教理問答］、*Verhandlung*［交渉］、*Konversation*［歓談］など）
- 会話的な機能をもつ標準的ではない語彙（罵言や方言など。たとえば、ブルンスの生徒は別の会話において以下のように発言している。"K. Dat miner Mutter keiner wat rut dregt. B［runs］. Rut dregt? was ist das? wie muß das heissen?"［児童「おかんのために誰もなんも運び出さんって」ブルンス「「運び出さん」？　なんだね、それは？　どういう意味だね？」］Kilian 2002a: 432 参照）および語彙項目（Phraseolexeme）、他言語の語彙の混用（たとえば、レッシングの『ミンナ・フォン・バルンヘルム』の登場人物リコー・ド・ラ・マリニエールは、移民の言語にみられるコード・スイッチングをおこなっている。"Riccaut. Nit? Sie sprek nit Französisch, Ihro Gnad?［...］Gutt,

gutt! Ik kann auk mik auf Deutsch explicier."［リコー「ナイ？　アナタ様、フランス語話スシナイ？（…）結構、結構！　ワタシ、ドイツ語デexplicier（説明）デキル」］第4幕第2場）

　以下の節では、レッカーンでの「教えるための会話」における、談話辞と呼称の人称代名詞を例に、歴史上の会話における語彙の再構築と記述をみていこう。

**談話辞**

　「フリッツくん！　きみは青年かね（bist du *denn* ein Jüngling）？」と発話するターンによって、ブルンス先生は会話を始めている。そして、「いったい、この村に青年はいるのかね（Ist denn *wol* ein Jüngling im Dorfe）？」と連続して質問し、最終的に「ああ、はい（*o ja*）、リュ―ツェンのシュテフェンは青年です」という返事を得ている。この3つの比較的短いターンにおいて、記録者であるツェレナーは談話辞に分類できる4つの語彙的まとまりを記録しており（*denn*、*wol*、*o* および *ja*）、この短い会話のなかでさらに10のそうした語彙的まとまりが書き残されている（*aber*、*also*、*doch*、*etwa*、*ey*、*nein*、*nicht wahr?*、*nun*、*oder nicht?* および *schon*）。談話辞は、会話において、話されることばを組織立てたり分節したりするもので、会話のための特別な機能を果たしている。これらは、Helmut Henne（1978）と Armin Burkhardt（1982）にもとづいて、おおまかに5つに分類することができる（Paul 2002 および Kilian 2002a: 437ff. 参照）。

・談話分節辞（Gliederungspartikeln）は、「話し手がそれを用いてターンを分節し、同時にコンタクトや注目、賛同を要求するもの」（Henne 1978: 45）で、たとえば、ターンを開始する *o*（ああ）（"o ja"［ああ、はい］）やターンを終了し同時にターンを相手に渡す *nicht wahr*（そうじゃないか）（"Nicht wahr du?"［そうじゃないか、君？］）など。

・聞き手のシグナル（Rückmeldungspartikeln）は、聞き手によって用いられ、話し手の話す権利を認め、自分がちゃんと聞いていることを相手に伝え、場合によっては話の内容にたいする態度をしめすもの（Burkhardt 1982: 148）。聞き手のシグナルのための談話辞は、先ほどあげた会話サンプルにはみられない。この典型例は、聞き手のシグナルとしての *hm*（ふむ）で、ヨーハン・クリストフ・アーデルングは『高地ドイツ語文法的・批判的辞典』に *Hum* という見出しをもうけ、以下のように述べている。「間ことば（Zwischenwörtchen）であり、多くの場合ただ hm! とのみ発音され、とくに以下の意図から用いられる。（…）なにかにたいする無関心さを表明するためのシグナル。多くの場合、たいして不思議でもないという気持ちやたいして同意できないという気持ちなどを表す」（Adelung 1796 Bd. 2: 1315）

・間投詞は、「語彙化され慣習化された、短くて文相当の感嘆表現」（Burkhardt 1982: 155）で、先ほどの会話サンプルにおいては、ターンを開始する分節辞でもある感情表現のための間投詞 *o*（ああ）がみられる（"O ja! er war ja verständig und gut dadurch geworden."［ああ、はい、彼はそのおかげで賢くて良い人になりました］）。

・心態詞は、発話行為によっておこなわれる行為にニュアンスをつけ、行為を明確にするもので、ブルンス先生が頻繁に用いる *denn*（いったい）がそれにあたる（"Ist denn wol ein Jüngling im Dorfe?"［いったい、この村に青年はいるのかね？］）。このニュアンスづけのための *denn* は「発言をふさわしく完全にもする。とくに疑問詞のあとは」（Adelung 1793 Bd. 1: 1451）。

・発話行為辞（Sprechhandlungspartikeln）は、発話行為をおこなう談話辞で、「賛同する」*ja*（はい）や「拒絶する」*nein*（いいえ）、あるいはブルンス先生が用いた、生徒の返事の内容を「確認し」同時に生徒を「賞賛する」*Recht!*（よろしい！）などがこれにあたる。

20世紀の言語学における「談話辞」という術語に関していえば、まずは

話しことばの言語学的な研究と言語学的な会話研究の分野において、こうした語彙のまとまりがもつ重要な機能がみいだされた（Paul 2002 参照）。とはいえ、すでに数世紀まえから、標準語の書きことばを対象とした言語研究の分野においても談話辞のことは知られていたし、辞書や文法書にも「間投詞」として記述されたり、「運動ことば（Bewegwörter）」(Wolfgang Ratke 1630)や「間ことば（Zwischenwörter）」(Justus Georg Schottelius 1663)、「衝動ことば（Triebwörter）」(Kasper Stieler 1691)、「感情ことば（Empfindungswörter）」(Johann Christoph Adelung 1782)、「感嘆ことば（Ausrufungswörter）」(Joachim Heinrich Campe 1801)としてあつかわれてきた。あらゆる歴史会話研究は、後世に伝わった会話サンプルにおけるそれぞれの談話辞がもつ機能を追及するために、過去に書かれた辞書や文法書を参考にしなくてはならない。こうした二次資料には、それらの語彙が過去にどのように分類されていたかや、それぞれの歴史上の談話辞にたいして当時の人々が抱いていた慣習的な語用論的意味が記載されている場合があるからだ。だから、各時代において談話辞がもっていた特殊な機能を再構築すること、可能であればさらに、それぞれの会話種や会話タイプごとに各時代における機能の価値を再構築することが、歴史会話研究の課題となる。たとえば、ブルンス先生がさきほどの会話記録でも一度用いていた談話辞 *also*（それで）("Also fleissig war er gewesen?"［それで、彼は勤勉だったろうか？］)についていえば、1800 年における会話タイプ「教えるための会話」では、教育学的な立場から批判されるべきものだった。

> それで（also）、君は何をすべきだね？（…）この *Also* は、まったく教理問答的である。（…）この Also は、最近の教理教師にとってもかつてと同様に、急場しのぎの代役である。かつての教理教師は、1つの物事にとどまることができないという不運にみまわれていた。何かについて話しはじめるやいなや、その話題を見失ってしまうのだ。（…）こうした男は、十字軍遠征の途中でそもそも話したかった話題を思い出すと、教理問答における魔法のことば *Also* を機械じかけの神様のように用いて、

常にうまくやったものだ。([anonym]: *Alte und neue Methode beym Religionsunterrichte in Beyspielen*, in: Bibliothek der Pädagogischen Literatur, Bd. 2, 1800, 88–103, 96)

歴史会話研究にとっての課題としては、その他にも、談話辞の語史的な流れや変遷、その補充を追及することがあげられる。この課題にとっても、過去の文法書や辞書が役に立つだろうが、流れや変遷、補充を左右する会話における機能をとらえることまではできない。談話辞は、語の定義どおりに会話において機能している場合には、こうした語が存在していたことだけでなく、その変遷や補充、喪失をつうじて会話の発展史についての情報を与えてくれる。たとえば、ブルンス先生が使った *ey*（おや）は、その統語的な位置やターンを開始するための分節のシグナルとしての機能に関しては、今日でも——発音は違うが（/ai/ ではなく /εi/）——当時のまま使えるが、感情をあらわすことばとしての機能はもうほとんどないし、むしろ、とくに若者ことばにおいて強調のためのことばとして機能している。

## 呼びかけおよび挨拶の形式

会話における言語は、ヴィルヘルム・フォン・フンボルトのことばを借りれば、「呼びかけ」と「返答」によって構成されている。歴史上の会話の語彙論において、時代ごとの典型的な呼びかけの形式とその機能が研究対象になっていることは、そのことと近い関係にある。歴史会話研究のなかでも、この研究分野はながらく軽視されてきた。そのため、この分野に関連する先行研究では、たいてい、いまだに Gustav Ehrismann の『中世における Duzen と Ihrzen（*Duzen und Ihrzen im Mittelalter*）』（1901 年以降）か 1938 年に書かれた George J. Metcalf の『*Forms of Address in German（1500–1800）*』が参照されている。会話的コミュニケーションにおける呼びかけの形式が、おおいに注目されるようになったのは、ようやく近年になってからだ（Fritz/Muckenhaupt 1984: 189ff. および Besch 1996: 88ff. 参照）。

呼びかけの形式は、社会の秩序をしめしている。そして、これらの呼びかけは会話においてのみその機能を果たすことができるので、同時に、会話における秩序もしめしている。たとえば、中高ドイツ語において、身分の低い者がより高い身分の者に"ihrzen"しなくては（*Ihr*［あなた］を使って話しかけなくては）ならないとき、あるいは、前述の「教えるための会話」にあるように、学校という制度において低い地位にある者がより高い地位にある者に、相手は"duzen"している（*du*［君］を使って話しかける）にもかかわらず、"siezen"しなくては（*Sie*［あなた］を使って話しかけなくては）ならないとき、言語行為の原型のうち、くり返しおこなわれる会話状況の類型が、ここでは呼びかけの形式に表れているといえる。各会話サンプルにみられる呼びかけの形式の変遷は、したがって、話し手どうしの社会的な関係の変化をしめす徴候であり、また、彼らが選択した会話に関する言語行為の原型、つまり会話種の変化をしめす徴候でもある。そして、こうした変遷の例が多くみられるのであれば、それは同時に、あらゆる社会的な関係の源である社会秩序の変化をしめす徴候でもある。

だから、二人称代名詞 *du*（君）の複数形 *ihr*（君たち）が、語形変化一覧から意味的・語用論的に切り離され、自分より高貴な生まれで高位にある会話相手にたいする独自の——単数形としての——呼びかけの形式として普及したことは、階級社会の分化、とくに騎士階級や貴族階級の成立を反映しているといえる。9世紀から用例が残っているこの差異化は、古高ドイツ語による多くの文学作品にとりこまれており、社会的な関係を描きだしたり、会話相手との関係や会話種が変わったことをしめしている（DWb 2, 1860: Sp.1475ff. 参照）。たとえば、ファイレフィツは自分の異母兄弟パルツィヴァールにたいし、"daz er irzens in erlieze / und in duzenliche hieze"（彼を *Ihr* ではなく *du* で呼ぶように）と頼んでいるが、パルツィヴァールは謙虚にふるまい、相手よりも下手に出ている。

| | |
|---|---|
| [...] bruoder, iuwer rîcheit glîchet wol dem bâruc sich: | （…）兄弟よ、あなた（Ihr）はバリュックと同じくらい権力をお持ちだし、 |

| | |
|---|---|
| sô sît ir elter ouch dan ich. | 私よりも年上ではないですか。 |
| mîn jugent unt mîn armuot | 私は未熟で貧しいのですから、 |
| sol sölher lôsheit sîn behuot, | 分不相応に君（Du）だなどと呼んで、 |
| daz ich iu duzen biete, | 礼儀に反したくないのです。 |
| swenn ich mich zühte niete. | （Eschenbach 1992: II, 15, 749, 21f.） |

　これにたいして、『ニーベルンゲンの歌』では、呼称の代名詞の変化がくり返しみられ、会話のバランスが崩れて、会話種が——「言い争い」に——変わることを告げている。たとえば、ハゲネは、それまではずっとクリームヒルトにたいして女王にふさわしく"ihrzen"していたにもかかわらず、最後に彼女と会ったさいには、せまる死に直面して彼女に"duzen"している。「そのとき、彼にとってはもはや、彼女は敬意をもって *Ihr* と呼ぶべき敵の女王ではなく、決着をつけねばならない悪魔だったのである」(Ehrismann, ZdW 4 1903: 213)

　三人称複数形の代名詞 *Sie* による1人への呼びかけが、17世紀以降、二人称複数形 *Ihr* に代わって用いられるようになった（Paul 2002 参照）。しかし、会話において社会的な差異化をおこなうという機能は、そのまま引き継がれた。たとえば、レンツの喜劇『家庭教師（*Der Hofmeister*）』における以下の親子の会話にそれがみられる。

　　フリッツ（ひざまずき）「お父様！」
　　枢密顧問官（彼を起こし、抱きしめる）「息子や！」
　　フリッツ「あなた（Sie）は、ぼくを許してくれるのですか？」
　　枢密顧問官「息子や！」
　　フリッツ「私は、あなたに息子と呼ばれる価値のない男です」
　　枢密顧問官「おまえは座れ（Setz dich）。もう、そのようなことは考えるな」
　　　　　　　　　　　　　　　(J. M. R. Lenz: *Der Hofmeister* 1774, V, 11)

　このレンツの喜劇と同様に、人称代名詞 *Du* と *Sie* の上下関係にあわせた

使い分けは、レッカーン小学校での会話記録にもみられる。教員は生徒に"duzen"している一方で、生徒は教員に"siezen"しているのだ。学校、とくに幼少の児童のための学校という制度が、こうした差異化の背景にある。この点では、18世紀のこの「教えるための会話」も現代の「教えるための会話」も、大きな違いはないようだ。このような、非対称的な呼びかけの基礎となる原型は、今日においても小中学校でみられる。もし、この原型が、より大きなコーパスにおいても歴史上の原型として確認されたならば、それは注目に値することだろう。

　この会話が記録された時代の別の資料（会話について記述している資料や文法書、辞書）と比べてみると、この非対称的な呼びかけの原型は、17世紀および18世紀においても年齢の違いにもとづいて用いられただけでなく、さらには、時として社会学的な差異、とくに身分の違いにもとづいて用いられていたことが分かる。17世紀および18世紀における教育現場での会話について記述している資料には、児童および「無知な」大人は非対称的に"duzen"されていたことがはっきりとしめされている。ここでいう「無知な」大人とは、とりわけ農民階級の人々を意味している。辞書編集者のカスパー・シュティーラーは、この調査結果を裏づけている。彼は、1691年に出版した辞書のなかで、呼称の人称代名詞 Du を「召使いや子供」（K. Stieler: *Der Teutschen Sprache Stammbaum und Fortwachs*, Bd. 1, 1691: Sp.346）への呼びかけに用いる、としているのだ。また、その100年後に書かれたアーデルングの辞書にも、「服従関係にあるという見地から、子供は両親や目上の者によって、身分の低い召使いや農奴は主人によって、ごく頻繁に *du* とのみ呼ばれる」（Adelung Bd. 1 1793: 1565）と記載されている。このアーデルングは、1782年の『ドイツ語大系（*Das Umständliche Lehrgebäude der Deutschen Sprache*）』のなかで、呼称の人称代名詞がもつ社会的意味の差異化について、以下のように要約している。

このような人称代名詞のねじれと混乱がおきたことで、*du* はただ、1. 神にたいして、2. 文学作品および文学作品ふうの文体において、3. 親しい相手と話す場合、4. 君主が命令する口調および強い軽蔑をこめた口調においてのみ使われるようになった。これら以外の場合には、とくに身分の低いものには *ihr* を、それよりも身分の高いものには *er* と *sie* を、さらに身分が高いものには複数形の *sie* を用い、高貴な人にたいしては指示代名詞 *Dieselben* か称号、*Ew. Majestät*（陛下）、*Ew. Durchlaucht*（殿下）、*Ew. Excellenz*（閣下）などを用いている。

(J. C. Adelung: *Das Umständliche Lehrgebäude der Deutschen Sprache*, Bd. 1, 1782: 684)

　教員と生徒が対称的に"siezen"するという呼びかけ方は、18世紀の学校ではより年長の者にたいしておこなわれた——ただし、それは、身分の高さに応じてではなく、より年長の「ギムナジウム」の生徒や大学の学生にたいしてであり、そこでは生徒や学生どうしでも互いに"siezen"することが規範とみなされていた。それにたいして、教員と生徒が対照的に"duzen"するという呼びかけはより現代的と思われるが、そうした呼びかけは、せいぜい、当時の私的な「教育施設」を舞台とした虚構の、あるいは虚構世界の「教えるための会話」にみられるていどだ。とくに、教員と生徒との関係が家族的なものとして描かれている会話では、こうした呼びかけ方がよくみられる。たとえば、ヨアヒム・ハインリヒ・カンペの『ロビンソン・ジュニア』(1779/80)における会話がそうだ。ここでも呼称の人称代名詞は、会話に参加している教員と生徒との新たな関係や新たな教育学的な会話種（「授業時の自由な会話」）だけでなく、これまでとは別の、つまり博愛主義的な社会秩序の理想像を指ししめしている。

　考えてみれば、前述の会話記録において3度も、生徒への呼びかけが *Kinder*（子どもたち）となっていることは注目に値するだろう（ブルンス「しかしね、子どもたち！　私は、勤勉に学校に通うようなことはしないよ。もし主が学校に来られて、「子どもたち！　学校はおわりだ！　今日は一日

中、好きなだけ遊んだり走りまわったりしよう！」とおっしゃったならね」）。このような呼びかけは、今日では、親しみをこめた皮肉な調子でのみ用いられる（Paul 2002 参照）。低学年の生徒にたいするこのような親しげな呼びかけは、ますます少なくなってきている。この呼びかけの形式が 1780 年ごろにもっていた会話のための機能を内的側面から知るためには、やはり歴史会話研究のための二次資料、つまり当時の辞書にあたる必要がある。たとえば、アーデルングは「親しみをこめた優しさを表すためにも」(Adelung Bd. 2 1796: 1574) 用いられるとしている。その一方で、カスパー・シュティーラーの 1691 年の辞書では、*Kinder* という語の使用にたいするこうした情報は載っておらず、また、17 世紀ドイツの「教えるための会話」に関する資料にも、この語を用いた呼びかけについての情報が少ない。このことは、18 世紀末になってようやくいくつかの学校で生徒が「子供」であることが認識され——そして「教えるための会話」における呼びかけの形式としてこの語がとり入れられたことを、示唆しているといえるだろう。

## 2.3. 歴史上の会話の形態論および音韻論

　会話における話しことばにとって重要な形態論的・音韻論的特徴は、すでに資料に関連づけて述べたように、基本的に、書きことばによる資料からみてとることはできない。たしかに、形態統語論上の特徴（枠外配置や縮約、省略など）やそれぞれの音価の個人語的、俗語的、方言的な発音の特徴（異音）が、ときには資料の字面に表れることもある。しかし、たとえば、発話の抑揚や間のとりかた、声の大きさ、話す速度などは、身振りや表情などの非言語的な特徴と同様に、ほとんど再構築することができない（Schank/Schwitalla 1980: 315 および Henne/Rehbock 2001: 56 参照）。しかし、歴史上の会話を分析することで、歴史上の会話におけるこうした特徴についていくつかの知識をえることができる。

　"Und das half ihn ia doch nun nicht, da er sterben mußte? oder halfs ihn doch etwas."（彼は死ななくてはならなかったのだから、それは彼を助けにならな

かっただろうか？　あるいは、すこしは彼を助けになっただろうか？）と、ブルンス先生は質問しており、対照的な視点からみれば、まず、与格［彼に］ではなく対格("ihn"［彼を］)を用いていることが注目に値する。レッカーン小学校はブランデンブルクにあり、したがって与格と対格が体系的に混用される低地ドイツ語の使用圏内にある。ブルンス先生も、18世紀末のすべての教員と同様に——そして、結局のところ、今日においてもまだそうなのだが——標準語を普及させるために授業中は方言を避けるべきだったが、彼自身、明らかにまだ標準語を使いこなせていなかったのだ。いずれにせよ、学校の外において生徒たちが会話をする場合、その言語は低地ドイツ語であり——レッカーンでのその他の会話サンプルが記しているところによると——それぞれのターンにおいて何度も低地ドイツ語が用いられ、ブルンス先生によって直されたり直されなかったりしていた（たとえば、前述の例では児童が "Dat miner Mutter keiner wat rut dregt."［おかんのために誰もなんも運び出さんって］と言っている）。

　この会話サンプルには、そのほかにも、自然な日常会話における話しことばに典型的な、定動詞の語尾にあるアクセントのない /ə/ の省略（語末音消失）("hätt'" や "sollt") や代名詞 es とその前にある動詞や代名詞との縮約 ("halfs" や "ichs") がみられる。ただし、現代の研究者は、会話における話しことばにこうした省略や縮約がふつうにみられるということが、18世紀においてもそうだったといえるのか、確かめておく必要がある。その傍証になりえそうなのが、前述のヨーハン・クリストフ・アーデルングが1788年に著した『ドイツ語正書法 (Deutsche Orthographie)』で、同書では発音についてもあつかわれている。省略と縮約について、ドイツ語の標準語と書きことばを重んじていたアーデルングは、同書のなかでとても否定的な見解を述べている。もっとも、そうした記述は、縮約の価値を知ろうとする歴史会話研究者にとっては非常に価値があるのだが。

　とくに極度の省略と縮約は避けるべきである。"'s war" や "hab's gesagt" といった表現は、すべての他の例と同様に、卑しい大衆のことばに属し

ている。

(J. C. Adelung: *Vollständige Anweisung zur Deutschen Orthographie*［...］,
Leipzig 1788: 61)

　語尾にある /ə/ の省略についても、同時代の文法家が厳しい評価を下している。それは「ことばを荒っぽいものにする」(Gottsched 1762: 535f.)と、ヨーハン・クリストフ・ゴットシェートは『新ドイツ言語芸術(*Vollständigere und Neuerläuterte Deutsche Sprachkunst*)』のなかで述べているし、アーデルングも、(/re:də/ と /re:t/ のように)有声の子音が語末音消失によって無声になるため、「快い響き」が危険にさらされると考えている。

　18世紀におけるドイツ語の話しことばでも省略や縮約がふつうにみられたことの、直接の証拠をみつけるためには、より広範囲の資料にあたるしかない。いずれにせよ、レッカーンでの会話記録は、こうした調査にとってふさわしい資料ではなく、むしろ逆の結論しか導かない。なぜなら、さきほどあげた省略と縮約以外には、まったく用例がみられないからだ。この会話記録における、その他の、動詞の語尾にある /ə/ はこの逆の傾向をしめしているし("wäre" や "konnte"、"käme" など)、縮約することができる代名詞 *es* が縮約されない例もみられる("war es")。考えてみれば、ツェレナーによって記録されたこうした話しことばの特徴がすべてブルンス先生によるもの、というのも異様だ。低地ドイツ語話者である生徒たちは、この会話記録では圧倒的に書きことば的に正しい標準語で話しているのに。

　歴史会話研究の一環として言語構造にかかわる行為の方法や形式を分析するさいに、くり返しもちあがるのは、調査結果がどのていど一般的なものだといえるのか、という問題だ。会話を構成するマクロ構造やメゾ構造をあつかうにせよ、会話で使用されるせまい意味における言語のミクロ構造をあつかうにせよ、歴史会話研究にとって、とくに歴史上の会話を研究してその**言語構造を**再構築しようとする場合には、調査結果があまりにも個々の会話サンプルに依拠しすぎていることが問題になるのだ。1つの調査結果を、歴史

上のある社会集団によるすべての会話における言語や、さらには歴史上のある時代のドイツ語によるすべての会話の言語(古高ドイツ語や中高ドイツ語、18世紀のドイツ語など)にあてはめようとするのは、あまりにも冒険的だ。資料が少ないという状況からいえば、こうした問題を完全に解決することは不可能だ。だから、特定の会話についての調査結果を、少なくとも会話種全体にあてはまるものとして利用できれば、十分な価値があるといえる。歴史会話研究者は、たびたびそうした要請を受けてきたが、要請に応えられたことは多くない。多くの場合、分析の結果は個々の会話レベルにとどまっており、同時代の原型や会話種について考察がおこなわれることもなく、したがって、言語の歴史的発展をあつかう通時的な視点も考慮されていない。以下の章では、こうした言語構造レベルの考察をふまえたうえで、会話種の語用論的な再構築について紹介する。

**参考文献**
Ehrismann 1901ff.、Bolhöfer 1912、Metcalf 1938、Kästner 1978、Schlieben-Lange 1979、Burger 1980、Henne 1980、Polenz 1981、Fritz/Muckenhaupt 1984: 189ff.、Neuendorff 1986、Neuendorff 1987、Völpel 1987、Enninger 1990、Henne 1994、Besch 1996、Brinker/Sager 1996、Hess-Lüttich 1996、Kilian 1999、Kilian 2001b、Henne/Rehbock 2001、Kilian 2002a: 29ff.、Köstler-Holste 2004: 20ff.

課題9 小説やマンガ、映画などから授業時の会話を描いたサンプルを見つけましょう。その虚構の会話のサンプルは、言語構造に関して、どのような点が実際の会話らしいと思いますか? また、どのような点が実際の会話とは違うと思いますか?

課題10 課題9で見つけた会話文では、どのような話者交替が起きているのか考察しましょう。そして、レッカーン小学校での会話の例と比較してみましょう。両者の違いから、18世紀末のドイツにおける「教えるための会話」のどのような特徴が推測できるでしょうか?

# 第 4 章
## 会話の歴史語用論：
## 歴史上の会話種および会話タイプを
## 再構築するには？

　会話の言語構造の分析例として前章で紹介した、レッカーン小学校の教室におけるブルンス先生の会話は、1787 年 5 月 13 日におこなわれた。この会話は記録され、後世に残されているが、会話そのものとしては 1787 年 5 月 13 日の時点で終っている。歴史会話分析の立場では、この 1 回限りの出来事であったことを尊重し、このときの発言のみを対象として言語構造の分析をおこなう。つまり、それが当時の典型的な「教えるための会話」だったのかどうかや、それが特定の会話タイプに属する会話種の代表例だったのかどうか、あるいは例外的な現象だったのかどうかについてはあつかわない。

　ある会話サンプルが特定の会話種の代表例であるのかどうかを確認するためには、会話サンプルをそれぞれの会話種に分類しなければならない。個々の会話を分類することも、それぞれの会話のなかでおこなわれている言語行為を分類することも、私たちが、日常において言語でコミュニケーションをとるさいに、いつも無意識におこなっていることだ。この作業が明確におこなわれるのは、メタコミュニケーションや言語を対象とした行為にさいしてだけで、たとえば、あるパーティの招待者が会話の最中に「もっとみなさんと「語り合い」たいのですが、残念ですが、この「感じのよいおしゃべり」を抜けなくちゃいけません」と言って退出する場合や、ある女性が女友達にたいして、恋人との会話を「言い争い」とよび、「彼は、私を「非難」したのよ」と言う場合などがそうだ。

　ただし、歴史上の会話を対象とした場合、こうした分類はくらべものにならないくらい難しい。せまい意味でのエスノメソドロジー的な会話分析で

は、たとえば、前章で紹介した会話を「教えるための会話」と名づけたことは、歴史的にみれば疑問の余地があるかもしれない。それどころか、語史的には問題をひきおこしてしまうかもしれない。というのも、「教えるための会話」という語は新しいもので、17〜19世紀の辞書にはまだ載っていないからだ。だから、ブルンス先生の時代には、だれも、彼の会話を「教えるための会話」としては分類できなかったことになる。当時、こうした教員と生徒との会話は、その方法や目的にあわせて「教え込むための問答」や「会話式の授業」、「ソクラテス方式」と呼ばれていて、記録者のツェレナーも、「質問しながら」すすめていくブルンス先生の授業方法を「ソクラテス式の会話」や「話し合い」と呼んでいるが、「教えるための会話」という語は一度も使っていない。

そこで、個々の——できれば典型的な——会話の構造から、歴史上の会話種や会話タイプを再構築し、会話サンプルを整理・分類することが、歴史会話研究の目標となる。そのさい、一方では、その分類が他の研究者によって追試可能なように、学術的にアプローチする必要がある。つまり、歴史上の話し手の日常的な知識やそこにふくまれる多かれ少なかれ主観的な判断基準からはなれ、「外的側面」からの言語学的な判断基準でアプローチし、それぞれの会話サンプルを分類する必要がある。そのための基準は、したがって汎時的な、あらゆる時代の会話サンプルにたいして用いることができる分類カテゴリーでなければならない。

このようなカテゴリーとして、**会話文法**の分野では、抽象的な会話の隣接ペアのタイプを用いている。会話の隣接ペアは、「主導権をとる発話行為（initialer Sprechakt）」とその「反応としての発話行為（reaktiver Sprechakt）」によって構成される（Franke 1990、Hindelang 1994 ほか参照）。これらの抽象的なタイプとしては、たとえば「質問—返答」や「批判—弁明」などがある。「質問—返答」のシークエンスによって「問い合わせのための会話」や「情報のための会話」の基本構造をつくることができるし、「批判—弁明」のシークエンスからは「言い争い」ができる。とくに、制度化された会話種や儀礼的な会話種は、規範とされる会話の流れにそっておこなわれる傾向にあ

る(たとえば、Beetz 1999 は初期近代の会話におけるポライトネスのための儀礼を考察している)。第 1 節では、歴史会話文法の分野において、歴史上の具体的な会話種にも、こうした抽象的で普遍的・汎時的とされる基本構造を応用できるのかどうかを検証する。

　会話文法が、抽象的な語用論的構造を会話種を分類するための出発点としているのにたいし、**会話布置の類型論**は、抽象的な状況を普遍的・汎時的な基準とみなしている。つまり、そこで基準となるのは、その名がしめしているとおり、参加者の数や社会的な関係、面識といった「会話布置」だ(Henne/Rehbock 2001: 26f. 参照。歴史上の研究対象をあつかったものとしては、Kästner 1978 がある)。たとえば、「面識のない」「非対等な関係」の「2 人による」会話など。この 3 つの基準だけであれば、「尋問」とか「インタビュー」といった会話種にも合致するし、「問い合わせのための会話」や「言い争い」でもよい。したがって、会話種を具体的に分類するためには、会話布置についてのより多くの基準が必要になる。そして、このアプローチ方法で会話種を分類するさいにも、外的側面から言語学的な調査をおこなわなければならない。この点については、第 2 節でとりあげる。

　これらのわずかな例からも明らかなように、この 2 つのアプローチ方法を組み合わせておこなう必要がある。たとえば、「面識のない」「非対等な関係」の「2 人による」会話が「尋問」かどうかを確かめたければ、さらに、「質問―返答」など、その会話種に典型的なシークエンスの語用論的な分析をおこなう必要がある。いずれにせよ、汎時的なカテゴリーにもとづく外的側面からの分類は、特定の時代における会話種の特殊性を識別するには、あまりにも一般的すぎる。また、普遍的・汎時的なカテゴリーを用いることで、調査をおこなう研究者がもっている会話能力が規範とされてしまい、さまざまな時代の話し手がもっていた会話についての特殊な見解や姿勢、評価がかすんでしまいかねない。この危険性は、すでに述べたように、過去のサンプルをあつかう現代の研究者が名づける、会話種や会話タイプの名称にも及んでいる。

　したがって、歴史上の会話種をカテゴリーを用いて外的側面から再構築し

たり分類するさいには、なるべく大きなコーパスにもとづいた経験的な分析もおこなう必要がある。特徴が似ている多くの会話サンプルを分析することで、経験的・帰納的に、それぞれの会話種がもつある時代特有の**内的側面**を明らかにすることができるからだ。こうしたコーパスを作成し、実際に用いられた会話種にふくまれる時代ごとの規範や慣習、姿勢、評価といった内的側面を明らかにするためには、**歴史上の会話種の名称**について調査すればよいだろう。この点については、第3節でとりあげる。しかし、まだ、上述の非学問的な分類という問題が残っている。つまり、歴史上の話し手は、今日の話し手と同様に、自分の身のまわりでおこなわれている会話に関する事柄を非体系的に名づけてきた、という問題だ。この点に関しては、会話種の名称に関する内的側面にもとづき、歴史上の文法書や辞書といった二次資料を調査すればよいだろう。これらの資料は、会話種の分類における「学術語のカオス」(Walther Dieckmann)を整理し、同時に、歴史上の会話種および会話タイプに属する（規範的な）行為についての知識を伝えてくれるからだ。

　ここで紹介した、会話サンプルや会話種を（会話の体系という枠組みのなかで）分類するための3つの言語学的研究方法は、言語構造、語用論、社会言語学という歴史会話研究の3つの次元で用いることができる。この3つの方法については以下の節で紹介していく。まずは、発話行為論を土台とした機能および構造にもとづく方法、それから抽象的な会話布置の分類を土台とした形式および構造にもとづく方法、そして、時代ごとの言語行為の概念に関する意味論的解釈を土台とした語彙および意味論にもとづく方法だ。これからくわしく紹介するように、どの方法にも長所と短所があり、「王道」とよべるものはない。そういうわけで、これらの方法を組み合わせて会話種の分類をすることをおすすめする（Franke 1986: 87 も、「演繹的アプローチ」と「経験的アプローチ」、「術語へのアプローチ」を組み合わせて会話種を分類することを提案している）。歴史会話研究では、つねに、外的側面である抽象的な言語学的カテゴリーと内的側面である具体的な言語生活との両方を視野にいれて解釈しなければならない。むしろ、研究者は、研究を多角的におこなうために、この両者の差異を意識的に利用すべきだろう。ましてや、

それぞれの会話をある特定の会話種のためのサンプルとして解釈するのみならず、そこからさらに、歴史上の会話種のレパートリーを調べることで、ある話者集団における会話タイプを再構築しようとしたり（たとえば、騎士による「闘争の会話」や Kästner 1999 における中世の「ミンネの会話」、Kästner 1978 における「教えるための会話」、Althoff 1990 における「助言のための会話」など）、あるいは、ある言語共同体における会話領域や会話的なやりとりを明らかにしようとするならば、なおさらだ。

　この 3 つの分類方法それぞれを用いることができる範囲や、歴史会話研究においてそれぞれがどのように関連しあっているのかを、ひとつの例にそって紹介していくことにしよう。例としてあげるのは、ドイツ語の会話サンプルとしては最古のもの、つまり古高ドイツ語による『ヒルデブラントの歌』だ。

　この『ヒルデブラントの歌』はカッセルにある写本の 1 つで、フルダで 8 〜 9 世紀（おそらく 810 年ごろ）に書かれたものだ。書き手は 2 人で、カロリング小文字体で書かれ、高地ドイツ語を基本としながらも低地ドイツ語がまざっている。この資料については複写版が入手可能で、その点だけでもすでに歴史会話研究にとって貴重な資料だ（図 3 を参照。G. Baesecke: *Das Hildebrandlied* [...], Halle 1945 より引用）。『ヒルデブラントの歌』の内容をざっとまとめると、以下のようになる。この作品は、ディートリヒ・フォン・ベルンをめぐる話で、このディートリヒとは東ゴート族のテオドリック大王（455 頃〜 526）のことだ。歴史上のテオドリックは、493 年にイタリアへ遠征し、ヘルール族の王オドアケルを殺し、イタリアとガリア全土および東スイスの王を名乗る。一方、この作品では、オドアケルは暴君で、彼を恐れてテオドリック（ディートリッヒ）はフン族の王に庇護をもとめる。そのさい、腹心であるヒルデブラントも、若い妻とひとり子を残してフン族のもとへ亡命する。30 年後、ヒルデブラントは軍勢をしたがえて故郷にもどってきたが、敵対するオドアケルの軍勢にでくわす。両軍のあいだで、ヒルデブラントは故郷に残してきたわが子ハドゥブラントと一騎打ちをおこなう。この作品は両者が戦いはじめるところで終わり、戦いの結末については伝わってい

ない。

　この作品については、グリム兄弟による校訂本がでた1812年以降、文献学的な調査がおこなわれつづけている。なによりも、なぜ、この作品の戦闘時における会話が命のやりとりに発展するのか、という謎が明らかになっていないからだ。しかし、この会話サンプルを歴史上の会話種に分類することで、この謎を解明できるかもしれない。では、この会話は、いったいどのようなものなのだろうか？　より厳密にいえば、この『ヒルデブラントの歌』という作品において伝えられた会話は、いったいどのようなものなのだろうか？　以下に、まずは会話文法、それから会話布置、そして語彙および意味論にもとづくアプローチ方法でこの会話を分類し、謎にせまっていく。なお、活字への書き換えと現代語訳は H. D. Schlosser(Hrsg.): *Althochdeutsche Literatur.* [...], Frankfurt/M. 1970: 264ff. によった。

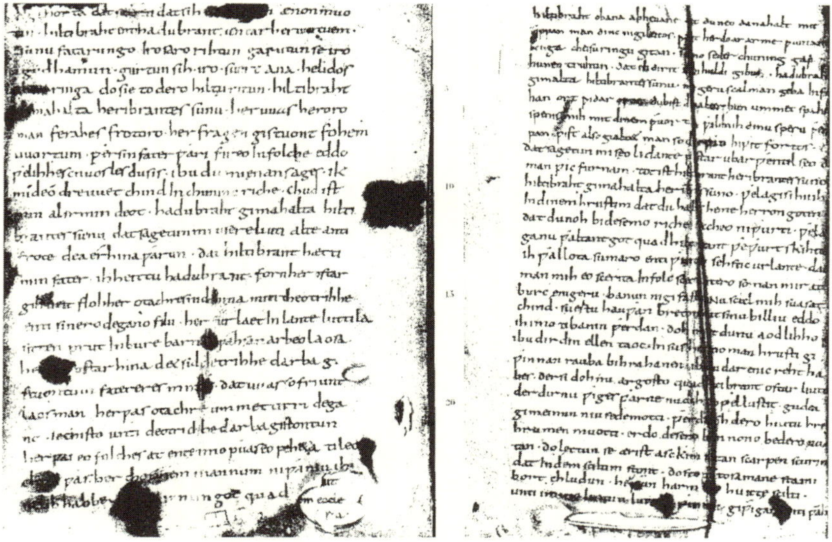

**図3　『ヒルデブラントの歌』(複写)**
G. Baesecke (Hrsg.): *Das Hildebrandlied.* [...], Halle 1945.

| | |
|---|---|
| Ik gihorta ðat seggen, | このような話を私は聞いた |
| ðat sih urhettun ænon muotin: | 2人の戦士ヒルデブラントとハドゥブラントが両軍のあいだで対峙した |
| Hiltibra*n*t enti Haðubrant untar heriun tuem. | |
| sunufatarungo iro saro rihtun, | 血をわけた父と子が武具を調えて |
| garutun sê iro guðhamun, gurtun sih iro suert ana, | 鎧を着込み、腰には剣 |
| helidos, ubar *h*ringa, do sie to dero hiltiu ritun. | 戦いに向けて馬をすすめる |
| Hiltibra*n*t gimahalta, Heribrantes sunu, - her uuas heroro man, | ヘリブラントの子ヒルデブラントが呼びかけた |
| ferahes frotoro - her fragen gistuont | 年長者で経験も豊富な彼が |
| fohem uuortum, *h*wer sin fater wari | ことば少なく問うた |
| fireo in folche, | 相手の父はどの部族の者かと |
| ,eddo *h*welihhes cnuosles du sis. | 「さもなくば、お前はどの一族の者か |
| ibu du mi ęnan sages, ik mi de odre uuet, | 1人でも名前をあげたなら |
| chind in chunincriche. chud ist m*i* al irmindeot.' | その一族が分かる わしは部族のみんなを知っているから」 |
| Hadubra*n*t gimahalta, Hiltibrantes sunu: | ヒルデブラントの子ハドゥブラントは答えた |
| ,dat sagetun mi usere liuti, | 「経験豊富な年寄りが言うには |
| alte anti frote, dea érhina warun, | 我が父はヒルデブラントという |
| dat Hiltibrant hætti min fater, ih heittu Hadubrant. | 我が名はハドゥブラント |
| forn her ostar giweit, floh her Otachres nid, | 父は東方へ行き、オドアケルの憎しみを避けた |

| | |
|---|---|
| hina miti Theotrihhe enti sinero degano filu. | テオドリックや多くの戦士とともに |
| her furlaet in lante luttila sitten, | 彼は故郷に若き妻と子を |
| prut in bure barn unwahsan, | 助けも遺産もなしに置き去りにした |
| arbeo laosa. her raet ostar hina. | 彼は東方へ逃げさった |
| des sid Detrihhe darba gistuontun | その後、テオドリックには友もなく |
| fateres mines: dat uuas so friuntlaos man. | 我が父は欠かせぬ身になった |
| her was Otachre ummet tirri, | テオドリックの最も忠実な従者は |
| degano dechisto miti Deotrihhe. | オドアケルへの大いなる怒りをも分けあった |
| her was eo folches at ente: imo was eo fehta ti leop. | 彼は常に軍勢をひきい、どんな戦いでも好んだと |
| chud was her chonnem mannum. | 勇猛な者たちは彼を知っている |
| ni waniu ih iu lib habbe.' – | 彼はもう死んでいるはずだ」 |
| ‚wettu irmingot', quad Hiltibrant, ‚obana ab heuane, | 「天の神に誓って」とヒルデブラントは言った |
| dat du neo dana halt mit sus sippan man dinc ni gileitos!' | 「おまえは、こんなに近い身内と対峙したことはなかったはずだ」 |
| want her do ar arme wuntane bauga, cheisuringu gitan, so imo se der chuning gap, | それから、フン族の王からもらった金貨でつくった腕輪をはずした |
| Huneo truhtin: ‚dat ich dir it nu bi huldi gibu.' | 「これを友情の証に、おまえにやろう」 |

| | |
|---|---|
| Hadubra*n*t gima*h*alta, Heribrantes sunu: | ヒルデブラントの子ハドゥブラントは答えた |
| ,mit geru scal man geba infahan, | 「このような贈り物は槍で受けとるべきだ |
| ort widar orte. | 穂先には穂先を |
| du bist dir, alter Hun, ummet spaher; | フン族の老いぼれめ、ひどくずる賢い |
| spenis mih mit dinem wortun, wili mih | おれを槍で刺すために |
| dinu speru werpan. | ことばで動揺させるとは |
| pist also gialtet man, so du ewin inwit | そんなに年老いているのに、いまだに腹 |
| fọrtos. | 黒いのか |
| dat sagetun mi sẹolidante | 東から来た船乗りに聞いた |
| westar ubar wentilsẹo, dat *in*an wic fur- | 我が父は戦でたおれたと |
| nam: | ヘリブラントの子ヒルデブラントは死ん |
| tot ist Hiltibrant, Heribrantes suno.' | だのだ」 |
| Hiltibra*n*t gimahalta, Heribra*n*tes suno: | ヘリブラントの子ヒルデブラントは言った |
| ,wela gisihu ich in dinem hrustim, | 「その武具をみるにつけ、故郷に良き君 |
| dat du habes heme herron goten, | 主をもち |
| dat du noh bi desemo riche reccheo ni | 故郷を追われることもなかったのだな |
| wurti. - | |
| welaga nu, waltant got', quad Hiltibrant, | ああ、神よ」と、ヒルデブラントは続けた |
| ,wewurt skihit! | 「宿命はとどまろうとしない！ |
| ich wallota sumaro enti wintro sehstic ur | わしは 30 年も故郷を離れて |
| lante, | |

| | |
|---|---|
| dar man mih eo scerita in folc sceotan-tero. | いつでも弓兵の部隊にいた |
| so man mir at burc ęnigeru banun ni gifasta. | 砦のまえで死なずにすんだというのに |
| nu scal mih suasat chind suertu hauwan, | 自らの子の剣に貫かれよというのか |
| breton mit sinu billiu - eddo ich imo ti banin werdan. | 奴の武器でたおれるのか、わしが奴を殺すのか |
| doh maht du nu aodlihho, ibu dir din ellen taoc, | おまえに十分、力があれば、こんな老戦士から |
| in sus heremo man hrusti giwinnan, | 武具を奪うなんぞは、やすかろう |
| rauba birahanen, ibu du dar enic reht habes.' – | おまえに権利があるならば、戦利品を受けよ」 |
| ,der si doh nu argosto', quad Hiltibrant, ,ostarluito, | ヒルデブラントは言った、「戦いを避けたなら |
| der dir nu wiges warne, nu dih es so wel lustit, | わしは東方へ行った者で一番の臆病者よ |
| gudea gimeinun. niuse de motti, | おまえがそんなにも一騎打ちを望んでいるのに |
| hwerdar sih hiutu dero hregilo rumen muotti, | さあ、試してみるが良い、どちらが鎧を奪い、鎧を奪われることになるのか！」 |
| erdo desero brunnono bedero uualtan.' | |
| do lęttun se ærist asckim scritan | まずはトネリコの槍をかまえて疾走し |
| scarpen scurim, dat in dem sciltim stont. | たがいに相手の盾に鋭い一撃 |
| do stoptun to samane staimbort h ludun, | それから盾で激しく殴りあう |

heuwun harmlicco huittę scilti,   怒りをこめて、白い盾をぶつけあう
unit im iro lintun luttila wurtun,   ［盾の素材である］シナノキがうち砕かれ
giwigan miti wabnum...   粉々になってしまうまで……

## 1. 機能および構造にもとづく歴史上の会話の分類：会話文法

　会話文法は「会話分析のためのコンセプトであり、この分野では、発話行為論や変形生成文法の理論的・方法論的な仮定を用いて、会話の原型や実際におこなわれた会話そのものが記述される」(Franke 1990: 163)。まず、会話文法は発話行為論にしたがい、発話を「規則にしたがっておこなわれる行動の（とても複雑な）一形式」(Searle 1977: 24)とみなし、会話における発話を規則にしたがっておこなわれる社会行動としてあつかう。たとえば、話し手1が話し手2に「君の父さんは、だれだ？」と発言したとしよう。話し手1は、今日の慣習にしたがって、「質問する」という社会的な行為をおこなったことになる。『ヒルデブラントの歌』の書き手も、ヒルデブラントの主導権をとる発話行為を「質問」("fragen")に分類している("her fragen gistuont")。また、会話文法に関する発話行為論的な解釈によれば、このような社会的な発話行為は、そもそも目的がきまっている。「話し手は目標を、行為は目的をもっている」(Hundsnurscher 1989: 252)というわけだ。話し手1が会話をはじめた（主導権をとった）のも、特定の目的のためだった。そこから、話し手1によってはじめられた会話は、特定の目的のためにおこなわれる特定の会話種をしめす一例とみなせる。ただし、その前提となるのは、聞き手あるいは話し手2が、会話のはじまり方からその会話を特定の会話種に分類し、会話をはじめた発話行為にふさわしく反応すること——ここでは「質問」に「返答する」ことだ。これらのことから、会話種（対面会話種あるいは文通種）は、特定の目的のために、コミュニケーションにかかわる慣習にしたがっておこなわれる言語行為の原型ということができる。

　また、会話文法は、変形生成文法から、「理想的な話者」は会話種についての能力を有している、という仮定をとり入れている(Hundsnurscher

1980)。「会話種についての能力」とは、つまり、理想的な話者が属する言語共同体において、それぞれの会話種を形成するための規則に関する能力だ。会話種についての能力があれば、理想的な話者は目的に応じてふさわしい会話種を選択し、この会話種の規則どおりの会話をはじめることができる（会話を生みだすことができる）。理想的な話者は、たとえば、「情報のための会話」や「尋問」、「言い争い」をしたいとき、どのような発話行為で会話をはじめればよいかを知っている。会話種についての能力をもつ話し手1が、会話における主導権をとる発話行為（主導権をとるターン）によって会話の目的と内的な構造を確定すれば、同様の能力をもつ聞き手あるいは話し手2はそれを認識でき、慣習にしたがってどのような（上手な）対応の仕方があるのかを知っているので、反応としての発話行為（反応のターン）においては、明確な返事をしてその会話の目的を受けいれることもできるし、返事を拒否することもできる。Götz Hindelang は、このことを以下のように説明している（表5参照。Hindelang 1994: 106）。

> 主導権をとる発話行為（initialer Sprechakt、ISA）によって話し手1は、特定のコミュニケーション行為の目的Zを相互行為のなかに持ち込む。コミュニケーションのつながりという点からみれば、規則は2つのレベルで形成される。まず、一般的な、目的にそっておこなわれる会話の内的論理から生まれる、発話行為のシークエンスとしての特徴がみられる。この場合、最終的に、話し手1にとっての行為の目的Zは話し手2によって受けいれられるか、あるいは、話し手1は主導権を放棄してZをあきらめる必要がある。その一方で、特別な、ISAの発語内行為に依存した規則があり、この規則によってどの発話行為がISAにたいする反応としてふさわしいのかが決まる。
>
> （Hindelang 1994: 106。Franke 1990: 13 参照）

表5　発話行為のシークエンス・モデル

| 主導権をとる発話行為 (ISA) | → | 反応としての発話行為 | → | 反応としての特別な発話行為 | → | ポジティヴな回答 |
| | | | | | → | ネガティヴな回答 |
| | | | → | 反応としての特別ではない発話行為 | | 反応を決めるための発話行為 |
| | | | | | | 反応を避けるための発話行為 |
| | | | | | | 主導権をうばう発話行為 |
| 流れ1／話し手1 | 流れ2／話し手2 | | | | | |

　会話文法におけるこれらの仮定は、普遍的・汎時的なもので、対面会話や文通を研究するさいに用いることができる（たとえば、Gloning 1999: 96ff. は、論争をおこなっているパンフレットのシークエンスを研究している）。ヒルデブラントがハドゥブラントの父親についてたずねた「質問」のように、もし誰かが主導権をとる発話行為として具体的に言語行為をおこなったなら、その後、話し手2（場合によっては再び話し手1）がどのような反応をしめすか、その典型を会話文法のアプローチ方法を用いて演繹的に推論することができる。この場合、ポジティヴな「反応としての特別な発話行為」は「質問」への「返答」であり、ネガティヴな「反応としての特別な発話行為」は「質問」への返事がもらえないことを話し手1が「嘆く」などだ。また、質問の意図を確かめるために話し手2が「問い合わせる」など、「反応を決めるための発話行為」もありうる。たとえば、ヒルデブラントの質問にどう答えるのかを決めるために、彼がなぜ父親について質問したのかを質問するなど。あるいは、「主張」のように「反応を避けるための発話行為」がおこなわれる可能性もある。たとえば、ヒルデブラントは本当はそんなことに興味をもっていないはずだと「主張」して質問への返答を避ける、あるいは、会話相手の出自は彼には関係ないと「確認」して返答を避ける、など。さらに、「主導権をうばう発話行為」がおこなわれるかもしれない。たとえば、ヒルデブラントに、まずは自らの（さらにはその父親の）名前を名

るように「要求」する、など。

こうした会話の流れの典型から、「情報のための会話」などの会話種を、演繹的に導きだすことができる。また、実際におこなわれた会話サンプルからも、同様に、会話種について演繹的な推論をおこなうことができる。そして、会話文法において会話を分類するさいの目標は、ある言語共同体において形成された会話種のレパートリーを明らかにし、会話の流れの典型がもつ機能や構造を記述することにある。

『ヒルデブラントの歌』のような古い会話サンプルを、こうしたアプローチ方法で分類するには、なによりも、古高ドイツ語の会話種をこの方法で記述しなくてはならない。しかし、そのためには、まず同様の古い会話サンプルを分析する必要がある。Marcel Bax は、すくなくとも1つの典型的な会話の流れを再構築するために、『ヒルデブラントの歌』をふくむ、複数の古ゲルマン語によって書かれた英雄譚において（騎士による）「言い争い」として伝わった会話サンプルのシークエンスを調査している。会話文法的なアプローチをすることで、ヒルデブラントとハドゥブラントの一騎打ちの予兆が会話の最初の流れにおいてすでにみられる、と彼は結論づけた。彼によれば、両者の会話は最初の流れからして「闘争の会話」であり「ことばによる競い合い」をはじめていた。Bax がこの会話の分類に用いた分析方法については、以下に簡潔にまとめて紹介しよう。もっとも、たしかに Bax の解釈には説得力があるが、だからといって、『ヒルデブラントの歌』の正しい理解をめぐる学問的な論争においては、彼の解釈に流されてはいけない。

## 主導権をとる発話行為と会話における行為の計画

ヒルデブラントとハドゥブラントは状況に応じてこのような会話をおこなったわけではなく、発話行為にあわせた儀礼的な行為の計画にしたがって話したのであり、その計画の原型は、会話文法の分野において会話の構造から演繹的に導きだすことができる、と Marcel Bax はいくつかの公刊物において主張している（Bax 1983、Bax 1991、Bax 1999 参照）。

「ことば少なく問うた(fragen)／相手の父はどの部族の者かと／「さもなくば、お前はどの一族の者か」」ヒルデブラントによる最初の発話行為および会話における行為は、資料においては「質問」とされている。言語哲学者John R. Searle の発話行為論によれば、発話行為「質問」の特徴は以下のとおり。話し手１は答えを知らず、質問をしなければ話し手２が情報をくれないこと、また、発言をすることで話し手２が情報をくれるよううながせることを知っている(Searle 1977: 102f. 参照)。この会話の２つめのターンでは、ハドゥブラントはこのコミュニケーション行為の目的を受けいれたように思える。というのは、彼は、反応としての特別な発話行為としてポジティブな対応をしているからだ。彼は「我が父はヒルデブラントという／我が名はハドゥブラント」と「返答」している。こうした発話行為論的な背景のもと、この隣接ペアにおいてはヒルデブラントの「質問」が、「情報のための会話」とみなせる会話を開始する。

　しかし、この分類からは、後に一騎打ちになることの説明がつかない。Bax も指摘しているように、いくつかの点がそうした分類の問題を明らかにしている。ヒルデブラントが「質問」したのは、相手の名前ではなく相手の父親の名前であり、また、それによって父親の出自もたずねている。そのうえ、ヒルデブラント自身は、この作品をつうじて一度も名のっていない。この点から、ヒルデブラントは会話の相手が誰か知っており、相手もヒルデブラントが何者であるのか知っていると思っている、ということが推測できる。しかし、そうだとすれば、前述の Searle による発話行為「質問」の条件がくずれてしまう。なぜなら、話し手１は明らかに答えを知っているのだから。つまり、この会話は「情報のための会話」ではないことになる。

　ヒルデブラントとハドゥブラントとの最初のターンについて、Bax にしたがって発話行為論的に解釈すれば、会話を開始するこの隣接ペアは「質問」と「返答」によってのみ構成されているわけではない、ということが分かる。主導権をとる発話行為において、ヒルデブラントは相手の出自を「質問」するだけではなく、戦士階級に属する全員を知っていると「主張」している。そうすることで、彼は、「質問」に自らのアイデンティティを編みこ

む。「部族のみんなを知っている」と主張することで、自分が当地出身の隊長であることを主張しているのだ。Bax は、ここに自らの説を裏づけるさらなる論拠を見いだしている。それは、この主導権をとる発話行為は、「会話の参加者が別の参加者の不足を補う」(Franke 1986: 89ff.)といった相補的な会話タイプ、たとえば「情報のための会話」をはじめるための「質問」ではなく、むしろ、かつては家長であった話し手による、自らの優位と権威にたいする「要求」である、という説だ。ここから、この発話行為が、同時に、「一方的に会話相手に要求をのませようとする」(Franke 1986: 89ff.)競争的な会話タイプ、たとえば「闘争の会話」をはじめるための「挑発」であった、とみなせる。「質問」の基本的な規則である、話し手1が話し手2からなにかを望み、その望みをかなえるよう「要求」するという点は残されている。すべての「質問」は、今日でもそもそも「要求」であり、指示的な発話行為だ。しかし、John R. Searle によれば、「要求」は「質問」と違って、話し手2から(「質問」の「基本的規則」である)情報ではなく、(「要求」の「基本的規則」である)将来的な行為を望むものであり、また、基本的に、話し手1は話し手2よりも優位にたっている必要がある。

　ヒルデブラントによる主導権をとる発話行為は、「情報のための会話」をはじめるための「質問」ではなく「闘争の会話」をはじめるための「要求」だった、という説を裏づけるためのその他の論拠として、Marcel Bax はハドゥブラントによる反応をあげている。ハドゥブラントは、ヒルデブラントの質問に思える発話行為に、詳細にその生涯を語ることで応えているが、「質問」にたいする「返答」としては不必要にさえ思えるほど多くを語っている。この詳細すぎる「返答」に思える行為は、ハドゥブラントがヒルデブラントの意図を察し、しかも、相手が自分の父ヒルデブラントであると気づき、その結果、ヒルデブラントがした発話行為は「質問」ではなく「要求」または「挑発」だと理解していた、と考えなければ説明がつかない。ハドゥブラントのことばは、ヒルデブラントが恥ずべき男だということをしめしており、「彼はもう死んでいるはずだ」という締めくくりのことばからは、明らかに、彼にとって父親は死んだも同然だということ——したがって、相手

に道をゆずる必要もないと考えていることが分かる。ハドゥブラントの詳細すぎる返事の仕方から、彼の反応は「質問」にたいする「返答」ではなく「要求」にたいする「拒否」だ、とBaxは推測している。したがって、この両者の会話は「闘争の会話」といえる。

騎士による「闘争の会話」という会話種は、仮説にもとづくもので、古高および中高ドイツ語の言語共同体における理想的な話者がもつ会話能力の範疇にある。歴史上の会話を研究する者には——現代の会話文法における会話の分類にさいして普通におこなわれているようには——この会話種を自らがもつ会話能力を用いて演繹的に**構築する**ことはできない。現代の研究者が会話文法にもとづいた方法で歴史上の会話種を分類するには、同様な主導権をとる発話行為をふくむ会話や比較可能な「会話成果」(Adamzik 2000a 参照)にもとづいて、歴史上の会話の推移を帰納的に**再構築する**必要がある。

Marcel Bax は、さまざまな騎士による「闘争の会話」を精査し、初期中世における騎士にとっての会話の規範を考慮しつつ、この会話種の典型的な構造を再構築した。そして、上述の会話をはじめる行為(主導権をとる「質問」行為と反応としての「返答」行為)を、騎士による「闘争の会話」において典型的な、儀礼的なシークエンスと結論づけた(Bax 1991: 203 参照)。

話し手1：(1)(情報あるいは行為の)「要求」と間接的な(2)「脅迫」
話し手2：(1)(理由づけをともなう)「拒否」と間接的な(2)「挑発」
話し手1：(1)「受諾」

話し手1による主導権をとる発話行為「要求」と話し手2による反応としての発話行為「拒否」は、まずは、間接的におこなわれる。たとえば、『ヒルデブラントの歌』では、相手の名前と出自についての「質問」と詳細な「返答」という形でおこなわれた。なぜ「質問」を「要求」どころか「挑発」として解釈できるのかといえば、騎士階級では優位のものだけが「質問」することができたからだ。だから、ヒルデブラントが相手の出自を「質問」したことだけでも、すでに自分が優位にたつことを「要求」していると

いえる。よく似た場面が、12世紀に書かれた『ローランの歌(*Rolandslied*)』にもみられる。(4769行以下で)エスクルミスが敵であるアンジュリエの身元を問い、その後、両者が互いに自らを誇示する発言(Prahlrede)をおこない、その結果、一騎打ちにいたる、という場面だ。また、ヴォルフラム・フォン・エッシェンバッハの『パルツィヴァール』でも、フェイレフィースが戦いの合間に敵であるパルツィヴァールに身元をたずねている("unde sage mir [...] wer du sis"［貴様が誰か(…)言え］)。

| | |
|---|---|
| sol ich daz durch vorhte tuon, | 私が怖れて答えるなどとは |
| sone darf es nieman an mich gern, | 誰にも思わせはしまいぞ |
| sol ichs betwungenliche wern. | 脅迫されて屈服するなどとは |

(Eschenbach 1992: II, 15, 745, 22ff.)

表6 『ヒルデブラントの歌』における会話の構造

| | |
|---|---|
| ヒルデブラント：(間接的な)行為の「要求」 | ハドゥブラントにその出自を「たずね」、自分が多くの人を知っていることを「誇示」する。 |
| ハドゥブラント：理由づけをともなう(間接的な)「拒否」 | 自らの父の名と自らの名を「名のり」、自らの父の戦士としての美徳を「誇示し」、その父は死んだという「推測」に「言及」する。 |
| ヒルデブラント：(直接的な)行為の「要求」 | 相手と親族であることを「暗示」することで、自らの「身元を明らかにする」ことを「うながす」。 |
| ハドゥブラント：理由づけをともなう(直接的な)「拒否」および「侮辱」 | 相手を陰謀家として「下に見る」ことで、ヒルデブラントとの和平を「拒否」する。また、そのことで、相手を「侮辱」しつつ、自らと「フン族の老いぼれ」とが親族であるという暗示を「拒否」する。 |
| ヒルデブラント：「侮辱」および「異議」 | ふたたび自らの「予感」に「言及」し「異議」をとなえる。そして、戦いが「不平等だと宣言」し、相手の武勇を「疑問視」することで相手を「侮辱」し、一騎打ちをするよう「挑発」する。 |
| ハドゥブラント：「挑発」 | ふたたび相手の身元を「疑う」ことで、相手を「侮辱」する。 |
| ヒルデブラント：「受諾」 | 一騎打ちを先延ばしすることを「拒否」し、生死をかけた一騎打ちを「要求」する。 |

『ヒルデブラントの歌』における会話の構造は、表6のように記述できる（左列はBax 1991: 211を参照し、右列はPolenz 1981: 215ff.から具体的に述べられた行為と、Baxとは解釈が異なることが分かる語用論的な言い換えのうち、重要なものを引用している）。

## 会話成果

　ここまで、歴史上の会話サンプルを分類するためにMarcel Baxが用いた、会話文法にもとづくアプローチ方法についてみてきた。確認しておかなくてはならないのは、歴史上の会話種がもつ語用論的な構造を再構築するためには、主導権をとる発話行為を資料にしたがって語用論的に解釈するだけでは明らかに不十分という点だ。というのも、まず、Marcel Baxが主導権をとる発話行為を「挑発」とみなす自らの解釈を裏づけるためには、会話の終結部分、Adamzik(2000a)のいう「会話成果」を知っている必要があった。また、特定の主導権をとる発話行為によってはじめられた会話の計画が頓挫し、別の展開をして別の「会話成果」にいたることもある。したがって、騎士が相手の出自や身元を「質問」したからといって、つねにそれが儀礼的な「挑発」であると解釈する必要はないだろうし、その後にかならず一騎打ちが起こるというわけでもないだろう。たとえば、ヴォルフラムの『パルツィヴァール』において、フェイレフィースが身元を「質問」したことではじまった会話は（「貴様が誰か［…］言え」）、休戦中におこなわれたものであり、その「質問」によって戦いが生じたわけではない。むしろ、この「質問」によって、儀礼的な「挑発」とは逆に、戦いを収めようとする流れが生じている――このような例は、13世紀につくられた、いわゆる『新ヒルデブラントの歌（*Jüngeres Hildebrandlied*）』にもみられる。つまり、会話種は、主導権をとる発話行為によってのみ決められるのではなく、別の話し手の反応や会話成果にも依拠しているのだ。このパルツィヴァールとフェイレフィースとの会話は和解のためのものだから、歴史上の会話種「闘争の会話」に分類することはできない。ある手稿本には、パルツィヴァール（左）と

フェイレフィース(右)による一騎打ち(上)と和解(下)を描いた挿絵がある。

**図4　パルツィヴァールとフェイレフィースによる一騎打ちと和解**
B. Schirok: *Wolfram von Eschenbach „Parzival"*. *Die Bilder der illustrierten Handschriften*, Göppingen 1985: 10.

　歴史上の会話種(そして、そもそも、すべての会話種)は、特定の目的を達成するための、社会に定着した典型的な会話の流れの原型だ。それを再構築するためには、主導権をとる発話行為と反応としての発話行為だけを集めればよいというわけではない(Presch 1991: 85 および Hundsnurscher 1994: 228 参照)。しかし、会話成果を知っていれば、Marcel Bax が複数のよく似た会話サンプルを会話文法を手がかりに調査したように、歴史上の会話種を語用論的に再構築するさいに、歴史会話研究は大きな成果をあげることができる。

## 歴史上の会話能力

　『ヒルデブラントの歌』における主導権をとる発話行為の解釈から、歴史上の会話種を会話文法にもとづいて分類することのさらなる問題が明らかになる。まず、主導権をとる発話行為を外的側面から解釈しなくてはいけない、という問題がある。それは、たとえ資料で内的側面からの解釈がしめされていてもだ（上述の場面では "fragen"）。会話の研究者が外的側面から解釈する場合、会話文法的なアプローチを研究者自身の言語能力にもとづいておこなうことになる。多くの場合、これ以外の方法がない。ヒルデブラントの問いにたいしてハドゥブラントが詳細すぎる答えを返したのかどうか、そこに会話における含意があるのかどうか、つまり、言外の意味を話し手が聞き手に伝えようとしているのかどうかを、研究者は自分の言語能力で判断する。なぜなら、自分の父親の身元にたいする質問にどのていど答えたら「詳細すぎる」のか、普遍的な規範がないからだ。しかしながら、すでに『ヒルデブラントの歌』の例でも分かるように、歴史上の会話種を分類するには、多くの場合、会話の研究者がもつ現代語による会話能力だけでは不十分だ。たしかに今日でも、相手の身元を「質問」することで自分の優位をしめすことがありえるが、しかし、その質問は一騎打ちのための「挑発」という発語内行為をおこなってはいない。そして、今日でも「言い争い」や「闘争の会話」がありえるが、しかし、騎士による「闘争の会話」という会話種はもはやドイツ語圏にはない。つまり、研究者は、この会話種について経験的な知識をもつことはできない。（「質問」のような）発話行為のタイプや（「闘争の会話」のような）会話種は、普遍的・汎時的なカテゴリーではなく、歴史的・文化的な変化の影響下にある（Schlieben-Lange/Weydt 1979 および Rehbock 2001: 964 参照）。だから、主導権をとる発話行為（およびそれにつづく発話行為）を外的側面から解釈する場合には、つねに、あらかじめ会話について歴史語用論的な調査をおこなっておく必要がある。『ヒルデブラントの歌』のケースなら、騎士が言語行動をとるさいに影響をうけていた、封建領主への忠誠心や名誉などを調査しておく必要があるだろう。

会話文法にもとづく会話種の分類はあまりにも抽象的で、歴史的・文化的な会話領域から離れすぎているという問題も、歴史語用論的なデータをとり入れることで解決できる。たしかに、「質問」や「要求」、「挑発」が主導権をとる発話行為となってはじまる会話の目的は、任意ではなく、つねに特定のものにかぎられているが、さまざまな会話領域における異なる会話種として、その会話はおこなわれうる。古高ドイツ語の時代であれば、宮廷や農民の日常生活、市場、修道院、裁判などの会話領域があった。あらかじめ特定の社会的コミュニケーション実践領域としての会話領域を調査することで、はじめて、歴史上の理想的な話者の会話能力を再構築することができる。そうすることで、たとえば、騎士である相手の身元を「質問」した場合、文脈や構造からどのような発語内行為がおこなわれるのか、それにたいして相手がどう反応するのかを、騎士である話し手は知っていた、と判断できる。歴史上の会話種を分類するためのさらなる手がかりである会話相手との関係（会話布置）や、主導権をとる発話行為や会話種を表すためのあらゆる語彙（『ヒルデブラントの歌』の場合、「質問する」、「要求する」、「挑発する」や「情報のための会話」、「闘争の会話」など）については以下に論じる。

## 2. 形式および構造にもとづく歴史上の会話の分類：
### 会話布置の類型論

　形式および構造にもとづく会話の分類方法は、言語学の分野における会話分析の発展と緊密に結びついている。たしかに、会話分析は、会話サンプルを会話種ごとに分類しようとして、個々の会話サンプルのメゾ構造やミクロ構造にもっぱら関心を向けている。とはいえ、冒頭に述べたように、「会話タイプについての知識がなければ個々人による会話の分析」は不可能で、むしろ、こうした分析の目標は「会話タイプの区分や記述をすること」にある (Henne/Rehbock 2001: 214)。そのさい、分類の基礎となるのは、いわゆる「フライブルクの会話布置の類型論」とよばれるものだ。これは、基本的に、先に引用した 12 世紀以来の「創意の六歩格」や「Lasswell の質問形式」

と同じ質問によってなりたっている。ただし、会話布置の類型論ではさらに、会話に参加している人々の状況に関する形式および構造についても質問がおよぶ。質問がふえているのは、おもに、会話がそもそもどんな状況でおこなわれ、どんな社会的な特徴をもっていたのかを知るためだ。実際におこなわれたさまざまな会話の会話布置の特徴を調べることで、会話種を導きだすことができる。どのような分類が可能であるのか、一例として Helmut Henne らの分類をあげよう（Henne 1977: 78f. および Henne/Rehbock 2001: 26f. 参照）。

1. 会話のジャンル
    1.1. 通常の会話
        1.1.1. 前もって準備されていない通常の会話
        1.1.2. 前もって準備された通常の会話
    1.2. 虚構／虚構世界の会話
        1.2.1. 虚構の会話　　1.2.2. 虚構世界の会話
    1.3. 演出された会話
2. 空間的・時間的状況（コンテクスト）
    2.1. 近いコミュニケーション：間がなく空間的に近い（フェイス・トゥ・フェイスの会話）
    2.2. 遠いコミュニケーション：間がなく空間的に遠い（電話による会話）
3. 会話の参加者の布置
    3.1. 2人による対話
    3.2. グループによる会話
        3.2.1. 小さなグループ　　3.2.2. 大きなグループ
4. 公私の度合い
    4.1. 私的
    4.2. 非公的
    4.3. 半公的

4.4. 公的
5. 会話の参加者どうしの社会的な関係
　5.1. 対等
　5.2. 非対等
　　5.2.1. 人類学的な違い　　5.2.2. 社会文化的な違い
　　5.2.3. 専門的・技術的な違い　5.2.4. 会話の構造的な違い
6. 会話の行為の次元
　6.1. 指示的
　6.2. 物語的
　6.3. 談話的
　　6.3.1. 日常的　　6.3.2. 学術的
7. 会話の参加者どうしの面識
　7.1. 信頼している
　7.2. 仲がよい／よく知っている
　7.3. 知っている
　7.4. あまりよく知らない
　7.5. 知らない
8. 会話の参加者の準備具合
　8.1. 準備していない
　8.2. 習慣的に準備している
　8.3. 特別に準備している
9. 会話のテーマの固定具合
　9.1. テーマが固定されていない
　9.2. テーマの範囲が固定されている
　9.3. テーマが固定されている
10. コミュニケーションと非言語行為の関係
　10.1. 会話以外の行為と結びついている（empraktisch）
　10.2. 会話以外の行為と結びついていない（apraktisch）

Henne/Rehbock の『会話分析入門（*Einführung in die Gesprächsanalyse*）』では、さらに以下のように述べられている。

> 実際におこなわれた会話は、コミュニケーションに関する語用論的カテゴリーの各サブ・カテゴリーに分類し、それにもとづいて特定の会話タイプへと分類することによって、その特徴を明らかにすることができる。　　　　　　　　　　　　　　　　　　　　　　（Henne/Rehbock 2001: 25f.）

『ヒルデブラントの歌』における会話を例にとれば、これは虚構世界の近いコミュニケーションだといえる。2人の話し手が参加していて（「2人による対話」）、両者は軍勢から離れて会っている（「非公的」な会話）。「社会的な関係」に関していえば、両者はともに軍勢をひきいる隊長で、同様の発言権をもっているのだから、ヒルデブラントとハドゥブラントの関係は社会文化的には対等だ。どちらも発言権を独占しようとはしていないし、テーマの変化を阻止しようともしていない。それに、どのような発話行為をおこなうかも細かく区分されていない。しかし、人類学的な点に関していえば、両者は非対等だといえるかもしれない。というのは、「ヘリブラントの子ヒルデブラントが呼びかけた／年長者で経験も豊富な彼」と資料にあるからだ。会話の背景にはさらに、ヒルデブラントとハドゥブラントの会話が非対等におこなわれているという証拠がみられる。なぜなら、両者はともに相手より優位にたちたいと願っているからだ（たとえば、ヒルデブラントは相手に名のる必要がないと考えているし、ハドゥブラントはヒルデブラントを「年老いた」「腹黒い」男とよんでいる）。『ヒルデブラントの歌』における「行為の次元」に関していえば、一見して談話的に思えるが、ハドゥブラントが自分の父親について語る場面や、ヒルデブラントが外国での自身の生活について述べる場面など、部分的にはまったく物語的だ。しかし、この作品における言語行為の記述をみればすぐに、本当にそうだろうかという疑問がわいてくる。というのは、「話す（sprechen）」のほかに、「質問する（fragen）」や「報せる（wissen lassen）」、「ことばで誘う（mit Worten locken）」といった会話に

おける行為を解釈するためのメタ言語的な表現があり、こうした内的な側面に関する解釈が、この会話の指示的な性質をしめしているからだ。「面識」に関していえば、『ヒルデブラントの歌』を解釈するためには、会話の参加者がお互いをどれくらい知っているのか、あるいはまるで知らないのかが重要になってくる。とにかく、30年間もはなればなれだったのだから、知っているというのは難しいだろう。「準備具合」については、両者はともに軍勢をひきいる隊長として会話をしているのだから、ヒルデブラントもハドゥブラントも職務上、敵将との会話は「習慣的に準備している」といえる。会話は、表面的には「テーマの範囲が固定されている」。つまり、「敵対する隊長どうしがお互いの身元をさぐっている」というテーマの範囲内で会話がおこなわれている。しかし、闘争的な言語行為が「ヒルデブラントの運命」という特別なテーマにおよぶと、会話のテーマはもはや「身元のさぐりあい」ではなく「身元の認知」となり、そこからは、この会話の「テーマが固定されている」。また、この会話は実務をはなれた会話であり、会話以外の行為と結びついていない。

　さらにここから、より踏みこんだ解釈をしなければならないだろう。つまり、前章で述べた「メゾレベル」のカテゴリーの解釈だ。たとえば、会話の参加者の関係が対等であったり非対等だったりすることを、話者交替の方法や形式ごとにも分類することができる。それらは、会話のバランスを直接表しているからだ。あるいは、話し手が会話に参加する頻度や、話し手の場所や姿勢（立っている、座っている、馬に乗っている、並んでいる、向かいあっているなど）ごとにも分類が可能だ。この点については、これから大まかに紹介しよう。


## 会話布置のプロファイル

　会話を分類するために会話布置にアプローチすれば、会話文法にアプローチするよりも、会話の参加者の内面をより理解することができる。なぜなら、会話布置にアプローチすることは、同時に、会話のバランスを考察して

再構築しようとすることだからだ。ただし、1つの会話サンプルを詳細に分析すればするほど、その結果はますます調査対象となっているその会話サンプルについてのみ有効な分析になってしまう。さまざまな会話サンプルの形式的・構造的特徴の類似点を見つけだして、歴史上の会話種を再構築するためには、会話布置の類型は比較的抽象的でなければならない。そうすることで、会話布置の分類にさいして「期待される「通常の形式」の予想を立てること」ができるからだ（Henne/Rehbock 2001: 215）。しかしながら、会話布置のプロファイルを比較的抽象的に作成するからといって、社会的・状況的な特徴のみにもとづいて会話種を特定するのは難しい。たとえば、『ヒルデブラントの歌』における会話布置の特徴が、必ずしも会話タイプ「情報のための会話」あるいは「闘争の会話」にあてはまるとは限らない。また、この作品でしめされている特徴が、"Dissensio"（意見の不一致）や"Interrogatio"（試問）、"Altercatio"（言い争い）といった会話種が属する「教えるための会話」にもあてはまる可能性がある。たとえば、Kästner は、「中高ドイツ語による教えるための会話」にみられる会話布置の類型を利用して、これらの会話種を再構築している（Kästner 1978: 60ff., 75ff. 参照）。そして、会話布置の抽象的な特徴は、会話種を考察するための骨組みは提供してくれるが、語用論的な構造についてはほとんど考慮されていない、という問題がある（Sager 2001: 1465 参照）。

**会話領域**

「会話領域」ごとに会話種を分類することで、しばしば、会話布置にもとづく会話種の分類をより限られた範囲にしぼることができる。

> 会話領域は、ある共同体の構成員にとっては特別な機能をもち、会話の参加者にとって目標や目的を定めるものとなる。（…）（会話種というものは）したがって、会話領域をコミュニケーション的・語用論的に可視化したものとみなすことができる。　　　　　（Henne/Rehbock 2001: 23）

現代に関していえば、Henne/Rehbock(2001: 24)の「現代ドイツ標準語における会話領域」をあげることができる。

1. 個人的なおしゃべり
2. 祝祭、飲み会、バーでの会話
3. ゲームでの会話
4. 作業場、実験室、耕地での会話
5. 売り買いの会話
6. 討論会、会議、議論
7. マスメディアでの会話、インタビュー
8. 授業での会話
9. 助言のための会話
10. 役所での会話
11. 裁判での会話

当然のことながら、『ヒルデブラントの歌』における会話を、この現代ドイツ語のための領域に分類することはできない。この歴史上の会話種を分類するためには、まず、初期中世の騎士社会における会話領域をまとめる必要がある(たとえば、上述の「教えるための会話」や「ミンネのための会話」、「助言のための会話」、「闘争の会話」など)。そうした、ドイツ語史の各段階において言語共同体がおこなってきた会話的なやりとりを概観できるように体系化していく作業は、まだまだすすんでいない。ドイツ語史の最初期や初期の段階に関していえば、会話的なやりとりを伝える資料が欠けているために再構築がおこなえないし、いくつかの領域についてはまったく資料が残されていない。『ヒルデブラントの歌』を書いたり聞いたりしていた人々にとっては、そうした領域はなじみのものだったのだが。会話布置の特徴や会話を始めるための発話行為などは、ヒルデブラントにとってもハドゥブラントにとっても自明のことで、そこから、彼らがおこなっている会話をどの領域のどの会話種に分類すればよいのかも分かっていた。だからこそ、驚くべ

き速さで会話が激しくなり、斬りあいになったことの説明がつくのだ。

　会話布置の特徴と会話領域の社会語用論的な特徴を結びつけることで、それぞれの会話種を会話布置にそって再構築することができる。Henne/Rehbock は——とりわけ会話の「目的」を領域を確定するための本質的な基準とする場合には——会話布置の類型論をさらに、会話文法の意味において会話種を機能的・構造的に分類するさいの出発点と関連づけ、会話布置の形式的・構造的側面を補完している(出発点となる問題提起としては、「話し合うためのきっかけはなにか？」など。Franke 1986: 87 参照)。

## 3. 語彙および意味論にもとづく歴史上の会話の分類： 名称の類型論

　会話文法にもとづく会話種の分類においては、発話行為をしめす動詞にもとづいて、発話行為が解釈される。ヒルデブラントとハドゥブラントが会話をはじめるさい、『ヒルデブラントの歌』の書き手は、「質問する(fragen)」という動詞を選んだが、その語を、後世の語史研究者 Marcel Bax は「要求する(auffordern)」や「挑発する(herausfordern)」という意味だと解釈している。この３つの動詞は、異なる発話行為をしめしているが、どれも、会話をはじめるという１つの発話行為に用いられている。この例から、２つのことが明らかになる。まず、発話行為は、どのような概念をしめす語彙によってその言語行為が名づけられているのかによって解釈され理解されること、そして、そのさい、言語行為の概念は、言語行為そのものではなく、それを名づける語彙と同一のものであること。とはいえ、いくつかの言語行為は、ドイツ語の１語では表現することができないため、複数の語を用いることもある(たとえば「愛の告白をおこなう(eine Liebeserklärung abgeben)」や「結婚の申し込みをする(einen Heiratsantrag machen)」など)。歴史上の(あるいは現代の)言語共同体において、どのような言語行為を表現することばが語彙化しているのかを知れば、そうした語彙に反映されているその共同体における語用論的なやりとりを知ることもできる。

つぎに、ヒルデブラントの発話行為が「質問する」や「要求する」、「挑発する」と解釈されていることからも分かるように、言語行為の概念を把握することで言語行為を解釈したとしても、それは基本的にあいまいなものであり、さまざまな異なる基準に依存している。それは、なによりも解釈する人（および「理想的な話者」）がもつ語用論的な言語能力に依存しているし、また、その人がどれほど具体的に（会話布置など）言語行為に関する出来事について知っているのかや、歴史上および現代の言語行為を表す語彙についての知識にも依存している。現代における言語行為の表現だけにもとづきながら、歴史上の会話を分類しようとすれば、すぐに歴史上の「空似言葉」［形態は同じだが、意味が異なる単語や成句］にひっかかってしまい、時代錯誤な会話種に分類してしまう危険性がある。ただし、語彙および意味論にもとづいて会話種を分類するさいに、内的な側面や歴史上の言語行為の概念を考察すれば、この危険を回避することができる。

## 歴史上の言語行為の概念

語彙および意味論にもとづく歴史上の会話の分類についても、『ヒルデブラントの歌』を例にみていこう。第1節で紹介した会話文法的なアプローチのことを考慮してみると、会話における最初の行為とそこから始まる会話全体の解釈を、発話行為をしめすために選ばれた動詞 *fragen*（質問する）にゆだねることができるかもしれない（「ことば少なく問うた(fragen)」）。しかし、その一方で、Marcel Bax による反論だけでなく、なによりも日常的な言語行為の分類が基本的にあいまいであることも無視することはできない。『ヒルデブラントの歌』の語り手や書き手は、言語行為についての自らの日常的な知識にもとづいて、ヒルデブラントの言語行為を解釈しているのだ。さらに、発話行為を名づける歴史上の表現が、今日でもおなじ行為をあらわしつづけているとはかぎらないし、行為そのものが変化してしまっている可能性もある。たとえば、「「愛の告白」といっても、ガウェイン卿［アーサー王伝説に登場する騎士］にとってのそれと、1990年代のヒップ・ホッパーに

とってのそれとでは異なる」(Jacobs/Jucker 1995: 19。Schwarz 1984 参照)のだ。grüßen(挨拶する)という動詞を例にとってみると、古高ドイツ語では、まず「だれかに発言をうながすこと」、それから「だれかに呼びかけることで好意をしめすこと」という意味だった。したがって、古高ドイツ語の時代の「挨拶する」という行為は、21 世紀とはまるで違う行為だったことになる。

　この例からも明らかなように、発話行為をしめす表現はそもそも多義的であり、会話種の分類にさいしてそうした表現を解釈したり分類に用いるのは、ことさら問題をはらんでいる。たとえば、ある会話種を "Beratung"(助言/審議)と名づけるとしよう。今日では、それは「だれかに助言をあたえる」という非対等な会話種にも、「ある計画や問題解決について話し合う」という対等な会話種にもなりうる。では、12 世紀につくられた『ローランの歌』で動詞 raten や名詞 rat と名づけられた発話行為は、どのような会話種として分類できるだろうか？

　おなじことが、動詞 fragen についてもいえる。今日でもこの動詞は、とりわけ非対等な会話においては、だれかからの返答を「願う」とか、だれかになにかをするよう「要求する」という意味でも使われている(母親が息子に「ゴミを捨ててきてくれる？」と質問する場合や、上司が秘書に「マイアーさん、月曜日までにプレゼンの準備をしてもらえますか？」と質問する場合など)。『ヒルデブラントの歌』の会話における最初の行為は、年上のヒルデブラントが年下のハドゥブラントに「質問」したのではなく、また、両者の会話はお互いのための「情報のための会話」ではなかったという点からも、語彙および意味論にもとづく会話の分類には、別の方法が必要だということがわかる。

　　ドイツ語史のより古い時点での、言語文化が異なる時代の言語行為を、そもそも言語でしめすことができるのか、できるとすればどのような方法でか、ということについて考えてみる時期にきている。この質問に答えるためのもっとも包括的な方法は、歴史上のドイツ語の辞書を体系的

に再検討する、あるいは膨大な量のテクストを調査することだろう。

(Polenz 1981: 250)

　歴史上の言語共同体における言語行為の名称を集めて検討し、歴史上の「理想的な話者」の会話能力についてのぞき見て、内的側面についても考察することができれば、歴史上の会話種を分類するための手がかりがつかめるだろう。歴史上の言語行為を名づけることは、そういう意味で、歴史上の言語行為の原型がもっていた規則や規範を語彙による記録集としてまとめることといえる。歴史上の「理想的な話者」は、この規則や規範を知っており、それらをたよりに自らの周囲にある会話を分類する。実際、「中世の読み手／聞き手は、慣習化された文学的な相互行為の形式を、明確に名づけられていない場合であっても、読んだり聞いたりするさいに、つねに活性化するコミュニケーション能力にもとづいて正しく整理し、総合的に理解してきた。なぜなら、中世の貴族階級のような、まさに排他的な、特定の決まった振る舞いかたについての規定によって特徴づけられた社会集団においては、実際の会話も、その多くが慣習的な規則にしたがっておこなわれていた、とみなせるからだ」(Kästner 1978: 77)。したがって、『ヒルデブラントの歌』を聞いた初期中世の人々は、現代の研究者とは違い、こうした分類上の問題を抱えていなかったことになる。そのため、理想的なのは、研究対象となる時代を生きた話し手が言語行為の名称について記録しており、そのメタ言語的な資料が現代に伝わっていることだ。いずれにせよ、上述の Bax の解釈が正しければ、ヒルデブラントもハドゥブラントも、相手が誰かよく認識しており、そのうえで、特定の会話の流れに関する規範にしたがった。そして、それを後世の研究者は、「闘争の会話」(Bax 1983: 4) や「挑発の会話」(Polenz 1981: 155)、「ことばによる競い合い」(Bax 1991: 202) と表現したわけだ。

## 語場における歴史上の会話種の名称

　Peter von Polenz が提案した方法は、必要とされる古高ドイツ語の時代に

書かれた辞書が現存しないため、『ヒルデブラントの歌』に関しては問題がある。しかし、この時代の別の資料や、古高ドイツ語や中高ドイツ語を扱っている辞書から、会話種をしめす語彙をあつめることもできる。『ヒルデブラントの歌』では、こうした語彙を発見できそうな箇所が2つある。1つには、ヒルデブラントが使っている *dinc* という語で、これを（図3の）Georg Baesecke は「討議」と訳している。それから、その少しあとの *gudea* という語を、Baesecke は「衝突」、Horst Dieter Schlosser は「闘争」と訳している。*dinc* は、およそ「(民衆の／法廷での)集まり」や「裁判や調停のための(法廷での)討議」を意味する古高ドイツ語の *thing* の一変種であり(LexMa III 1986: 1058 および BMZ I: 332ff. 参照)、一方の *gudea* は「闘争」(Schützeichel 1974)という意味だ。この2つの語が、『ヒルデブラントの歌』で具体的になにを意味しているのかには、議論の余地がある。どちらの語も、「闘争の会話」だとか「挑発の会話」、「ことばによる競い合い」というよりも、肉体的な争いを表しているように思えるからだ。

その一方で、さらに別の資料にあたってみると、肉体的な争いよりも言葉による決闘を表しており、したがって、会話種の名称とみなせる語もある。たとえば、『ニーベルンゲンの歌』の第7章には、ブリュンヒルトとグンテルの戦いに関連して、*gelfe* という表現がみられる。

> Die zît wart disen recken, in gelfe vil gedreut. そのうちに戦士たちは、戦いのまえの会話(gelfe)で思い上がり興奮した。
> (H. Brackert [Hrsg.]: *Das Nibelungenlied* [...], 430, 1)

『ローランの歌』でも、「異教徒」が戦いのまえにした大言壮語を、"ir gelph ist inoch so groz"(戦闘の叫び声［gelph］がいまだに激しい［5241行目］)とローランが表現する場面で、*gelph* という語が使われている。この *gelfe* も *gelph* も、古高および中高ドイツ語における会話種の名称といえる。つまり、前線でおたがいに大言壮語する、という会話種を。いくつかのより古い時代のゲルマン語には、こうした儀礼化した闘争形式のための会話種の

名称があった。たとえば、古アイスランドの *senna*(「言い争い」Gering 1903: 902 参照)や古ノルド語の *mannjafnaðr*(「男の競い合い」)および *hvöt*(LexMa Bd. VIII 1997: 240 および Bax 1983: 9 参照)、さらには、現代英語の *yell* や *yelp* として残っている古英語の *gylp* と同様の、*gylpcwide* および *gylpspraec* などがそうだ(Fritz 1994: 552 は『ベオウルフ(*Beowulf*)』981 行目にみられる例を紹介している)。古高および中高ドイツ語の辞書をつかえば、Peter von Polenz が提案した方法も可能になる。古高ドイツ語の *gelp* は「虚飾」、*gel(p)fheit* は「尊大」(Schützeichel 1974: 67)という意味、中高ドイツ語の *gëlf* および *gëlpf* は「大言壮語、思い上がり、嘲り、侮蔑」という意味で、行為を表す名称としてこれらの会話種における発語内行為の目的を示唆している。同様に、動詞の *gëlfen* および *gëlpfen* は、「自らについて大言壮語する、叫ぶ、誇示する」(Lexer 1979: 58 および BMZ I 1854: 518f.)という意味だ。

　動詞 *gelfen* は、今日の標準語ではもう使われていない。すでにアーデルングが自らの辞書において、類語の *gälfern* の箇所で、*gelfen* という形式はもう上部ドイツ方言とニーダーザクセン方言でしか使われていない、と述べている(Adelung Bd. 1 1793: 391)——しかも、それもかつてとは別の意味でだ。アーデルングによれば、その語は、「叫ぶことで不快な音をたてること」という意味で使われていた。グリム兄弟の『ドイツ語辞典』では、*gelfen* の項目に「フランケン地方でのみ、いまだに使用されており(…)叫ぶ、泣きわめく、ののしるの意。(…)かつては、とりわけ、敵にたいして反抗的に自らを誇示するの意」(DWb 5: Sp. 3013f.)とある。こうした会話における「誇示するための発話」の機能が判明したことから、さらに歴史会話研究をすすめて、さまざまな異なる「言い争い」の種類の、現代にいたるまでの歴史的展開と発展を明らかにすることもできるだろう。とりわけ、第 1 章 2 節でしめした、現代のプロ・ボクサーが試合前におこなう「ことばによる決闘」や、好戦的な若者たちの「ことばによる決闘」にいたる道筋を(Fritz 1994: 552 参照)。

　『ヒルデブラントの歌』における歴史上の会話種の分類や、比較可能な会

話サンプルのコーパスにもとづく会話種の再構築は、ここで紹介したアプローチをおこなうことで、学問的に追試可能な方法となる。ただし、上述のように、1つのアプローチ方法だけではなく、異なる複数のアプローチ方法にもとづいて歴史上の会話サンプルを分類する必要がある。発話行為論や会話布置、語彙および意味論といった視点からも考察し、第3章2節で紹介したように会話サンプルの言語構造についても分析することで、この分類を補完するべきだ。また、次章で紹介するように、考察対象となるの会話種がつくられた時代の人々の規範意識を考慮しつつ、会話サンプルを社会言語学的にも解釈すべきだろう。

**参考文献**

Kästner 1978: 64ff.、Franke 1986、Neuendorff 1986、Gutenberg 1989、Hundsnurscher 1989、Hundsnurscher 1994、Adamzik 2000a、Adamzik 2000b、Adamzik 2001、Sager 2001。

課題11　小説やマンガ、映画などから、「助言（相談）」が描かれた会話のサンプルを見つけ、サンプルを分類する練習をしましょう。
　　　　a）主導権をとる発話行為にもとづく分類
　　　　b）会話布置にもとづく分類
　　　　c）（もしサンプル内で言及されていれば）言語行為の名称にもとづく分類

課題12　そうした会話では、助言を求めている人物がおかれたネガティブな状況が助言をつうじてポジティブな状況へと移り変わっていきます。Schank は、こうした「助言」という行為の流れを以下のようにまとめています。

・助言を求めている人物が問題に言及する。

・助言者が、助言を求めている人物の人柄やおかれている状況を理解する。

・助言探し：助言を求めている人物にとっての指針を両者が探す。

・（助言を求めている人物が受け入れるという行為をとることで）助言

が受け入れ可能か確認する。

（Brinker/Sager 1996: 107）

　この指摘を参考にしながら、課題 11 で見つけた会話の抽象的な流れをまとめてみましょう。もし、Schank が指摘した流れと相違があれば、その理由について考えてみましょう。

# 第 5 章
## 会話の歴史社会言語学：
## 歴史上の言語共同体における
## 会話の規範を再構築するには？

　これまでの章で紹介してきたアプローチ方法とならぶ歴史会話研究の第 3 の研究方針として、社会言語学的なアプローチ方法がある。「社会言語学的な」方法と呼ぶのは、このアプローチ方法にふくめることができるさまざまな研究では、会話をめぐる語史を、まずは、会話をめぐる文化史や社会史、思想史、メンタリティ史としてあつかっているからだ。そして、そのうえで、それらの枠内でせまい意味での会話の構造や会話における語用論的な機能をあつかっている。つまり、社会言語学的な歴史会話研究では、そのほかのアプローチ方法と同様に、会話的な言語行動が社会的な行動とみなされているのだが、会話的な行為の形式や機能よりも、むしろ行為の条件が、そして、言語行動に反映された人々の慣習や「生活形式」（ヴィトゲンシュタイン）が重視されており、そのことが研究対象の選定にも影響している。言語学的な会話分析にちかいアプローチ方法では、まずは歴史上の会話サンプルの言語構造を再構築しようとし、権威ある発話行為論にもとづく会話文法に発想をえた語用論の次元でのアプローチ方法では、歴史上の会話種を語用論的に再構築しようとする。それにたいして、とりわけ、メンタリティ史的な社会言語学的会話研究では、あらゆる会話領域のあらゆる会話タイプに注目している。

## 1.　メンタリティ史

　会話種や会話タイプを社会言語学的に再構築しようとする研究では、たい

ていの場合、基本的に、後世に伝わった会話サンプルの詳細な言語構造の調査や、せまい意味での語用論的な調査はおこなわれていない。関心の中心にあるのは、ターンや聞き手のシグナル、主導権をとるターンや反応としてのターンなどといった具体的な発話行為ではなく、その当時の人々が言語構造や語用論的な手段の条件や機能についてどのような考え方や感じ方をしていたか、そして——とりわけ——どのような理想や規範意識をもっていたかだ。これらの研究では、「そもそもどのようだったか」（レオポルト・フォン・ランケ）はあまり重視されておらず、むしろ、その時代において多かれ少なかれ指導的な立場にあった人物にとって「どのようであるべきだったか」に重点がおかれている。たとえば、言語文化をあつかった Angelika Linke の『19世紀のメンタリティ史（*Mentalitätsgeschichte des 19. Jahrhunderts*）』は、このアプローチ方法の指針となる研究書だが、そこで彼女は以下のように述べている。

> いずれにせよ、私の研究に関していえば、実際の言語使用についての問いは、テーマ的にも体系的にも二次的な問題である。むしろ、マナー本において焦点をあてられた「言語使用のための規範」や、なにが正しく、行儀良く、ていねいで、上品だとされていたのか、どのような言語マナーが当時の人々に良い——市民的な——しつけだと考えられていたのかを明らかにすることが、19世紀の市民的な言語文化をあつかう私の研究にとって、はるかに重要な問題である。　　　（Linke 1996: 36）

17世紀および18世紀の『初期近代におけるポライトネス（*Frühmoderne Höflichkeit*）』をあつかった Manfred Beetz にも、同様の主張がみられる。

> この調査では、コミュニケーション規範や社会倫理をあつかった論考にもとづきながら、バロック時代の社会で実際におこなわれたであろう相互行為にアプローチする——つまり、そうした相互行為を方向づけていた規範をあつかう。そのさい注目するのは、実際におこなわれた歴史上

のやりとりそのものではなく、そうしたやりとりの基準や規則である。
（Beetz 1990: 7）

　Linke の著作でも Beetz の著作でも、社会言語学的な歴史会話研究の視点から会話をめぐるメンタリティ史を考察することに、その大部分がさかれている。とくに重点がおかれているのは、17世紀から19世紀にかけての貴族や（富裕な）市民、知識人の共同体における「お世辞（Complimentieren）」や「会話遊戯（Gesprächspiel）」、「歓談」などの実務をはなれた遊戯的な会話をめぐるメンタリティ史や、社交上の文通などだ（Strosetzki 1978、Schmölders 1986、Göttert 1988、Beetz 1990、Fauser 1991、Burke 1993、Ehler 1996、Linke 1996: 132ff、Lerchner 1998、Schumacher 2001、Vellusig 2002 ほか参照）。こうした研究対象が選ばれているのは、なによりも、会話における言語について考察した結果をこれらの共同体が（日記や手紙などの）文書として書き記しており、それらが二次文献として利用できるからだ。それに加えて、マナー本やしきたり本（Sittenbücher）、手紙教本などの規範を記した二次資料がこれらの共同体の（成長過程にある）一員のために書かれているため、1つの共同体を例にとって、日記によって後世に伝わった思考や感覚とマナー本によって後世に伝わった規範に関する願望や知識との違いを調査することもできる。こうした調査では、会話サンプルがとりあげられることはまれだとはいえ、個々の会話サンプルによっても、理想や規範にかかわる慣習が伝えられ、明確にされている。たとえば、ヤーコプ・ミヒャエル・ラインホルト・レンツの喜劇『家庭教師』では、ヴェアムート伯爵が入室したさいに、家庭教師のロイファーが少佐夫人と「自己紹介のための会話」をおこなっている。ロイファーは、自分も会話に加われると思いこみ、身分にふさわしくない行動をとってしまう。ヴェアムートが現れるまではロイファーに *Sie*（あなた）で呼びかけていた少佐夫人は、目下の者に呼びかけるさいの三人称単数形 *Er*（おまえ）で呼びかけて、ロイファーに規範を教える。

　少佐夫人：あらっ、おまえ（Er）ったら！　召使いが身分ある人々の会

話にまざるだなんて。おまえは、自分の部屋に下がっていなさい。だれがおまえに話しかけたというの？　　　　　　　　　　　（第1幕第3場）

　会話を社会言語学的に、とりわけメンタリティ史として再構築するさいの目標は、会話タイプおよび会話領域に関して、「ある共同体がいだく思考や感覚、願望の（…）すべて——認識や感情（情緒）、意志に関する気質のすべて」（Hermanns 1995: 76）を、そして会話をめぐるメンタリティを明らかにすることだ。

　メンタリティもまた、言語にたいする態度の気質である。したがって、メンタリティを知ることは、言語にたいする態度を明らかにするために有益であり、言語学的にメンタリティ史を研究することは、言語にたいする態度の変遷を説明することに貢献する。そして、言語にたいする態度からも（あるいは、まさにそこから）、逆に、その根底にあるメンタリティを推論することができる。　　　　　　　　　　（Hermanns 1995: 76）

　メンタリティが理想や思想にかかわるものであり、つねに社会的・文化的共同体に属する人々と結びついたものであるとするならば、メンタリティ史としての会話研究は、一貫して、文化史的なディスコース分析や会話をめぐる思想史、あるいは会話的な発話をめぐる社会史の研究とみなすことができる。しかしながら、この分野において、歴史学と同じ術語を用いて言語学的に歴史上の会話を研究しようという試みは、これまでのところ不首尾に終わっている。これに関しては、とくに、歴史学の分野でも「社会史」や「文化史」、「思想史」、「メンタリティ史」の定義が一様でないことも影響している。とはいえ、これらの違いは、以下のように、歴史会話研究においてどこに重点をおくかの違いとして明確化することができるだろう（Kilian 2002a: 156）。

　・社会史：外面的な、共同体全体との関わりの中で、言語共同体の一員

がたいてい意識していない会話における役割およびその利用
- 文化史：外面的な、各人や各話者集団が無意識におこなっている会話の形成および制度化
- メンタリティ史：内面的な、言語共同体の一員が意識していない会話にたいする態度、およびそれに関連する思考や感覚、願望、知識
- 思想史：内面的な、会話について意識されている理論やコンセプトについての理解

　会話をあつかう歴史社会言語学では、たしかにこの4つの観点をとりあげているが、これまでの研究では、おもにメンタリティ史が注目を集めてきた。つまり、内面的な、言語共同体の一員が意識していない会話にたいする態度、およびそれに関連する思考や感覚、願望、知識を再構築しようとする研究だ。

　会話タイプや会話領域における会話的なやりとりについての、思考や感覚、願望、知識を、これまでに紹介したアプローチ方法で経験的に分析することは、きわめて困難だ。かといって、過去の会話本や会話遊戯、歓談教育において見本とされた虚構の会話を数多くあつかっても、この「気質」に直接いたることはできない。そのためには、言語やコミュニケーションをテーマとした二次資料を可能なかぎり調査する必要がある。それにたいして、一次資料は、メンタリティ史として会話を研究する場合には、あまり重要ではない。というのも、ある話者集団がいだく思考や感覚、願望、知識というのは、会話サンプルの構造とも、慣習的な会話種の目的とも直接のつながりがないからだ。しかし、話者集団の一員がある会話サンプルの流れや、ある慣習的な会話種の構造についてどのような態度をしめしていたのかなどの、言語やコミュニケーションに関する発言を再構築できれば、「言語にたいする態度の気質」に近づくことができる。

　したがって、会話をめぐるメンタリティ史という意味で社会言語学的な会話の再構築は、一次資料が欠けており推測にもとづく歴史しか再構築できない場合にもおこなうことができる(Fritz 1994: 549)。そして、そのさいに

は、会話サンプルや会話種、会話タイプについての発言の痕跡を、ほとんど探偵のように追っていくことになる。

## 2. 会話をめぐるメンタリティ史の推測：
### 「党派間協議」を一例として

　たとえば、議会における「党派間協議(interfraktionelle Besprechung)」の歴史は、まったくもって独特だ。というのも、いっさいの議事録を公開しない、というのがこの会話種の根本的な特徴なのだ。そのため、ドイツ語共同体に属するほとんどの人が、一度も「党派間協議」を耳にしたことも目にしたこともない。つまり、議会に無関係である言語共同体の大多数が、議会におけるこの会話種については直接の知識をもっていないのだが、言語行為をあらわす表現などに、この会話種にたいする思考や感覚、願望があらわれている("hinter verschlossenen Türen auskungeln"［閉ざされた扉のおくで取引する］など)。その一方で、議会に所属している話者集団は、この会話種について直接の知識をもっている——そして、それは時に、まったく異なる思考や感覚、願望であったりする(たとえば、取引の結果を"gentlemen's agreement"［紳士協定］と呼んだりしている)。「党派間協議」をめぐる言語とメンタリティの歴史のなかでつくられてきた話し手の「気質」を再構築すれば、すくなくとも間接的に、こうした評価の違いを説明することができる。この点で、いくつかの指摘が必要だろう(Kilian 1997a: 203ff. および Mikolajewski 2002 参照)。

　会話種「党派間協議」がはじめて語彙として言及されたのは 1923 年で(Paul Herre 編『政治中辞典(*Politisches Handwörterbuch*)』)、1948 年になってようやくドイツ議会の議員規則にとり上げられた。より具体的には、1948 年 11 月 11 日に決議された議員規則の補足として。

> 6. 見解の一致にいたっていない点を解決するための党派間協議は、上記 1～5 の過程と平行しておこなわれる。　(Kilian 1997a: 204 より引用)

「党派間協議」は、ここでは、より大きなコミュニケーション「問題を解決すること」および「決定にいたること」のための会話と定義されている。非公的な「党派間協議」がおこなわれるのは、それまでの公的な「本会議における討論」や、専門委員会による（部分的に）公的な「議論」や「助言／審議」、「交渉」などで見解の一致にいたらなかった場合だ。

こうした機能をもった会話は、小さな非公的なグループのなかでは、これよりも約100年もまえから、もうドイツの議会に導入されており、そこではすでに不可欠なものとみなされていた。1848年にフランクフルトのパウロ教会［国民議会の会場となった教会］で最初の「クラブ」や「党派」がつくられたとき、「本会議における討論」で長々と話しあうのは非効率的だということが、すぐに明らかになった。カール・ビーダーマン議員は、このことを、言語をあつかった資料である『パウロ教会の思い出（*Erinnerungen aus der Paulskirche*）』(1849)において、以下のように述べている。

> 国民議会で重要な案件がもちだされるとき、いつも、その前の晩になって、ようやくそのことが気づかれるのだ。そして、たいていは、夜遅くまで、ロスマルクトからリープフラウエンベルクにかけて、あるいはその近隣の通りで議員たちが会って、あっちへこっちへと行きつ戻りつ、意見をぶつけあったり賛同しあったりする。そうやって、進むべき共通の路線を見つけたり、道のまんなかで駆け引きのために必要な方針転換をしたりする。これはつまり、翌日の戦いにむけて「戦いの計画を一緒にうちあわせる」、あるいは「和平のための予備会談をおこなう」ために、さまざまな党がおたがいに送った代表団なのだ。たしかに、このように相互に代表団を送るということは、原則として、立場の近い政党同士でしかおこなわれない。しかし、特別の場合には、敵対政党とも「交渉する」ことがある。とりわけ、はげしい論争が予想されている場合に、どのような戦い方をするのか、どのような武器をつかうのかなど、あらかじめ「うちあわせる」ために。こうすることで、おたがいに、この議会では名誉を傷つけるような武器がつかわれている、騎士道精神に

もとるやり方だなどと世間から非難されることを予防するのだ。
（Mikolajewski 2002: 48 より引用。強調は著者による）

　ビーダーマンがあげた会話は、ここではまだ、政治的な「決定にいたる」ための会話とはみなされていないが、「うちあわせる」とか「交渉する」ためのものという条件がつけられている。だから、議会制度上の（のちの民主主義的な）コミュニケーションの理想に反して、すくなくとも潜在的には、世間や他の議員の目から隠れて「決定にいたる」ための会話だったといえる。1848 年 8 月にはもう、パウロ教会で以下のような提案が否決されている。それは、各党で決定にいたったあと、「本会議における討論」の負担をへらすために、「共同で審議して合意にいたるため（…）2 人の代理人」をそれぞれの党派が送るという内容をふくんでいた（Kilian 1997a: 206 参照）。そのすぐ後、1855 年には *Kuhhandel*（雌牛売買／政治的取引）というドイツ語が使われている（DWb の *Weltpolitik*［世界政策］の項目）。このことばは、歴史上の会話を研究しようとする者に、「党派間協議」にたいする言語共同体の「気質」についての貴重な情報をあたえてくれる。これは、「政治的な申し合わせにたいする蔑称」（Ladendorf 1906。Kilian 1997a: 205 より引用）なのだ。ドイツにおける政治および言語の歴史のなかで、この *Kuhhandel* という名称だけでなく、さらに、*Tauschgeschäft*（取引）や *Kungelei*（裏取引）、*aushandeln*（交渉して決める）といった俗称が、「党派間協議」のやり方やその結果につけられるようになる。それらにたいし、議会においては、*Kompromiss*（妥協）や *do ut des*（ギブ・アンド・テイク）、*verhandeln*（折衝する）といった専門用語が使われている。ドイツ連邦共和国の成立直後に刊行された Lutz Mackensen の『新ドイツ語辞典』(1952)では、*do ut des* の項目に「贈り物は返礼の品を求めるの意（政治の原則）」と書かれている。また、*Kuhhandel* の項目には「政治的な利益を交渉して決めること。道徳的によくない取引」とあるが、その一方で、「党派間協議」の項目は、中立的に「複数の政党間でおこなわれるもの」とされているだけだ。その 50 年後に刊行された『大ドイツ語辞典』(³GWb)でも、同じような表現がみられる。

*do ut des*（ラテン語：あなたが与えるために私は与える）：1. 相互協定や交易にさいする古代ローマにおける権利の形式。2. 返礼やお返しが期待されていることを表す表現。（…）「*do ut des* の原則にしたがって行動することができないことが……明らかになった政治家は……成功できない運命にある」（『経済新聞』1990.12.14.: 6）

"Kuh｜han｜del" 男性名詞（俗語、軽蔑的）：「利益のためにこせこせと交渉して決めること」、「道徳的によくない取引」の意。「*Kuhhandel* によって、かつての FDP 党首マルティン・バンゲマンは、新たに選出された欧州議会における自由主義会派代表の座を確保した」（『シュピーゲル』第 29 号、1979: 16）

"in｜ter｜frak｜tio｜nell"（形容詞）：「党派間でおこなわれる」、「（すべての）党派に共通の」の意。「"interfraktionelle Vereinbarungen"（党派間協定）」、「"Mitglieder der interfraktionellen Arbeitsgruppe des Europaparlaments"（欧州議会超党派作業部会会員）」（『ザールブリュッケン新聞』1980.7.8.: 18）、なにかを *interfraktionell*（党派間で）交渉する。

　こうしたいくつかの用例がしめしているように、「党派間協議」に関するメンタリティ史を再構築することで、ドイツ語共同体には伝統的に相反する「気質」があったことを明らかにできる。議会において「決定にいたる」ために（ドイツ基本法にあるように）「各党が協力する」必要があるため、「党派間協議」は、実用性の観点からみれば、不可欠かつ効率的なものとみなされている。非公的な話し合いは民主主義の論理に反するという点は、そのさい大目にみられている。「党派間協議」ではそれぞれの代議士が独自に協議しながら問題の解決をはかるのではなく、それぞれの政党がイデオロギーの違いをこえて妥協点を探っているという点もまた同様だ。それにも関わらず、いずれの非民主主義的な点も、議会における会話種「本会議における討論」が公的におこなわれることで、民主主義的な形におさまると思われているようだ。それにたいして、理想としては、民主主義的な決定というものは公的な会話によっておこなわれなければならないのだから、「党派間協議」

は、"government by discussion"(議論による政府)というかつての自由主義的な(そして後には民主主義的な)コミュニケーションの理想に反していることになる。法学者カール・シュミットは、こうした「秘密活動」を論文「今日の議会主義の精神史的状況」(1923)のなかで厳しく批判している。彼はその後、独裁政治やナチズムに加担したため、1945年以降は彼自身が批判の的となっているが、理想の観点からおこなった彼の議会主義にたいする批判は、今日でも、「党派間協議」に関するメンタリティ史のなかに息づいている。

　このように、「党派間協議」をめぐる「推測にもとづく歴史」を概観することで、会話の発展史を通時的に研究するさいにどのような課題があるのかが明らかになった(第6章参照)。さらに、応用言語学としての歴史会話研究が、ドイツ語学というよりせまい分野をこえて、ほかの学問分野にも貢献できることも明らかになった。「党派間協議」の場合、歴史会話研究は、ドイツにおける議会主義に関する思想史や政治史に、語史の側面から貢献できる。メンタリティ史の枠内だけでは調査が不十分な場合には、むろん、歴史会話研究の視点から、さらに語用論的な調査をおこなう必要がある(たとえば、政治的会話としておこなわれるコミュニケーション行為としての「党派間協議」がもつ機能を調べたり、あるいは、メモ書きによる議事録にみられる言語行為をあらわす表現を調べることもできる)。さらに、可能な場合にかぎってだが、メモ書きによる議事録にみられる発言などにもとづいて、言語構造の調査をおこなう必要がある(そうすることで、会話の感興や会話布置に関する情報を知ることができる)。

　しかし、言語構造や語用論の次元での歴史会話研究とは違い、社会言語学の次元での歴史会話研究には、とりわけメンタリティ史にかかわる問題をあつかう場合には、せまい意味での言語学的な出発点(話しことばの音声学的な構造や談話辞、発話行為のシークエンス、言語行動をあらわす表現など)が具体的に存在しているわけではない。社会言語学の次元での歴史会話研究があつかう対象となるのは、むしろ、メタ言語的なレベルにあるもので——「精神的に」だけ存在しているということもできる——直接、観察すること

ができない。そのため、これらの研究対象は、まずは言語学的にアプローチできるよう具体化されなくてはならないのだ。方法論に関していえば、言語構造をあつかう歴史会話研究は会話分析の方法論を用い、語用論的な歴史会話研究では会話文法の方法論が用いられているのにたいし、これまでの社会言語学的な歴史会話研究においては、アプローチの仕方について理路整然とした方法論は確立していない。そのため、この分野における研究は、方法論的にきわめて多様だ。そうしたなかで、「精神的な」研究対象ごとに分析レベルを区分し、資料の構成を分析して分析範囲を定める、という方法が多くの成果をあげてきた。

## 3. 分析レベル：「原則」、「会話の公理」、「慣習」

　分析レベルとしては、客観的に（会話にあわせて）以下のような出発点を設けることができるだろう。つまり、明らかにしようとするのが、「原則（Basisregel）」なのか「会話の公理」なのか、それともそれぞれの言語における「慣習（Konvention）」なのか。しかし、この3つは明確に区分できるものではなく、会話的なコミュニケーションのための規則という同一の基準上にある3分野にすぎない。つまり、普遍的・汎時的な「原則」から文化的・歴史的に特殊化した「会話の公理」へ、そして、時代や話者集団ごとに異なるそれぞれの言語における「慣習」へと連なっているのだ。

　これらの出発点は、それぞれが規範をしめしているという意味において、おたがいに結びつきあっている。より正確には、「理想的規範（Idealnorm）」か「習慣的規範（Gebrauchsnorm）」をしめすことでつながっている。「原則」と「会話の公理」、「慣習」（さらには慣習化された規則）は、この2つの次元で記述することができる。つまり、それらが、ある個別言語を話す具体的な話者集団にとって、理想とされる共時的な「規範」であり、従うべき規則（「理想的規範」）なのか、あるいは、実際の言語を用いたやりとりのなかで用いられる「規範」であり、ふだん従っている規則（「習慣的規範」）なのか、というように。

「理想的規範」は、社会秩序や、社会コミュニケーション実践の場において、言語使用に関する要求をおこなっている。そのさい、さしあたっては、その理想が実用的なのかとか、実現可能なのかは問題にされない。(…)したがって、「理想的規範」と「習慣的規範」との違いは、「理想的規範」があらゆる支配形式や社会秩序のかなたの真空空間に座を占めている、という点にあるのではない。その違いはむしろ、「理想的規範」が密接に特定の思想と結びついており、かつ、社会的に定着していない(存在してもいないし、確立してもいない)という点にある。「理想的規範」は、なにしろ、理路整然とした規則体系を構築するものではなく、「会話の公理」やコミュニケーション的な社会行動にたいする要求、社会的な方向づけが混ぜ合わさったものなのだ。

(Kilian 1997a: 101f.)

　調査のためのこの2つの視点——「理想的規範」と「習慣的規範」——もまた、厳密に区別することはできない。というのも、歴史上の具体的な話者集団にとって「ふつうのこと」(「習慣的規範」)は、資料においてはめったに考察の対象になっておらず、多くの場合、文章の形で後世に伝わった「理想」をもとに再構築するしかないからだ。その一方で、「理想的」とされることは、たしかに、言語をあつかったメタ言語的な資料で「ふつうのこと」よりは多く言及されているが、「理想」そのものの多くは、一次資料における「ふつうのこと」にもとづいてのみ、後世に伝わっている。いずれにしても、ドイツ語による会話の歴史の流れのなかで慣習化した規則や「会話の公理」は、いずれも、会話規範(「理想的規範」と「習慣的規範」)の歴史として記述される。

　たとえば、第1章3節であげた規則「ほおばったまま話すな」を思い出してほしい。この規則は、異なる言語圏で何世紀にもわたる長い伝統をもっている。このことから、この規則は、それぞれの時代や言語共同体ごとにさまざまな「慣習」や「理想的規範」としての形をとった「原則」である、ということができるだろう。その一方で、食事中に話をすることについては、

言語の実践において、バリエーションごとの、あるいは話者集団ごとの（文化や時代ごとに異なる）「習慣的規範」に左右される。いずれにせよ、（すこしだけ）ほおばったまま話すことは、多くの場合、比較的ゆるされており、粗相とはみなされていないようだ。たとえば、ジェームス・ジョイスの『ユリシーズ（*Ulysses*）』(1922)には、以下のような場面がある。

> ある別の若者が彼に、ほおばったまま話しかけた。気性の似た聞き手。テーブル・トーク。ほいつに昼、アルフター銀行で会っはんだ。え？君、本当かい？　　　　　　　　　　(J. Joyce: *Ulysses*, Frankfurt/M. 1996: 231)

## 3.1. 「原則」

　「原則」は、個々の言語や語史、言語文化によって変化する「会話の公理」や「慣習」からは、比較的、独立している。これは、会話によるコミュニケーションそのものが成立するためのもので、たとえば、話し手／書き手が会話によるコミュニケーションをおこなう場合であれば、話し手／書き手の交替をみとめることや、すくなくとも1回は話し手／書き手の交替をおこなうことなどが、この「原則」にあたる。そのほか、会話によるコミュニケーションを成立させるための前提となっている「原則」としては、会話の参加者が同意した言語を使用することや、相手に聞こえるくらいの声で話すこと、読みとれる文字で書くことなどがある。いわば、話し手／書き手にとって「原則」は、会話的な行動や態度の普遍的な気質なのだ。

　それにたいして「規範」は、「習慣的規範」であれ「理想的規範」であれ、基本的には、慣習的な、時代や文化ごとに異なる行為や態度のあり方に左右される。そして、言語ごとの会話タイプや会話領域の枠内で定められた会話種の影響を、比較的うけている。しかしながら、少なくない数の「規範」が、前述のような「原則」から生まれており、間接的には、いまだに「原則」と結びついている。これらの「規範」は、たしかに言語ごとに慣習化しており、時代や場所ごとの文化遺産と結びついているが、とはいえ、そ

れぞれの言語や文化の境界をこえて広がっており、古代から今日にいたるまで、言語や文化をこえて注意をはらわれている。たとえば、「相手の話をさえぎるな」という「理想的規範」は、すくなくとも「ヨーロッパ的な会話の理論」(Schmölders 1986 および Göttert 1988)においては時代を問わず有効とみなされているし、「ほおばったまま話すな」という「理想的規範」は、すくなくとも「西洋における世俗の上層階級」(Elias 1989)という話者集団においては何世紀にもわたる伝統をもっている。たしかに、「原則」を、普遍的・汎時的で人間がコミュニケーションをとるさいに不可欠なもの、という狭い意味でとらえた場合、「規範」は「原則」にふくまれない。しかし、相手の話を絶え間なくさえぎったり、つねにほおばったまま話したりすれば、そもそも、会話によるコミュニケーションが成立しないのだから、より広い意味で「原則」をとらえた場合、「規範」も「原則」にふくむことができるだろう。

　「話すことの民族誌」(Hymes 1979)で歴史をあつかう場合、あるいは会話の歴史を通じて「言語学的な人類学」(Fritz Hermanns)の研究をおこなう場合、つまり、文化間の差異に注目して歴史会話研究をおこなう場合には、「言語にたいする態度の気質」としての「原則」を明らかにすることが、大きな関心の対象となる。つまり、時代や言語、話者集団に左右されないものとしての「原則」を明らかにすることが。「原則」が明らかになれば、人間がコミュニケーションをとるための土台がどのようなものなのか、そして、それがどのように発展し、伝統になったのかを解明するきっかけを手に入れることができるからだ。また、「原則」が文化や言語ごとにどのような形をとっているのかが分かれば、「原則」がそれぞれの言語共同体のなかでどのように展開していったのかを、知るきっかけにもなる。基本的に、「理想的規範」は、「原則」が文化や時代、言語ごとに特別な形をとったもの、とみなすことができる。だから、逆に、異なる時代や文化における「理想的規範」を再構築し比較することで、その土台となっている「原則」を明らかにすることも可能だ。

　会話の「原則」としては、「規範」のほかにも、「会話参加者の視点が相互

的であること」［会話相手の視点で考えること］という原理がある(Goffman 1986: 128 および Henne/Rehbock 2001: 8f., 195f. 参照)。これはつまり、会話——対面会話あるいは文通——に参加している者は誰でも、自らの個性(自らの視点)の一部を開放し、会話相手に合わせるという意味で、これは言語に関しても、テーマに関しても、さらには人間性に関してもいえることだ。会話の開始部(挨拶など)や終結部(別れの挨拶など)では、相手に合わせるというこの「原則」の、始まりと終わりがしめされる——それがどのような形で実現するのかは、またしても、それぞれの言語における慣習的な「理想的規範」と「習慣的規範」に左右される。話し手1は、会話の文脈のなかで、挨拶をすることで「視点の受け継ぎ」(Beetz 1990: 156)を提案する。話し手1によるこの主導権をとるターンにつづく反応としてのターンにおいて、話し手2は、彼自身もまた「視点の受け継ぎ」の用意ができていることをしめす——そうすることで、会話を始めることができる。

　この「原則」特有の機能として、会話を持続させるために、視点が相互的であることを両者にとって理想化するという働きがあり、その結果、会話の参加者どうしの関係が確立し、ポライトネスが維持される。ポライトネスを実行するためには、会話の参加者は誰でも、都合のよいときだけ会話相手の視点を受けいれ、コミュニケーションにおける行動やふるまいを相手の期待に合わせる、というわけにはいかない。可能であればいつでも、へりくだり、相手をもちあげる必要がある。というのも、会話の参加者は、会話相手の期待や会話の流れを受けいれ、それにもとづいて行動をとることで、(すくなくとも表向きは)自分の考えではなく、会話相手の考えにしたがって会話をすすめているからだ。「喜ぶ人と共に喜び、泣く者と共に泣きなさい」と、パウロによる「ローマの信徒への手紙」(12章15節)にあるし、またアドルフ・クニッゲ［マナー本で知られる18世紀ドイツの作家］も、来客との「テーブル・トーク」に関連して、「視点が相互的であること」というこの「原則」を以下のように述べている。

　　したがって、以下の技術を学ぶ必要がある。来客とは彼らが聞きたがる

ことしか話さないこと、また、より大きなサークルにおいては、誰もが参加したくなり、しかも誰もが好意的な評価を得られるような会話しかおこなわないこと。

(A. Knigge: *Über den Umgang mit Menschen* [³1790]. Hrsg. von G. Ueding [...], 3. Aufl. Frankfurt/M. 1982: 238ff.)

ポライトネスのために「視点の受け継ぎ」をおこなうというこの「原則」に、人類学的な理由を探すとすれば、人は「社会的調和」(Beetz 1990: 178) を——そして、自分にとっての快適さを——求めているため、ということができるだろう。「人にしてもらいたいと思うことを、人にもしなさい」と、「ルカによる福音書」(6章31節)の「黄金律」が述べているように。もっとも、この「原則」もまた、「慣習」のレベル(以下参照)においては、時代や文化ごとに制約をうけている。たとえば、17世紀から18世紀にはポライトネスやお世辞、マナーに関する冊子や書籍が出版されているが、こうした文献であつかわれているポライトネスは、「理想的規範」としての「慣習」であり、もっぱら、対等な身分の人どうしがおこなう会話以外の行為と結びついていない会話、という会話布置が想定されている。

過去におこなわれた会話の世界を社会言語学的に再構築するさい、「ポライトネス」という概念は、多くの場合、Penelope Brown と Stephen Levinson のモデル(1978。改訂版1987)に関連づけながら定義されている(このモデルについては、Fraser 2001 参照)。簡単にまとめると、ポライトネスとは、話し手／書き手が会話相手の願望を予想し、それに合わせてふるまい、そうすることで相手の面子(Gesicht)(「フェイス」)を保とうとすることだ。この「フェイス」という概念は、Erving Goffman のコミュニケーション社会学から生まれたもので、"sein Gesicht wahren"(面目を保つ)や "sein Gesicht verlieren"(面目を失う)、"sein wahres Gesicht zeigen"(本性をあらわす)などといったドイツ語の慣用表現における "Gesicht" と基本的には同じ意味と思ってよい。Harald Weinrich は、ポライトネスをちょうど以下のように定義している。

ポライトネスは、間接的にほかの人びとの長所をしめしたり、相手が長所をしめされたくないかもしれないときには、相手をいたわったりするために、人びとが通常の交際のなかでおこなっている言語的あるいは非言語的な行動である。　　　　　　　　　　　　　　（Weinrich 1986: 24）

「視点が相互的であること」という「原則」や「視点の受け継ぎ」は、この「ポライトネス」という普遍的な原理にしたがっているように思える（Brown/Levinson 1987 のタイトル『ポライトネス―言語使用における、ある普遍現象（*Politeness: Some universals in language usage*）』も参照してほしい）。そして、すでに述べたように、この「原則」や「ポライトネス」の原理が、各言語や時代、文化の影響をうけて形を変えたものは、話者集団特有の「規範」として維持されている（Fraser 2001: 1409）。

　歴史会話研究の一環として「原則」を分析することは、基本的に、文化や民族誌を比較しながら歴史会話研究をおこなうということだ。そのため、コーパスをつくることだけでも、非常に多くの労力が必要とされる。というのも、会話の「原則」を経験的に知ろうと思えば、まずは、さまざまな話者集団から同様の会話サンプルを集め、大規模なコーパスをつくらないといけないからだ。それから、ようやく、特定の会話種や会話タイプにたいするこれらの話者集団の「気質」を調査することが可能になる。このように「原則」を経験的に調査する場合、労力のわりには研究成果があがらない、ということをあらかじめ理解しておく必要がある。さらに、「特定の行為の原型や、ふるまいの構造から、その根底にある主導的な考えや気質を推論することは（…）きわめて困難である」（Linke 1996: 33。Schlieben-Lange 1983b: 115ff. 参照）。そのため、通例では、「理想的規範」についてあつかった資料の研究がおこなわれている。そのほかのレベル（「会話の公理」および「慣習」）における分析にさいしては、近年では「私的な書きことばのテクスト」（日記や手紙など。Linke 1996: 38ff. 参照）に注目が集まりつつあるが、「原則」を明らかにしようとする研究では、その大部分が、著名な作家集団（詩人、哲学者、神学者、学者など）が言及した言語に関する「理想的規範」が

頼りにされている。そのため、これまでは、とりわけヨーロッパの言語が話されている地域においては、古代のものから現代のものまで、言語に関する「理想的規範」をあつかった資料の収集がおこなわれてきた（Schmölders 1986 参照）。さまざまな言語圏や時代から集められた「理想的規範」が一致していれば、そこから広い意味での「原則」を推論することができ、また、その「原則」を、会話をめぐる文化史や社会史、思想史、メンタリティ史の基礎におくことができる。その他にも、分析の範囲を定める必要がある。この範囲が定まっていれば、コーパス作成時の指標となるし、コーパスが概観しやすくなる。たとえば、言語に関する「理想的規範」をあつかった資料のうち、特定の話者集団やテーマ、コミュニケーション行為、ふるまいのあり方に関する——広い意味での——普遍的・汎時的「原則」をあつかった資料のみを集める、という方法がありうる。

## 3.2. 「会話の公理」

「原則」と密接に結びつきつつも、普遍的・汎時的に有効なふるまいの「原則」から、言語に関する歴史的・文化的な「慣習」にやや近づいたものが、一般的なコミュニケーションの原理、なかでもいわゆる「会話の公理」だ（Fritz 1994: 556f. 参照）。言語哲学者 H. Paul Grice によれば、あらゆる会話的なコミュニケーションの根底には、「協調の原理」がある。Grice は、インマヌエル・カントの「定言命法」（Grice 1979: 248ff.）との関連から、この「協調の原理」を以下のように説明している。

　　自分が関わっている会話で受け入れられている目的や方向性が求めていることに従って、会話に参加せよ。

さらに、Grice は、「協調の原理」にしたがう4つの「会話の公理」について、以下のように説明している。

1. 量の公理：(会話の目的にとって)必要とされるだけの情報を会話相手に伝えよ。
     必要とされる以上の情報を会話相手に伝えるな。
  2. 質の公理：本当のことを相手に伝えるよう努めよ。
     十分な根拠のないことは言うな。
     間違っていると思うことは言うな。
  3. 関連性の公理：関連したことを述べよ。
  4. 様式の公理：明瞭であれ。
     不明瞭な表現を避けよ。
     多義的なことばを避けよ。
     簡潔であれ。
     順序にしたがえ。

「協調の原理」はまだ「原則」とみなすことができるだろうが、「会話の公理」を「原則」とみなせるかどうかには異論がある。というのも、これらの公理は、たしかに、言語の歴史における特定の時代にかぎってみられるものではないが、その一方で、「ヨーロッパ的な会話の理論」(Göttert)の枠内で形作られた、この文化特有のものであることを否定できないからだ。とくに様式の公理は、文化特有の文体理想をしめしている——ヨーハン・クリストフ・アーデルングの『ドイツ語の文体について(*Ueber den Deutschen Styl*)』(1785)では、「すべての不明瞭さや回りくどさをさけること」が「口頭で上手に会話をおこなうこと」につながると、Griceとほぼ同一の主張がおこなわれている(J. Chr. Adelung: *Ueber den Deutschen Styl*, Bd. 2 1785: 320ff.)。

「原則」と同様に、「会話の公理」もまた、歴史会話研究の視点からアプローチする場合、なによりも、その時代的・文化的特殊性を確認することに関心が集まっている。ここでもまた、まずは、「会話の公理」が言語ごとに特別な形をとったものを——ならびに、歴史上の「仕様規則」(Fritz 1994: 556)を——調査する段階から、研究がはじまる。その後、それらの形式を、同じ言語のちがう時代の形式と比較するか、あるいは／それに加えて、同じ

時代のちがう言語の形式と比較することになる。

　たとえば、質の公理（「本当のことを相手に伝えるよう努めよ」）は、会話によるコミュニケーションに関する「理想的規範」とみなすことができる。いずれにせよ、これは、せまい意味での「原則」ではない。というのも、なにが「本当のこと」なのかは、時代や文化ごとに異なっているからだ。そのうえ、この質の公理を軽視すること、つまり、本当ではないことを発言するという行為によっても、コミュニケーションを成立させることができる。たとえば、厳密にいえば「本当のこと」を「伝え」ようとまったくしていない──したがって、プラトンからウソつき呼ばわりされなかった［プラトンの『国家』第10巻参照］──著者による、虚構世界を描いたテクストのことを考えてもらいたい。あるいは、前節でふれた「ポライトネス」の原理のことを考えてもらいたい。この原理は、あらゆる日常会話に作用しているが、まさに、この原理にしたがって「本当のこと」が「伝え」られないということがおこる（「ていねいであろうとすると、ドイツ語でウソをつくことになる」［Goethe: *Faust II*, 2, 6771］ Beetz 1990: 136f. および Weinrich 1986: 23 参照）。

　もし話し手が意図的に質の公理に反し、また、聞き手にそれを気づかせようとしている場合、そこには会話における含意が生まれる。そして、その含意から、話し手はなにか別のことを考えているのだ、と聞き手は察しなくてはいけない（以下参照）。しかし、その話し手が質の公理への違反を聞き手に気づかせようとしない場合には、「ウソをついている」ともみなせる。会話における「ウソ」は、古い時代からさまざまな文化において、もっぱら非難されてきた。旧約聖書におけるモーセ五書［モーセが書いたとされる旧約聖書冒頭の5書］にも、十戒の1つとして「あなたの隣人に対し、偽りの証言をしてはならない」（「出エジプト記」［20章16節］）とあるほどで、このことは、ユダヤ教徒にもキリスト教徒にも共通の考え方だ。この戒めの意味を、ルターは『小教理問答書』（1529）のなかで、「隣人にたいしてウソをついてだましたり、裏切ったり、中傷したり、悪い評判をたてること」と説明している。この戒めは、同じモーセ五書の「レビ記」（19章11節）において、「あなたがたは盗んではならない。欺いてはならない。互に偽ってはならない」

と、ふたたび強調されている。そのうえ、「詩篇」（116 篇 11 節）には、"Omnis homo mendax"（すべての人間はウソつきである）という絶望的な評価さえくだされている。さらに、新約聖書においては、「ウソ」は、悪魔である父から出るとされ（「ヨハネによる福音書」8 章 44 節）、悪魔の国に追放されている。その一方で、オデュッセウスはウソをつき、そのおかげで報われている（Weinrich 2000: 70 参照）。ユーレク・ベッカーの小説『ほらふきヤーコプ（*Jakob der Lügner*）』（1969）の主人公ヤーコプは、ポーランドにあるユダヤ人ゲットーに希望をあたえ、人々の命を救うために（必要にせまられて）ウソをつく（Kilian 2004a 参照）。多くの言語において、話し手の便宜や都合のための「ウソ」とは別に、話し手が聞き手の便宜や都合のために選んだ、害がなく親切な「ウソ」を表す語彙があり、社会言語学的に容認されている（英語の *white lie* やドイツ語の *Notlüge* など）。それどころか、4 月 1 日には、はっきりと「ウソ」を用いた遊びがおこなわれており、また、迷信によれば、「ウソ」はいくつかのポジティヴな出来事をひきおこすとされている（植物を成長させるなど。HWbdA 5, 1933/2000: 1452 参照）。

したがって、もし、質の公理に関する文化史や社会史、思想史、メンタリティ史を包括して、この公理にたいする話者集団ごとの「気質」を社会言語学的に再構築しようとするならば、広い視野から研究にとりくむ必要があるだろう。たとえば、真実とウソのイメージについての哲学的、神学的、文学的な伝統や、さらには、真実にたいする法学的な「気質」（「偽証」など）、教育心理学的な「気質」（「ソクラテス式のアイロニー」など）、ごく日常的な「気質」（遠まわしな言い方など）を調べる必要があるだろう。その調査結果からは、真実とウソをめぐる、さまざまな、多かれ少なかれ文化や時代ごとに異なる「理想的規範」と「習慣的規範」が明らかになる。そして、それらの規範は、「会話の公理」が、会話の歴史のなかで「理想的規範」や「習慣的規範」の形をとって現れたものとみなすことができる。

公理を明らかに無視した場合、Grice によれば、典型的なケースでは、会話における含意が生じることになる。話し手が公理を明らかに無視することで、話し手は聞き手にたいして、その発言がどういう意味なのか、そして、

どういう意図から公理を無視したのかについて、暗に合図を送っている。たとえば、ハドゥブラントの場合であれば、ヒルデブラントの質問にたいして必要以上に詳細に答えているので、量の公理（「必要とされる以上の情報を会話相手に伝えるな」）を無視していることになる。そのため、彼の発言は、相手の期待以上に詳細に答えているというだけではなく、さらには、特定のコミュニケーション的機能もはたしている。Marcel Bax の説にしたがうならば、ヒルデブラントは、相手の返事が詳細すぎることから、ハドゥブラントが誰と話しているのか、その目的がなにかをちゃんと認識していることを暗に指摘し、公理の無視という緊張状態を解消している（第4章参照）。Brown/Levinson によれば、公理の違反がおこるおもな理由の1つに、ポライトネスを実現するためというものがある（たとえば「間違っていると思うことは言うな」という公理の違反）(Fraser 2001: 1409 参照)。それは、聞き手がちゃんと見抜けるようなものだったり、（必要にせまられての）ウソだったりする。Brown/Levinson は、実際のところ、Grice の「会話の公理」（およびその違反）にもとづいて上述の「ポライトネス」のモデルをつくっている(Fraser 2001: 1409 参照)。

　Grice によれば、聞き手は、話し手がほんとうはなにが言いたいのかを、以下の要素にもとづいて推理している。

- 使われた言葉がもつ慣習的な意味と言葉どうしの関連
- 「協調の原理」と公理
- その発言に関する言語的文脈およびその他の文脈
- その他の背景的知識
- 会話の参加者が（それまで会話に出てきたことについて）そうだと知っているか、あるいはそうだろうと受け入れている、という事実

(Grice 1979: 255)

　Grice 自身が暗示しているように、会話における含意は、個々の会話サンプルに限定されているが、それらから、会話種のレベルにおける**慣習的含意**

へと発展することもありえる(Grice 1979: 254f.)。原則として個々の会話サンプルに限定されている会話における含意が、どのようにして、ときには会話種ともなる、会話における特定の行為やふるまい方をしめす指標になってきたのか。「会話の公理」をあつかう分野のなかでも、この含意の移行過程については、歴史会話研究の視点からは、まだほとんど調査がおこなわれていない。たとえば、「教えるための会話」における「教員による質問」では、教員がすでに正解を知っており、生徒もそれを知っているのかを知りたいのだ、ということが慣習的含意となっている。また、生徒の「沈黙」は、ときには会話を拒絶している場合もあるだろうが、その生徒が答えを知らない、ということが慣習的含意となっている。しかし、それ以外のコミュニケーションの実践領域では、「沈黙」は、相手に賛同している、ということが慣習的含意になっている。

## 3.3.「慣習」

　共同体がもつ言語的な「気質」を再構築するためには、「慣習」についての記述を詳細に分析する必要がある。この「慣習」とは、会話的なコミュニケーションにおける言語的・非言語的な行動やふるまいに影響をあたえるもので、歴史的・文化的にさまざまなバリエーションがある。「慣習」というのは、慣習化された(「原則」や)規則および「会話の公理」のことで、つまりは、特定の話者集団がある特定の時代において、実現可能なすべての規則のなかから選びだし、従うべきだと考えた——まさに慣習化した——規則のまとまりを指す。こうした規則の慣習化は、「社会的調和」を生みだし、そこから特定の話者集団の内部に社会的な秩序をつくりだす。また、慣習化された規則は具体的な行為の目安になるので、共同体内の構造や人間関係を安定させる。

　特定の話者集団がもつ「理想的規範」や「習慣的規範」としての「慣習」も、基本的には抽象的な「原則」や「会話の公理」にもとづいている。そのことは、「挨拶」の例をみれば分かりやすいだろう。「原則」についての節で

すでに述べたように、挨拶という行為は、会話をおこなっているあいだ会話のための共通空間をつくりだすために、普遍的に用いられている。

> 当然のことながら、挨拶は、会話のさいに参加者が受けもつべき役割を明確にし、確定し、義務づけることに役立っている。その一方で、別れの挨拶は、その会合を明確に終わらせる。
> 　　　　　　　　　　　　（Goffman 1986: 48。Weinrich 1986: 10 参照）

会話を開始したり終結したりする具体的な形式は、すでに述べたように、時代や文化特有の、「理想的規範」や「習慣的規範」としての「仕様規則」（Fritz 1994: 556）に影響されている。そのため、会話の開始部の歴史は、各言語の慣習的な呼びかけや挨拶の形式の歴史とみなす必要があるし、同様に、会話の終結部の歴史は、各言語の慣習的な呼びかけや別れの挨拶の形式の歴史とみなす必要がある。たとえば、現代のドイツ語共同体においては、フェイス・トゥ・フェイスの会話において個人的に挨拶するさいの言語的・非言語的行動として、通常、あるていどの選択肢がある。たとえば、言語による挨拶行動としては、"(Guten)Morgen/Tag"（おはよう／こんにちは）や"Guten Abend/n'Abend"（こんばんは）、"Herr/Frau＋姓"（〜さん）、"Hallo Herr/Frau＋姓"（ハロー、〜さん）、"Hallo＋名"（ハロー、〜）、"Ich (be)grüße Sie/Dich"（歓迎いたします）、"(Sei[en Sie])herzlich willkommen"（ようこそ）、"Grüß Gott"（南ドイツでの挨拶）、"Mahlzeit"（食事時の挨拶）、"Moin"（北ドイツでの挨拶）などがある。さらに、非言語による挨拶行動にも、たとえば、親しい会話相手と（さまざまな回数）口や頬にキスをする、（相手の手に唇を触れるか、または触れずに）手にキスをする、（右手あるいは左手で、ハグをするかまたはハグをせずに、手袋をしたままかまたは手袋をとって）握手をする、（握手をするかまたは握手をせずに、キスをするかまたはキスをせずに、頬を寄せあうかまたは寄せあわずに）ハグをする、おじぎをする、といった選択肢がある。それにたいして、イヌがするようにおたがいの臭いをかぎあうという行動は、挨拶になりうるかもしれないが、人間にとっ

ては通常の挨拶ではないし、鼻をくっつけあうという行動は、ドイツ語共同体においては慣習化された選択肢ではない。

　「挨拶」のための通常の選択肢のなかから、現代のドイツ語共同体は、その他の話者集団とは異なる選択肢を選んできたわけだが、その選択からもまた、この話者集団に属する人びとがもつ「気質」を推理することができる。たとえば、現代の標準ドイツ語における挨拶の形式である"(Guten) Morgen/Tag"(おはよう／こんにちは)や"Guten Abend/n'Abend"(こんばんは)、"Herr/Frau＋姓"(〜さん)は、知人やそれほど親しくない友人が会話相手の場合には、社会的にも地域的にも無標の標準的な形式だ。また、非言語による標準的な形式は、簡単な握手だ。このように、社会的にも地域的にも無標の標準的な形式があることから、現代のドイツ語共同体は、挨拶や呼びかけによって社会的な立場の差異を言語によって明確にするのではなく、言語によって社会的な平等をつくりだすことを重視している、と指摘することができる。

　これにたいして、17世紀から18世紀初頭にかけては、言語による挨拶行為も非言語による挨拶行為も、社会的地位による束縛を受けていたので、社会的にも地域的にも有標なものだった。たとえば、ユリウス・ベルンハルト・フォン・ローァ［啓蒙主義時代のドイツの作家］は、1728年に著した『私人のための礼式研究入門(*Einleitung zur Ceremoniel-Wissenschaft Der Privat-Personen*)』のなかで、以下のように述べている。

　　（目上の）人が来られたときに敬称で呼びかけることは、たいへん重要である。相手と接するさいのことなので、最初にどう呼びかけるのかによって、相手の心のうちで我々の第一印象が決まってしまうからだ。この点を見誤り、最近の流行にそって、"Ihre hohe Exzellenz"(高貴なる閣下)と敬意をしめすべき大臣に対してただ"Ihro Excellenz"(閣下)と呼びかけてしまったり、あるいは、"Ihro Excellenz"と敬意をしめすべき身分の大臣夫人に"Ihro Gnaden"(閣下)と呼びかけてしまったりすれば、それだけで大変な粗相をしでかしたことになる。そして、その後でどん

な話をしようとも、けっして、自分にとって好都合になるように挽回することはできない。

(G. Frühsorge [Hrsg.], Leipzig 1990: 354 より引用)

また、若い「貴族」という話者集団のあいだでは、「古いドイツの礼式では、親しくない来客には右手だけを差し出し、それを相手がしっかりと握っていたが、今日のドイツでは、もう流行遅れである」(Frühsorge 1990: 360 より引用)とされている。ローァは、16世紀の作家を引用し、この「慣習」の変化を明確にしめしている。それによれば、握手は当時まだ、誠実さをしめすためのシンボル的なジェスチャーだったという。16世紀においては、「あたかも相手の皮膚病がうつるのを怖れているかのように、相手の手をちゃんと握らない人々」は、叱責されたそうだ。この場合には、歴史会話研究のための説得力のある二次文献として、図版資料がある。このローァの本の挿絵に使われている銅版画には、挨拶に関する礼式という「慣習」の変化が描かれているのだ——そして、身体的な近さについての「気質」の変化も。この絵の、左側の2紳士のうえには「古いドイツ人」、右の2紳士のうえには「今日のドイツ人」と書かれている(Frühsorge 1990のあとがき22頁も参照)。

このように、会話は多かれ少なかれ儀礼化された開始部を必要としている、という「原則」は維持されてきた。「会話の公理」も手つかずのままだ。変化しているのは、会話を始めるための挨拶という儀礼についての、時代や文化、話者集団、そしてバリエーション特有の「理想的規範」としての「慣習」だ。ローァが詳述した、(「最近の流行」にそった)非言語による挨拶行為についての「習慣的規範」の変化は、この話者集団の「気質」が変わったことを示唆している。それは、たとえば、自らの社会的役割だとか、会話相手との身体的な距離など会話における身体性についての「気質」だ。ちなみに、目上の人にたいして身体的に距離をおくという行為は、この時代、しばしば、外的な条件(引き裾や長い机など)によっても引き起こされた。そして、距離をせばめることが許されていたのは、ただ、より身分の高い者だけだった(Goffman 1986: 160 および Zakharine 2002: 297ff. ほか参照)。

**図5　1700年ごろの挨拶をめぐる近接学**
J. B. v. Rohr: *Einleitung zur Ceremoniel-Wissenschaft Der Privat-Personen*,
hrsg. u. komm. von G. Frühsorge, Leipzig 1990: Titelkupfer.

　普遍的な「原則」と「会話の公理」、そして時代や文化ごとに変化しうる「慣習」との関係は、この場合、次のようにまとめることができる(表7参照)。「原則」や「会話の公理」と違い、「慣習」は基本的に、数ある規則のなかからその「慣習」を選びだし標準的なものとした話者集団にのみ有効なものだ。だから、右手で握手をするという挨拶も、18世紀における若い貴族にとっては流行おくれとなったが別の話者集団には受け入れられ、結局は、ドイツ語共同体における標準的な形式になることができた(「武器を手に持っていないことの相互確認」としての握手の起源については、Röhrich 2: 592参照)。

表7 「原則」―「会話の公理」―「慣習」

「原則」――――

　会話的なコミュニケーションのために、開始および終結のための行為をつうじて、理想化された会話空間がつくられる。挨拶は、会話を開始するための行為の普遍的な形式である。

　　　　｜

「会話の公理」――――

　挨拶行為は、上位の公理「ていねいであれ」（Grice 1979: 250 参照）に従っている。会話の開始時に挨拶をおこなわない場合や、同じ会話空間でふたたび挨拶をおこなった場合には（教師が休み時間がおわった後で再び挨拶をする場合など）、会話における含意が生じる可能性がある。

　　　　｜

「慣習」――――――――――――――――――――――「理想的規範」

　17世紀および18世紀のドイツ語圏では、挨拶行為に関して身分に応じた「慣習」があり、それに即した「理想的規範」および「習慣的規範」の「仕様規則」が存在した。とりわけ、より身分の高い相手との交際にさいしては、挨拶において（ふさわしい）敬称で呼びかけることが必要とされており、たとえば、身分に応じて"Euer Excellenz"（閣下）や"Durchlaucht"（殿下）などと呼びかける必要があった（そして、そのさい、お辞儀をしたり、"Knicks"［ひざをかがめたお辞儀］をしたり、"Kratzfuß"［片足を引くお辞儀］をしたりした）。それにたいして、「ふつうの生活」では、"guten Morgen/Tag/Abend"（良い朝を／良い日を／良い晩を）と挨拶していた（Adelung Bd. 2 1796: 855）。「"guten Tag!"［良い日を］は、日中に誰かに出会ったさいにおこなう、通常の挨拶である」（Adelung Bd. 4 1801: 518）。「理想的規範」は、言語生活において、しばしば「習慣的規範」に順応させられる。この順応は、規範の変化が始まっていることの指標となりうる（たとえば、目上の貴族にたいする挨拶に、「ふつうの生活」における形式が混ぜられた例など。「私たちは（…）"Ewer Fürstlichen Durchleuchtigkeit"（侯爵殿下）にすばらしい"guten Morgen"（良い朝を）願っております」［Metcalf 1938: 58］）。――――――――――「習慣的規範」

## 4. 会話の歴史を分析するさいの対象範囲

　過去におこなわれた会話的なやりとりを社会言語学的に再構築するためには、言語構造に関するアプローチや語用論的なアプローチをおこなうさいとは、異なる対象を分析する必要がある。というのも、上述したように、会話文法や会話分析のためのカテゴリーは、そもそも汎時的で普遍的なカテゴリーとして定義されているからだ。それにたいして、社会言語学的にアプローチする場合には、時代や文化ごとに具体化したものが対象となる——それから、分析レベルにおける「原則」や「会話の公理」も。(Beetz 1990 における 17〜18 世紀や Linke 1996 における 19 世紀のように) 時代ごとに範囲を区切らない場合でも、関心の対象や分析する資料の選択をつうじて、すくなくとも、特定の話者集団やテーマ、コミュニケーション行為やふるまいの形式、あるいは、ディスコースや言語を用いたゲーム (これもまた、時代やテーマの影響を受けている) ごとに範囲が区切られている。こうして選択された範囲において、共時的または通時的な、あるいは会話の発展に関連づけた調査が可能になる。ときには、複数の調査対象を比較し関連づけることで共時的な概観をしめし、その調査結果を通時的に並べて考察することがある。通時的な観点をとりいれようとすると、しばしば、こうした「対照的な静止状態」を考察することが、歴史会話研究にとって唯一の選択肢となっている。とはいえ、この方法では、ダイナミックな発展の過程を把握することはほとんど不可能だ。なぜなら、共時的な調査の結果を多く並べたにしても、それらの間には常に、調査されなかったものが存在するからだ (第 6 章参照)。

### 4.1. 話者集団、制度、コミュニケーション実践領域

　過去の会話を社会言語学的に再構築するさい、調査範囲を決定するための最初の選択肢は、話者集団および制度によって調査対象を区切るという方法だ。たとえば、17 世紀および 18 世紀の「社交界」や「貴族社会」(Beetz

1990)、19 世紀の「市民階層」(Linke 1996)、19 世紀および 20 世紀の「議会」や「代議士」(Kilian 1997a: 94ff. および Burkhardt 2003)、初期近代の「裁判所」や「法律家」(たとえば、Mihm 1995 および Ramge 1999)などだ。もっとも、こうした区切りが、その他の基準による区切りと、必ずしも対応するわけではないし、その必要もない(たとえば、会話タイプごとの区切りなど。Kästner 1978 および Kilian 2002a では、「学校」という制度における会話タイプ「教えるための会話」があつかわれている)。

　制度や制度化されたコミュニケーション実践領域(裁判所や議会、学校など)は、その定義にしたがえば、固有の会話種を持っており、独自の会話領域として他の領域と区切ることができる。しかし、社会的、地域的、世代的特徴によって定義されている話者集団に関しては、こうした区切りはそう簡単ではない。社会言語学的な歴史会話研究のために、話者集団を区切る場合には、それらが特別な会話集団としての特徴をもっている必要がある——あるいは、そのような集団であると証明する必要がある。たとえば、19 世紀の「市民階層」は、あるていど均質な独自の「市民的」会話の歴史を再構築するには、一見、あまりに不均質なように思える。「市民階層」は、ふつう、言語の独自性とは無関係に、貴族および聖職者階級とならぶ(あるいはその下位にある)第三身分として定義されているからだ。とはいえ、この定義はそれぞれの身分がもつ文化的な所有物や文化的な価値によるものであり、言語はこの文化に影響をおよぼしている。詳細な調査をおこなえば、「市民的な言語使用がもつ文化記号論的な価値」(Linke 1996: 47)を発見することもできるだろうし、19 世紀の「市民階層」がもつ会話の「言語文化」(Linke)を明らかにすることもできるだろう(Linke 1988、Linke 1995、Linke 1996: 170ff. 参照)。市民的な言語使用においては、たとえば、(貴族的な)「お世辞」が(市民的な)「挨拶」になり、「歓談」も、(貴族的な)交際における「歓談」という意味から、教養市民的なサークルにおける会話という意味に変わっていった(たとえば、「おしゃべり(Plauderei)」については、Kilian 1999 および Kilian 2001b 参照)。さらには、「市民独自の」言語形式および会話形式もあった。たとえば、「社交的な会話における女性の役割」

や「幼年時の言語の原型」(Linke 1996) などだ。

　話者集団や制度、コミュニケーション実践領域によって調査範囲を区切る方法は、せまい意味で社会言語学的な範囲決定とみなすことができるだろう。ドイツ語共同体やそこに属する話者集団がおこなっている会話的なやりとりは時代ごとに変化しており、それを社会言語学的に再構築しドイツ語による会話の歴史を明らかにするには、まだまだ多くの研究がいる。しかし、いずれにしても、こうした会話の歴史を明らかにするためには、範囲の決定にさいして、社会言語学的な、間接的に変種言語学的なアプローチが不可欠だ。

## 4.2. テーマ

> この世の大事について話しなさい。必要にせまられなければ、あなたの家庭の境遇や、あなたやあなたの家族にしか関係ないことは話さないように。話し相手に、自らの不幸を嘆かないように。心のうちの悩みを打ち明けないように。　　　　　　　　　　　　　　（Knigge 1982：295）

　歴史会話研究のための範囲を決める方法としては、そのほかに、言語共同体や話者集団がさまざまな会話のなかで生みだし、あつかってきた——あるいは、あつかうべきではない——テーマにそって区切る、という方法がある (Fritz 1994: 555f.)。17 世紀からおこなわれてきた「社交的な会話のテーマの編纂」(Zakharine 2002: 309。Beetz 1990: 63f. 参照) は、貴族的な、後には市民的・教養市民的な歓談を保持するためのものだった。宮廷の若い騎士は、良家に生まれた教養市民階層の娘と同様に、会話のテーマ一式を——どのテーマをいつ話すべきか、いつ話してはならないかという知識まで——身につけておく必要があった。歴史会話研究では、これまで、こうしたテーマが会話のなかでどのように生みだされ、どのようにあつかわれてきたのかについて、まだ十分には考察されていない。特定のテーマについての共時的な研究や、それぞれのテーマがたどった経緯についての通時的な研究について

は、ほとんど手つかずのままだ。

　この分野においては、まずは、会話の歴史における各時代の指標となるテーマを対象にした、共時的な調査をおこなうことができるかもしれない。たとえば、社会の流動性が高まった19世紀に重要なテーマとなった「旅行体験」(Linke 1996: 196ff.)などだ。あるいは、特定のテーマがたどった経緯を通時的に追っていって、そのテーマの連続性や非連続性を再構築する、という研究もありうる。たとえば、「天気」というテーマが「理想的規範」として承認され、不変の「習慣的規範」になった経緯などだ。たとえば、フリードリヒ・アンドレアス・ハルバウアー［18世紀ドイツの神学者］の『ドイツ語による雄弁術を改善するための指南書(*Anweisung zur Verbesserten Teutschen Oratorie*)』(1725)には、以下のように書かれている。

> 天気の話でしか談話を始めることができない、というのは、あまり良いとはいえない。「良い天気ですね」とか「雨がふりそうですね」とか。きっと、相手もそんなことはよく分かっているだろう。しかし、誰かを観光旅行に誘うために、気持ちのよい天気だということから話を始めるという方法もある。　　　　　　　　　　　　(Hallbauer 1725: 651)

　ハルバウアーの同時代人であるユリウス・ベルンハルト・フォン・ローアも、「すぐに話がとぎれてしまう味気ない天気についての談話」(Frühsorge 1990: 283 より引用)について、警告している。「天気」というテーマは、いまでも批判の的になっている——それはつまり、このテーマがいまだに人気だということでもある。締めくくりに、19世紀と20世紀の例をあげておこう。

> サロンや面会室で天気の話をするのは、避けるべきである。「(…)しかし、通りや遊歩道での会話や、ハイキングや鉄道旅行のさいなど、屋外では一般に、あまり平凡すぎないていどであれば、いつでも天気についての会話をおこなってよいし、それがふさわしい」　　(Linke 1996: 203)

たいていの場合、会話は、口実の必要もなく自由に始めることができる。目の前の出来事は、きっと相手も観察しているだろうし、「会話において中立」であるため、会話の糸口としては最適である。しかし、天気の話は例外的に、良くも悪くも特別な感情をよびおこす場合以外では（雨が続いた後でようやく晴れたときや、雹まじりのどしゃ降りにあったときなど）、最適とはいえない。（D. Trifels: *Guter Ton heute*, Köln 1974: 90）

## 4.3. コミュニケーションにおける行為やふるまいの形式、会話種、会話タイプ

　コミュニケーション行為やふるまいの形式の「気質」を、文化史、社会史、思想史、メンタリティ史として再構築するさいには、言語行為のタイプ（発話行為のタイプ、テクスト種、会話種など）をあらわす語彙や、ふるまいのタイプ（典型的なジェスチャー、身振り、パラ言語的手段など）をあらわす語彙が、調査の出発点として選ばれることが少なくない（Fritz 1994: 557 および Rehbock 2001: 964 参照）。こうした語彙は、なにかを発見するための枠組みとなり、資料選択やコーパス作成のさいだけでなく、資料を分析し解釈するさいにも役立つ（たとえば、「歓談」については Strosetzki 1978 や Ehlers 1996、「教えるための会話」については Kästner 1978 や Kilian 2002a、「侮辱」については Objartel 1984、「沈黙」については Ulsamer 2002 や Schnyder 2003、「ヤジ」については Burkhardt 2004、「専門家会議」については Schlieben-Lange 1989、「パンフレットによる論争」については Gloning 1999 や Schwitalla 1999、「冗談」については Linke 1999 などがある）。すでに指摘したように、それぞれの語彙には歴史があり、意味が変わっていることもあるため、そうした変遷が、過去をさかのぼって会話を研究する者にとって障害となることがある。また、「語彙にもとづく調査方法」では、資料のジャンルを問わないので、かなり幅広い研究対象をあつかうことができるが、その一方で、行為をあらわす名称にもとづいた研究のみ

が可能だ。語彙論的・意味論的アプローチ方法は、フレーム理論やプロトタイプ理論、ステレオタイプ理論のようにあつかうことができ、この方法によって、歴史上の話者集団が持っていた行為をあらわす語彙と結びついている知識を知ることができる。さらには、たとえ行為やふるまいをあらわす名称を用いていなくても、行為やふるまいについて記述している資料を利用することもできる。

たとえば、歴史上の話者集団の「沈黙」にたいする「気質」を知るためには、この言語行為の名称を、資料選択やコーパス作成のさいに枠組みとして利用することができる。フレーム理論によれば、資料にもとづいて体系的に、この枠組みのキーワードへの問いを立てる必要がある(「創意の六歩格」や「Lasswellの質問形式」などを使って)。その後、それらの問いへの答えを、プロトタイプ性やステレオタイプ性といった基準ごとに整理しなければならない。どの答えが、「沈黙」についての当時のプロトタイプ的なイメージをあらわしているのだろうか？　どの答えが、「沈黙」についてのステレオタイプ的な見解や意見を反映しているのだろうか？

過去の辞書は、「沈黙」についての思考や感覚、願望や知識を知るための、最初の手がかりを与えてくれる。たとえば、カスパー・シュティーラーの『ドイツ語の系統樹とその発育』(1691)には、「沈黙と思考は誰も傷つけない」(Bd. 2: Sp.1965)、あるいは「沈黙は秘密をもらさない」(Bd. 2: Sp.1966)とあり、いずれも「沈黙」を肯定的に評価している。それは、ちょうど「雄弁は銀、沈黙は金」という慣用表現と重なる。しかし、シュティーラーは、同じ項で「強情に／悲しみにみちて沈黙する」という表現もあげているし、*Schweiger*(沈黙者)という語を *occultator*(隠蔽者)や *simulator*(偽善者)、*dissimulator*(偽装者)と言い換えるなど、「沈黙」がもつ別の側面にも光を当てている。

ユリウス・ベルンハルト・フォン・ローアは、1728年に著した『礼式研究入門』の「歓談について」という章などで、「沈黙」にたいする(貴族的な)「気質」について、以下のように指摘している(281f.)。

第5条　若い人のなかには、男でも女でも、話をするさいに、あまりにも自由な人がいる。彼らは絶えずおしゃべりをし、どの社交界であれ、自らの望むところに居たいと思っている。おしゃべりも、気ままである。その一方では、なにも話さないことで、実直だと思われ、他人から賞賛されると思っている人もいる。非社交的な気楽さを得るためには、そうした沈黙が必要なのだ、と彼らは考えているのだ。そうした人とまったく面識がなく、彼らが生まれつき口がきけないのかどうか知りたければ、「はい」でも「いいえ」でも、一言二言、相手に話させなければならない。そして、それで談話が終わることもある。

第6条　理性的な人は、話をするとき、ふさわしい分量とテンポで話すように努力している。こういう人物は、自分が適宜、話すことも黙ることもできる人物である、ということをしめすことができる。そのため、話し上手だと賞賛される一方で、おしゃべり屋だという悪評をこうむることもない。話し相手の人柄を知っているなら、それに合わせて話すし、知らない場合には、多く話しすぎるよりも、むしろ、なるべく話さないようにする。理性的な人は、談話をつうじて相手を楽しませるのに十分なほど自分がうまく話せているのか、そうすることを求められているのか、さらには、居合わせた人々にとって礼儀にかなっているのかを判断する。貴族をふくめて、より身分の高い人のなかには、理性的に話すことができるなら相手が目の前でたくさん話してもかまわない、という人もいる。こうした人々は、ときに、話し相手が抱いている、談話によって目上の人を楽しませなければという義務感を、尊重してくれることもある。あるいは、それとは逆に、そうしたおしゃべりに耐えられず、むしろ、相手に黙ってほしいと思う人もいる。

　一方で、『ドイツ迷信事典(*Handwörterbuch des deutschen Aberglaubens*)』には、「沈黙」にたいする民族的なステレオタイプが載っている。たとえば、「非常用フックは、黙ったまま作らなければならない」、イボなどについて「じっくり話す」ときは(話し手以外は)黙っていなければならない、「タマネ

ギを植えるときは黙っていなければならない」など(HWbdA Bd. 7, 1936: 1460ff. 参照)。別のジャンルの資料をあげると、慣用表現においては、会話における「沈黙」にたいする偏見の伝統が、語彙化されて伝わっている。たとえば、「沈黙者は賛同者」や「それについては歌い手の礼儀作法が黙る」［「それについては話さない方が良い」という意味の慣用表現］などだ。

### 4.4. ディスコース

　言語学に関する近年の研究では、これまでに紹介してきた枠組みを、「ディスコース」という概念のもとで結合させるという試みがおこなわれている。こうした研究では、会話(および会話種、会話タイプ、会話領域)の上位に、「ディスコース」というレベルが新たに設けられている。それは、社会において特定のテーマを生みだし、それをあつかっているすべての言語行為を包括したものであり、また——機能主義的な語用論の意味において——(裁判所や議会、学校といった)社会制度の枠内で結びつき、制度的なコミュニケーションにおいて保証されたすべての言語行為の原型をも包括している。歴史会話研究にとってみれば、こうした方法をとることによって、それぞれの話者集団や時代ごとのコミュニケーションにおいて、言語行為の原型がどのような協力関係にあったかを視野に入れつつ、それぞれの会話種がどのように機能し、発展していったのかを再構築できるかもしれない。もっとも、そのためには非常に多くの資料が必要になる、という問題が残されている。

　一例をあげるならば、「党派間協議」にたいする話者集団の「気質」について、この会話種がいかにして生まれ、発展したのかを再構築するためには、範囲を区切るための基準を組み合わせるという方法が有益だろう。たとえば、以下のような組み合わせがありうる。**話者集団**(代議士)＋**テーマ**(基本権など)＋**コミュニケーション行為やふるまいの形式**。こうした枠組みを、その基準に合うドイツ語の時代に当てはめようとすると、つまり、代議士がいて基本権というテーマがとりあげられた時代に当てはめようとすると、すぐに、1848年、1919年、1948/49年に開かれた、憲法制定議会が対

象となることだろう。「ディスコース」の概念は、いわば、共時的で語用論的な枠組みといえる。それは、1848 年、1919 年、1948/49 年の議会におけるそれぞれの話者集団が、基本権というテーマを議会でとりあげるために用いていたあらゆる制度的な言語行為の原型を、「ディスコース」の一部として把握し、記述できるようにするための枠組みだ。この場合、それぞれの憲法制定議会において「動議」によって制度的な「ディスコース」が開始され、「憲法」が可決されるという形で「ディスコース」が終結するまでの間に語用論的に機能していたすべての言語行為の原型が、この枠組みのなかにあるといえる。この(1848 年、1919 年、1948/49 年という)3 つの共時的な断面において、議会におけるテクスト種および会話種は概観可能な数しかない。それは、それぞれの中央議会における手続きの抽象的な構造、つまり「主導権をとる行為」(「動議」や「議案」、「請願」など)―「会話」(「討論」や「議論」、「審議」、「意見交換」、「党派間協議」など)―「終結」(主導権をとる行為への投票や他の委員会への移譲など)という構造を反映したものだ(Kilian 1997a: 140ff. 参照)。このうち、「会話」部分への詳細な調査をおこなうことで、それぞれの時代において「党派間協議」がもっていた機能を、その他の会話種がもつ機能と比較しつつ記述し、解釈することができる。この調査結果にもとづいて、「党派間協議」が「ディスコース」の枠組みのなかでたどった通時的な発展を明らかにすることができる――とりわけ、本会議における公的な「討論」や委員会における公的な「議論」がしばしば成果をあげられなかった一方で、少人数でおこなう非公的な「党派間協議」の効率や評価が高まっていったのかどうかが(Kilian 1997a: 203ff. 参照)。

　ここであげた「ディスコース」の概念は、複合的なコミュニケーション行為の情勢に共時的なアプローチをおこなうためのもの、とみなせる。その場合、「ディスコース」は、時代やテーマ的なつながり、あるいは、行為に参加している話者集団ごとに区切ることができる。だから、1948/49 年の基本法に関する「ディスコース」は、たとえ、1848 年からの伝統と密接に結びついていても、新しい「ディスコース」とみなすことができるだろう。

　これにたいし、語史研究においては「ディスコース」の別の定義があり、

それらはしばしば、通時的なアプローチに用いられている。そうした「ディスコース」は、たいていの場合、時代をこえたテーマの枠組みとして定義されている（Busse 1987 および Busse/Teubert 1994 参照）。しかしながら、この、とりわけ歴史意味論の分野で発展してきた通時的な「ディスコース」の概念は、歴史会話研究にとって適切なものとはいえない。なぜなら、通時的な「ディスコース」の概念をもちこんでも、会話種や会話タイプなどの会話を研究するための言語学的カテゴリーは、語彙や意味論的な視点からだけでは、つまり言語行為の名称がしめす「テーマ」からだけでは、見えてこないからだ。現実には存在しない理論上の原型である会話種や会話タイプだけが——とりわけその名称について——通時的にもアプローチすることができる。それにたいして会話サンプルは、結局のところ、共時的な存在形式をしめしているにすぎない。

**参考文献**
Strosetzki 1978、Schlieben-Lange 1983a、Schmölders 1986、Busse 1987、Göttert 1988、Beetz 1990、Fauser 1991、Göttert 1991、Busse/Teubert 1994、Linke 1996、Hess-Lüttich 1996、Ehler 1996、Kilian 1997a、Göttert 1998。

課題 13　それぞれの次元において「沈黙」がもつ語用論的な役割について、考察してみましょう。
　　　　a)「原則」
　　　　b)「会話の公理」
　　　　c) 現代の日本における「慣習」

課題 14　第 4.3 節であげられたドイツでの例を参考にしつつ、「沈黙」に関する日本の文化史、社会史、思想史、メンタリティ史について考察してみましょう。日本とドイツではどのような相違があるでしょうか？　また、同じ日本でも過去と現代とではどのような相違があるでしょうか？

# 第6章
# 会話の歴史：
# 会話種および会話タイプの発展

　この章では、歴史会話研究がどのようにして3つの次元における「会話らしさ」を考察し、歴史上の会話を再構築してきたかを紹介しよう。すでに第1章2節で紹介したように、「会話らしさ」は、言語の歴史の一部としてあつかわれ、また同時に、言語構造および語用論、社会言語学の3つの次元にまたがって考察されている。そのさい、「歴史上の」会話をあつかう場合には、2つの異なる研究方法がある。1つは、ある特定の一時点あるいはごく短い一期間を考察する方法(たとえば、Kampe 1997 では1521年から25年にかけての「宗教改革の会話」があつかわれている)。その一方で、複数の異なる歴史上の時期をとりあげ、その差異を考察する方法もある(たとえば、Kilian 1997a: 203ff. では1848/49 年と1948/49年における「党派間協議」があつかわれている)。会話の歴史を考察するためのこの2つの研究方法は、ちょうどフェルディナン・ド・ソシュールにはじまる「共時的」および「通時的」な研究方法にあたる。ソシュールによれば、「共時は言語の状態に関連し、通時は言語の発展に関連する」(Saussure $^2$1967: 96)。注意してほしいのは、彼はここで、言語について学問的に考察するさいには共時的方法と通時的方法という異なる方法があることを強調しているだけで、言語の性質そのものとして述べているわけではない点だ。これは会話についても同様で、共時的方法と通時的方法で歴史上の会話を考察することはできるが、共時的会話だとか通時的会話などといったものがあるわけではない。

　すでに第1章で、ソシュールによる「パロール」と「ラング」という言語の存在形式の区分について紹介し、また、会話研究においては、過去にお

こなわれた個々の「パロール」としての会話、つまり、会話サンプルを、原則として共時的方法で考察するしかないことを確認した。会話サンプルは言語を用いた出来事の一例にすぎないのだから、そこから通時的な会話の発展過程を明らかにすることはできない。それにたいして、会話種は「ラング」であり、会話の原型なので共時的にみれば比較的安定しているが、通時的にみれば変化することがあり、新しく生じたコミュニケーションの問題を解決するために変化することもありえる。言語学的な視点からみれば、再構築された会話の原型というバーチャルなものは、その発生から現代まで（あるいは、その会話種が放棄されるまで）といった長い期間における発展過程を、通時的に考察することができる。

　この点から、言語使用の形式である個々の会話サンプルやその作用の歴史ではなく、もっぱら、言語体系（あるいは言語変種）の要素である会話種とその生成および発展に、語史研究者の関心は向けれられている。とはいえ、この分野の研究はまだはじまったばかりで、これまでのところ、歴史会話研究の分野において通時的に発展過程をあつかった研究はあまり多くない。その理由の１つに、会話種の生成がめったに再構築できないという点があげられる（推測にもとづく「党派間協議」の歴史を例とした、糸口の探し方については第５章参照）。簡潔にいえば、社会的な課題を会話によってこなすさいに、あるいは、社会的な問題を会話によって解決するさいに、いつも、言語構造に関する特徴や語用論的な特徴、社会言語学的な特徴がある特定の配置であらわれる、という状況がつづいた場合に会話種が生成される。こうした配置は、「習慣的規範」や「理想的規範」である「慣習」として機能する原型へと凝縮されていく。それは、こうした配置を、バーチャルな言語行為についての知識として、それぞれの社会で自由に利用でき、また、後世に伝えることができるものにするためだ。認知言語学の観点からみれば、会話種は、ある話者集団の構成員がもつ言語についての知識の一部であり、体系言語学の観点からみれば、その話者集団の言語体系を構成する要素ということになる。いずれにせよ、会話種はバーチャルなもので、それが会話サンプルとして現実化した場合にのみ、会話サンプルをつうじて記述することがで

き、また、再構築することが——そして変化させることが——できるのだ。

## 1. 会話における規範の変化としての会話の言語変化

　言語体系の他のどの要素もそうだが、会話種が現実化するさいには、そして、次の世代が言語を獲得するときにその原型が受け継がれるさいには、つねに、規範が変化したり、原型が変遷する可能性がある。別の言い方をすれば、会話は——すべての言語的なものと同様に——会話において変化するのだ。とくに、ある人が別の人になにかを言ったり書いたりするさいに、まったく意図せずに規範からそれることによって（会話が言語変化の原因や手段、場所となっていることについては、Kilian 2002a: 54ff. を参照）。こうした規範からの逸脱については、音韻論や形態論、語彙論、統語論の分野ではすでに多くの記述用や解説用のモデルがあるが、歴史語用論の分野においては、これまでのところ、発話行為のタイプやテクスト種、会話種の歴史や発展、連続性や変遷を調査するためのまとまった形のモデルは存在しない。とはいえ、こうしたさまざまな言語行為の原型を、それぞれ、言語構造に関する特徴や語用論的な特徴、社会言語学的な特徴が特定の配置につき、「習慣的規範」や「理想的規範」として現れたものとみなすならば、この規範はまさに語用論的語史研究があつかうべき対象であり、言語が変遷する場所であるといえる。言語の変遷は、話すことや書くことによってはじまる。なぜなら、話し手や書き手は、たしかに規範的な「慣習」にしたがっているが、いつでも規範から少しばかり逸脱しているからだ。話し手や書き手は、一貫して「慣習」にそって話したり書いたりしているが、その一方では、いつでも、ちょっとした逸脱をつうじて会話の基盤である規範が更新される事態をまねいている。そのさい、規範からの逸脱は、会話種の言語構造に関する特徴や語用論的な特徴、社会言語学的な特徴のいずれでも起きうる（Fritz 1994: 448ff. 参照）。そして、そうした逸脱によって、新しい特徴が加わったり、無くなったり、ずれたり、作りかえられたり、変えられたりする可能性がある。また、当初は、あくまでもその特徴だけの変化であって、会話種そ

のものは変わらないということもある。しかし、1つの特徴の変化が、長期的には、会話種そのものの変化を誘発することもあるし、話者集団の会話的なやりとりの深層に影響をおよぼすことだってある。Stefan Sonderegger (1979: 35) は、こうした「逸脱」による普遍的な「言語変化のシステム」を、次のようにまとめている。

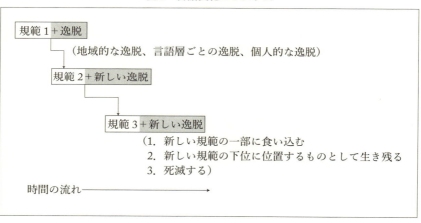

表8　言語変化のシステム

このモデルは、言語の変遷に関するヘルマン・パウルの理論によって、説明することができるだろう。パウルは、以下のように述べている。

> しきたり（著者注：モデルにおける「規範」）が変化するそもそもの要因は、他でもなく、ふだんの言語活動である。（…）さらに、言語に関するしきたりが発展するさいの目的は、まさに、しきたりを発展させることそのものである（…）。形作られたものがどれほど目的にかなっているのかどうかが、それが維持されるのか消滅するのかを決める。
> （Paul 1920a: 32。原書は一部、隔字体）

この説は、以下のように言いかえることができるだろう。話し手が会話的

な流れのなかで話すとき、あるいは、書き手が会話的な流れのなかで書くとき、いつでも、特定の目的をもっており、そのさい、ほんの少しだけ規範から逸脱している。本を朗読するときのように、すでに作られた言語をコピーし、同じことを言ったり書いたりするときでさえ、基本的には、言われたり書かれたりしたものを、少しばかり逸脱して聞いたり読んだりする聞き手や読み手がいる。もし、こうした逸脱が目的にかなったものであるなら、それらは新しいしきたり（新しい規範）になっていく。逆に、目的にかなったものでないなら、新しいしきたりにはならない。また、パウルは、別の箇所で以下のように書いている。

> しかしながら、一個人が自分自身のためや小さなグループの内部だけでおこなったり容認していることであっても、まったく跡形もなく消えていくわけではない。当初はほとんど気にもとめられないのが普通だが、こうした一見、意味のない出来事が重なって、重要な結果が生じるのである。(…)目立たぬうちに、世代間の引き継ぎがおこなわれている。そして、最小限の逸脱がつみ重なっていき、じょじょに、目立った変革を引き起こしかねない状態になるのである。
> （Paul 1920b: 34。復刻版 1998: 227）

つまり、すべての言語使用は、なんらかの形で少しだけ、しきたりや規範から逸脱しており、あらゆる逸脱は、言語が変遷するための第一歩なのだ。逸脱が多くの話し手によって受けいれられれば、その逸脱は言語を用いた交際に使われるようになる。そして、そこで目的にかなっていると評価されれば、パウルによれば、遅くとも次の世代に引き継がれるさいに、しきたりとしての地位を手に入れることになる。つまり、新しい規範としての地位をだ。こうして言語変化がおきる。Gerd Schank は、この変化のさまざまな種類について、テクスト種と関連づけながら以下のようにまとめている。

> あるテクスト種において個別の言語的要素の表現が変わった場合、この

> 言語の変遷プロセスは、ミクロの変遷とみなすことができる。テクスト種に関するコミュニケーション行為の原型が変化した場合には、テクスト種の変遷が起きる。もちろん、それとともにミクロの変遷が起きることもある。マクロの変遷という術語は、発展段階の変化を意味する。つまり、ミクロの変遷およびテクスト種の変遷がつみ重なった変遷のことだ。 (Schank 1984: 764。Fritz 1994: 547f. 参照)

要するに、「ミクロの変遷」や「テクスト種の変遷」(および会話種の変遷)、「マクロの変遷」は、間接的に、会話の歴史を再構築するための3つの次元(および、それに対応する特徴領域)と対応している。つまり、言語構造の次元(マクロの変遷)、語用論の次元(会話種の変遷)、そして、社会言語学の次元(マクロの変遷)だ。

## 1.1. 言語構造に関する逸脱とミクロの変遷

会話種の変遷にいたる経緯を明らかにするためには、コミュニケーション技術が発達したことによって会話種が新しい媒体にとり込まれた例をみるとよい。そのさい、こうした例を記述するには、Gerd Fritz による「会話形式の生成および変化、持続についての問題を解決するための考え方」(Fritz 1994: 548。Presch 1991: 88f. も参照)が役に立つだろう。

1980年代に、コンピューター技術の発展によって、ほとんど同時に会話的なコミュニケーションをおこなうことが可能になった。そして、新しいコミュニケーション技術である「チャット」を利用しようという人々にとっては、「チャット」ではどのような言語を使えばよいのかという問題が生じた。こうしたコミュニケーションが私的に利用される場合には、この問題はわりと早く解決された。若くてたいていは教養がある社会人によっておこなわれている私的なフェイス・トゥ・フェイスの会話における多くの会話種の規範が、まずは、そのまま、この新しいコミュニケーション技術に応用されたのだ。これらの、すでに存在していた規範は、チャット利用者という話者

集団特有の「逸脱」を経験することになった。たとえば、同時におこなわれる会話的なコミュニケーションのみにみられる特徴である「媒体としての話しことば性」は、「媒体としての書きことば性」によって置きかえられた。同じように、フェイス・トゥ・フェイスのコミュニケーションのみにみられる特徴である「空間的な近さ」は、電話による会話が普及して以来、長らく存在している特徴である「空間的な遠さ」によって置きかえられた。庭の垣根についての短い"Schwatz"や"Klatsch"、"Tratsch"、"Plauderei"［いずれも「雑談」や「うわさ話」、「おしゃべり」の意］、「スモール・トーク」、「歓談(Unterhaltung)」などの、実務をはなれた多くの私的な会話種における語用論的な規範(会話布置にもとづく言語行為についての権利など)や社会言語学的な規範(特別な話者集団におけるコミュニケーション条件など)は、新しいコミュニケーション技術を利用する人々にも引き継がれ、維持された。そして、その一方で、「チャット」というコミュニケーション技術にふさわしい媒体のバリエーションを生みだすために、規範が補充されていった。そういうわけで、実務をはなれた私的な「チャット」の最初期にも、その他のほぼすべてのタイプの「チャット」と同様に、「(フェイス・トゥ・フェイスの会話において)話すように書け」という公理が成立していた。一例をあげよう。

[Marion Peters]: KM: Dein Sohn ist manchmal eine echte cat-as-trophy ---
[Marion Peters]: und d**m ist aetzend!!!!!!!!!!!!!!!!!!!!!!!!! nur
[Marion Peters]: knallbumm und blutspritz->megaaetzend! del d**m!
[Dieter Meyer]: JS: Ich glaube die doom-files gibts nur bei
[Dieter Meyer]: Registreirung vonwegen Altersbeschränkung und so.
[Ralf Koenig]: MP: catastrophy ... hihi klasse, (KM: sorry :-)))
[Katharina Massm]: MP: Quatsch, mein Sohn ist das liebste Kind von der
[Katharina Massm]: Welt.................. manchmal ;-)
[Juergen Meyer]: Und wie bekomme ich die Registrierung?
[Marion Peters]: KM: is wohl eher selten, nichwa? mußt ihn halt weiter
[Marion Peters]: wech anbinden oder so

［Dieter Meyer］: Juergen: Du mußt mal sagen, mit wem Du sprichst ...

［Ralf Koenig］: MP KM: anbinden? nen tischgehaeuse taets auch schon

［Dieter Meyer］: RK: OPtimist oder was?

［Katharina Massm］: ALL: Tschuess allerseits! Ich muß noch ein bischen was

［Katharina Massm］: tun heute.

［Ralf Koenig］: KM: schade!!! muß das nu schon sein? Kommste morgn?

［Dieter Meyer］: KM: CU!!! ("stay for while-stay for ever ...")

［Marion Peters］: KM: bis demnäx!

Katharina Massmann Verläßt den CHAT

［Ralf Koenig］: ALL: ich mach mich denn auch ma auffe socken, war ja

［Ralf Koenig］: mal wieda ein echt kewler chat heute

［Ralf Koenig］: „Ich komme wieder, keine Frage" --tschuessi ihrs!

［Marion Peters］: Rk: HAAAAAALT! laß mich nich allein unter den wilden!

［マリオン・ペータース（MP）］KM、あんたの息子はときどき、ほんとに cat-as-trophy ［「カタストロフィ」と「ネコの尻のトロフィ」のかけことば］で

［マリオン・ペータース］d**m ［シューティング・ゲーム『DOOM』］は、いかす！！！　とにかく

［マリオン・ペータース］ドンッバンッで血がブシャー　→　まじいかす！デリート、d**m！

［ディーター・マイアー（DM）］JS、きっとDOOMファイルは、年齢制限とかなんかのための

［ディーター・マイアー］登録のときにだけあるんだと思う。

［ラルフ・ケーニヒ（RK）］MP、catastrophyか……　ハハハ、うける（KMへ：ソーリー：―））

［カタリナ・マスム（KM）］MP、とんでもない。わたしの息子は、世界でも一番

［カタリナ・マスム］愛らしい子よ………　ときどきね；-)

［ユルゲン・マイアー］それで、どうやったら登録できる？

［マリオン・ペータース］KM、むしろ、ごくごくたまには、じゃないん

（nichwa）？　あんた、あの子を
［マリオン・ペータース］この後も、どっか隅っこに縛りつけとかないと。
［ディーター・マイアー］ユルゲン、おまえ、まずは誰に話しかけてんのか言わなくちゃ……
［ラルフ・ケーニヒ］MP、KM、縛りつけるだって？　外箱で十分だろ。
［ディーター・マイアー］RK、おまえ、楽天家じゃねぇの（oder was）？
［カタリナ・マスム］みんな、バーイ！　今日はまだちょっと
［カタリナ・マスム］片付けなくちゃいけないことがあんの。
［ラルフ・ケーニヒ］KM、ざんねん！　もうムリなん？　明日は来る？
［ディーター・マイアー］KM、CU［See you］!（"stay for while-stay for ever …"）
　　［1980年代のゲームの文句］
［マリオン・ペータース］KM、また今度！
　　カタリナ・マスムは**チャット**を退室します。
［ラルフ・ケーニヒ］みんな、オレもちょっと出ねえと、ほんと
［ラルフ・ケーニヒ］まじでクールなチャットだったよ、今日も
［ラルフ・ケーニヒ］「私はまた来る、きっと」［TV版『ピンクパンサー』のセリフ］
　　……バーイ！
［マリオン・ペータース］Rk、ちょおおおおおっと（HAAAAAALT）！　野蛮人どものなかに放っていかないでよ！

（Kilian 2001a: 67f. より引用）

　この例がしめしているように、コンピューターを用いた日常会話のバリエーションにおいては、話しことばの言語構造に関する特徴が、文字で表されている（たとえば、"muß das nu schon sein? Kommste morgn?" という書き込みには語末音消失や縮約がみられるし、"nichwa"（じゃないん）や "oder was?"（じゃねぇの）といった談話辞もみられる）。比較的一貫して文法的・正書法的に規格が統一されている書きことばには——つまり「遠いことば」（Koch/Oesterreicher 1985 参照）のことだが——本来、会話的な行動にみられる「近いことば的なコンセプト」がみられない。媒体としては書きことばだ

が、コンセプトとしては話しことば的であるという言語をつくりだすには、ただ（可能なかぎり）話すように書けばいい。いずれにせよ、こうした会話種の「チャット」では、正書法的な正しさは問題視されていない。近いことばである話しことばを文字化するために、「チャット」では、すでに紹介したように、話しことばの構造を文字で再現する以外にも、ことばや文字をつかった創作活動がおこなわれている。たとえば、*kreisch*（キャッ）や *würg*（ゲエー）、*kicher*（クスクス）など、コミックの吹き出しに出てくる動詞語幹辞（Inflektiv）［動詞の語幹を擬音語・擬態語として用いたもの］の形式がとり入れられている。前述の「チャット」なら、"blutspritz"（血がブシャー）がそれにあたる。また、「スマイリー」（":-)"）など、ジェスチャーや身振りを、エモティコン［顔文字］と呼ばれる特殊な記号によって表しているし、"HAAAAAALT!"（ちょおおおおおっと！）のように、声の大きさを大文字で表してもいる。

　この文字媒体におけるバリエーションの多くは、その後、私的な日常会話という話しことばによる近縁の媒体から離れていき、語用論的な観点においても、社会言語学的な観点においても、独自の道を歩んでいる。たとえば、せまい意味での「チャット」（つまり、多くの場合、若い話し手によるコンピューターを使った「雑談［Schwatz］」）には、すでに、特別な「慣習」が「理想的規範」として確立されている（これらは、「チャチケット」や「ネチケット」と呼ばれている）。こうした「慣習」は、多くの場合、バーチャルな空間での「雑談」に参加している人々が、匿名でいられることから確立されている。こうした匿名性は、現実の空間での「雑談」ではありえない。たとえば、こうした「理想的規範」の１つに、「自分が男か女か、誰にも言うな」というものがある。あるいは、語用論的な「理想的規範」には、「誰かに返事をするときはていねいに——ただし、ていねいに返事をしなくてよい十分な理由があるときは別」というものがある。

　時の流れとともに、「チャット」というコミュニケーション技術には、こうしたものは別の、言語構造に関しても、語用論的にも、社会言語学的にも標準的書きことばに近い会話種も生まれた。たとえば、選挙区における「市

民による質疑時間（Bürgerfragestunde）」のような政治家との「チャット」や、専門家と（匿名の）一般人による「助言のための会話」などだ（Beißwenger 2001 に収められた論文を参照）。こうした変化の経緯については、まだ、その歴史的な側面に注目した調査はおこなわれていない。いずれにしても、「チャット」というコミュニケーション技術における会話種は、文字媒体であるため、今後はますます、話しことば的なバリエーションから離れていくだろう、ということは予測できる。要するに、「チャット」が生まれた当初は、文字媒体という特性からミクロ構造における逸脱が起きて新しいバリエーションが生まれたが、その後は、こうした媒体特有のバリエーションが増大していき、独自の会話種へと発展していくのだ。ミクロ構造における逸脱が特定の媒体で起きた場合、近縁にある他の媒体の規範も変化していくのか、もし、そうだとすれば、どのていど変化していくのか、それを確かめることが今後の研究課題となる。たとえば、上述の動詞語幹辞の用法は、SMSによる「おしゃべり」にもみられるし、若者による通常の「フェイス・トゥ・フェイスの会話」にも、かつてより多く使われている。これらは、「チャット」における逸脱をうけて、その近縁にある会話種の規範も逸脱したとみなすことができるのではないだろうか。

## 1.2. 語用論的な逸脱と会話種の変遷

　コンピューターを用いた実務をはなれた私的な会話である「チャット」には、なによりも、話しことばによる実務をはなれた私的な「おしゃべり」の媒体の違いによるバリエーションがみられた。それにたいして、Eメールや SMS には、「手紙」を基にした文字による文通の伝統がみられる。これらの媒体でも、媒体の違いによってミクロの変遷がおき、それまでに存在した会話種（文通種）の新しいバリエーションが形成された。しかし、「チャット」と違い、これらの媒体には、すでに、会話種の変遷も明らかにみられる。

　ヘルマン・パウルの『ドイツ語辞典（*Deutsches Wörterbuch*）』によれば、*Brief*（手紙）は、*brevus*（*libellus*）という語に由来するという。これは、「短い書

状」という意味で、いわば「証書」のような、本来はきわめて公的なものだった("Brief und Siegel geben"［手紙と印章を与える＝保証する］という慣用表現を参照)。この本来の意味は、いまでも *Adelsbrief*（叙爵書）や *Meisterbrief*（親方検定審査合格証）、*Steckbrief*（手配書）などの複合語に残されている（Paul 2002: 189)。これにたいして、誰かが誰かに送る書状は、長いあいだ、*Sendbrief*（回状）と呼ばれてきた。この意味において、「手紙」は、「書きことばによる会話的なコミュニケーションにおいて、文通ターンという地位にある短い書状」とみなすことができる（「文通ターン」は、対面会話における「ターン」にあたる)。対面会話とは異なり、典型的な文通は「間延びしたコミュニケーション」(Heinemann/Viehweger 1991: 210。この表現は、Konrad Ehlich に依拠している）だ。それぞれの「ターン」のあいだには大きな間が開いているし、また、「手紙」を書いたときと「手紙」を読むときとでは状況が異なるため、「手紙」では、［語彙を省略するなど］具体的な会話の構造の特性や会話にさいする語用論的な特性を放棄しなくてはならないことも、まれではない。それは、書き手がいつどこで書いたかとは関係なしに、読み手に理解してもらうためだ。歴史上の文通を研究するさいには、まず形式的には独白的である「手紙」を「文通ターン」と解釈し、そこから会話［文通］を再構築していく必要がある。

　Bühler にもとづいて、ごく一般的にまとめると、「手紙」は、誰かが誰かになにかを伝えるためのものだ。典型的なケースでは、手紙は紙に書かれ、封筒に入れられ、第三者の手によって書き手から受取人へと渡される。その時点での「手紙」は、形式的に独白的なテクストであり、つまりは、文通という会話の半分ということになる。典型的なテクスト構成は、およそ以下のとおり（Heinemann/Viehweger 1991: 218, 223, 229 参照)。

表9 「手紙」の構成

| 宛名<br>場所と日付 | 手紙の頭書き、冒頭 |
|---|---|
| （関連する手紙への言及）<br>呼びかけ<br>テクスト：導入と関心事 | 手紙の中核 |
| 挨拶<br>署名 | 手紙の終結部、末尾 |

　「手紙」についてのテクスト言語学的な観点については、これ以上述べないことにしよう。というのも、「手紙」を形式的に独白的なテクスト・タイプとしてではなく、会話的な文通における「ターン」としてあつかうことが、本書の目的だからだ。前提となっているのは、すでに大まかにしめした「手紙」の機能や上述のテクスト構成は普遍的・汎時的であるということ、そして、その一方で、それぞれの文通種は時代や文化ごとに差があるということだ。

　会話種として記録されているバーチャルな行為の原型にたいして、言語構造に関して、あるいは／さらに、語用論的、社会言語学的な視点からみてたんに新しいバリエーションが生まれたというだけでなく、会話種全体に影響をおよぼすせまい意味での規範の変遷が起きた場合には、会話種の変遷が起きたといえる。多くの場合、こうした過程においては、言語構造に関する変化および社会言語学的な変化が、語用論的な規範からの逸脱をしめす指標となっている。文通におけるこうした語用論的な、あるいは会話に関する語用論的な逸脱や変化の一例としては、制度化された政治的・社会的支配機関にたいする指示機能をもった書状があげられるだろう。そうした書状では、書き手は、受取人が将来、特定の行為をおこなうことを期待し、それを表現している。初期近代には、封建制や絶対君主制といった支配制度があった。このような会話布置の特徴があったため、「請願書(Petitions-Briefe)」には、基本的に拘束力のない指示機能しかなかった。つまり、受取人は、自分がどのような行為をおこなうのか、自分で決めることができた。このことから、請願書というテクストの発語内行為は、まずもって、「依頼(Bitten)」や「要

請（Ersuchen）」、「願い出（Nachsuchen）」といった非対等な行為だと解釈することができる。アレマン方言で詩を書いた詩人であり、ギムナジウムの教員でもあったヨーハン・ペーター・ヘーベルが、バーデン辺境伯カール・フリードリヒに1792年に書いた手紙の一節は、このことをしめしている。

Durchlauchtigster Markgraf, Gnädigster Fürst und Herr!
Da dem Vernehmen nach der zukünftige Regimentsprediger Schmidt zugleich als Hof und Stadtdiakonus soll angestellt werden, so erkühne ich mich, Euer Hochfürstlichen Durchlaucht in Unterthänigkeit die Besorgnis vorzutragen, daß mir, der ich mit der hiesigen Geistlichkeit als Subdiakonus schon in Verbindung stehe, der ich dem Hofdiakonus Schmidt um mehrere Jahre in der Ordnung vorgehe, und wenigstens den guten Willen und Eifer nie verlohr, meine iedesmaligen Amtspflichten recht zu erfüllen, – daß mir die Verhältnisse, in welche ich mit dem später angestellten und iüngern Diakonus Schmidt, als Subdiakonus komen würde, an meiner Ancieñeitaet, in meiner Amts und persönlichen Ehre nachtheilig werden könten; trage demnach Höchstdenselben in aller Unterthänigkeit die Bitte vor, diese Verhältnisse nach gnädigstem Gutbefinden, so daß dadurch kein Nachtheil für mich entstehe, zu bestimen, und mich darüber durch eine Signatur beruhigen zu lassen, der ich in tiefster Unterwerfung verharre

Carlsruhe d. 19ten Jun. 1792

Euer Hochfürstlicher Durchlaucht<br/>unterthänigster Diener J. P. Hebel

辺境伯殿下、いと慈悲深き殿様！
　耳にしたところでは、連隊付説教師になるシュミットが、宮廷および市牧師補も兼任するとのこと。そのため、大変恐縮ではありますが、あえて、いと高きご身分である殿下のお手をわずらわせるというご面倒をおかけいたしたく存じます。私めは、副牧師補としてすでに当地の聖職者と関係を築いており、序列に関しても、宮廷牧師補になるシュミットよりも何年も先輩です

し、すくなくとも、どのような場合にも職務を全うするのだという意欲と熱意を失ったことはありません——その私めが副牧師補として、あとから赴任した年下のシュミット牧師補とやっていくことになると、年功序列という点からも、私めの職務上の、および私的な名誉という点からも、今回の人事は、私めにとって不都合なことになります。そこで、大変恐縮ではありますが、殿下には、今回の人事を慈悲深く判断していただき、私めの不利にならないようにしていただきたく、また、お墨つきをもって私めを安堵させていただきたく、伏してお願い申し上げます。心よりの忠誠を誓いつつ。

カールスルーエにて 1792 年 6 月 19 日

いと高きご身分である殿下の

忠実なる臣下　J. P. ヘーベル

(L. Fertig［Hrsg.］: *Bildungsgang und Lebensplan. Briefe über Erziehung 1750 bis 1900*, Darmstadt 1991: 57f. より引用)

　社会制度や政治体制が現代の民主主義的なものに変化していくのにしたがって、このような、臣下である書き手から君主である受取人への書状という会話布置も変わっていった。こうした時代の変化にともなって、この類の書状は、制度化された政治的・社会的支配機関への指示機能や「請願」機能をもつようになった。それは、最初は逸脱にすぎなかったが、後には、語用論的な変遷を引き起こした。請願書というテクストの発語内行為は、今日では、むしろ対等な「申請(Beantragen)」、あるいは相互に非対等な「依頼(Bitten)」や、ときには「請求(Fordern)」だと解釈できる。今日の書状の書き手は、「恐縮しつつ、あえて、お手をわずらわせる」ことはなくなり、そうする権利をもっていると感じている。そして、もはや、「恐縮しつつ、伏してお願い申し上げる」のではなく、すでに述べたように、対等な立場で依頼したり申請したりしている。まずは文通の流れがこのように語用論的に変化したことから、会話種および文通種が、そしてそれらと結びついた会話的な「言語を用いたゲーム」全体が変遷したのだ。請願書の書き手は、今日で

は、すくなくとも特定の行政法の範囲内では、拘束力のある指示権を有しているといえる。

　初期近代のドイツ語では、会話的な文通をはじめた者は、特定の目標をもち、手紙によってそれを成しとげようとするならば、受取人の社会的な身分に合わせて言語行動をとる必要があった（Vellusig 2000: 37f. 参照）。会話布置に注目してみると、受取人の身分が書き手よりも高いか、同じか、低いかによって、手紙による会話の調子が変わっていた。また、語用論的な視点からみれば、もちろん、書き手がどのような目的をもっていたかによっても、会話の調子が変わっていた。それは、どのような言語構造をもった手段や形式をえらぶのか、という段階から始まっている。たとえば、「呼びかけ」という文通における行為をどのようなパラ言語的手段でおこなうのか、など。

　　比較的身分の低い貴族は、テクストでは、ほんの少しだけ大きな文字でその称号を呼び、言及すればよかった。それにたいし、伯爵以上の上流貴族には、相手にたいする敬意をしめすために、明らかに大きく太い文字で称号を書く必要があった（…）。　　　　　　（Beetz 1990: 201）

　貴族のような支配階級への呼びかけは、ときには、あらゆる場面で用いることができ、「呼びかけ」や「挨拶」といった行為だけでなく、同時に、相手を「もちあげる」こともできた（上述の手紙での "Durchlauchtigster Markgraf, Gnädigster Fürst und Herr！"［辺境伯殿下、いと慈悲深き殿様！］などがそうだ。Beetz 1990: 208 も参照）。そして、それは、書き手自らが「へりくだる」姿勢と結びついている（上述の手紙での "in aller Unterthänigkeit"［大変恐縮ながら］や "in tiefster Unterwerfung verharre"［心よりの忠誠を誓いつつ］などがそうだ）。末尾にある書き手自身への言及や署名は、たいてい、文字どおりの意味で、書状のもっとも低い端にある。『ドイツ語の系統樹とその発育』（第1巻、1691年ニュルンベルク）におけるカスパー・シュティーラーの献辞には、こうしたことがはっきりとしめされている（図6参照）。

**図6** カスパー・シュティーラーがザクセン選帝侯ヨーハン・ゲオルク3世へ贈った献辞の最初と最後のページ

K. Stieler: *Der Teutschen Sprache Stammbaum und Fortwachs* [...],
Ndr. mit einer Einführung und Bibliographie v. G. Ising. Bd. 1, Hildesheim 1968.

　呼びかけや手紙の末尾の言語構造という点からみても、はっきりと会話種の変遷が起こっている。『ドゥーデン』の第9巻「正しく良いドイツ語」にも、たとえば、以下のような情報が載っている。"Sehr geehrte/r Frau/Herr N. N."（尊敬する何某さま）という形式は、今日では、中立的で標準的な「呼びかけ」の形式であり、政治的・社会的制度の代表者にたいする書状でも用いられる。"Liebe/r Frau/Herr N. N."（親愛なる何某さま）は「親密な」受取人にしか使われないし、"Sehr verehrte/r Frau/Herr N. N."（敬慕する何某さま）は、「受取人を個人的に知っており、なおかつ、とくに相手に敬意をしめしたいときだけ使うべきである」。末尾の挨拶の形式には、いくつかのバリエーションがある。たとえば、"Mit freundlichen Grüßen" や "Mit bester Empfehlung"、"Hochachtungsvoll" など ［いずれも「敬具」という意味だが、前から順に親密さが低くなっている］（第4版、1997: 158f.）。このようにバリエーションがあるということは、社会的な関係に差異があることを表している。しかし、それはもう、身分の違いによるものではなく、ただ、語用論的な差異を

うっすらとしめしているにすぎない。

　こうした行為の条件についての社会言語学的な特徴に関しては、ユリウス・ベルンハルト・フォン・ローァの『私人のための礼式研究入門』(1728) に、以下のような、文通のための助言がみられる。

> 幸福を損なわずに、なじみのない人や見知らぬ人に手紙を書くための必然性と賢さを身につけるには、きちんとした理由やきっかけが必要である。2つのケースにおいては、事前に許可を得ずに目上の方に手紙を書いても、特別に許される。まず、我々にとって、その目上の方の慈悲と援助が絶対に不可欠な場合、つぎに、目上の方ご自身がそうすることに関心をお持ちだと我々が知っており、目上の方のお楽しみや意にかなったことの役に立つ場合である。しかし、いずれの場合にも、謙遜な態度で相手に敬意をしめす必要がある。この2つのケース以外では、目上の方からの指示がくるのを待つか、まずは手紙を書くお許しを得る必要がある。　　　　　　　　　　　　（Frühsorge 1990: 323 より引用）

　ここでもまた、行為の条件に関して、身分の違いが影響していることは明らかだ。しかし、現代の言語においては、政治的・社会的支配機関に指示機能をもつ書状を書くさい、あるいは、関連する文通種をこうした形式で書くさい、身分の違いはもはや無意味になっている。

## 1.3. 社会言語学的な逸脱とマクロの変遷

　Schank が「マクロの変遷」と名づけたもの——それは、ミクロの変遷と会話種の変遷が「つみ重なった」ものだ——の例をみつけるためには、新しいコミュニケーション技術も視野に入れて、より長い期間を対象に、文字による私的な文通の歴史とその発展をみていく必要がある。たしかに、言語の歴史として解釈を深めていくには、私的な文通はまだ歴史が浅すぎる。しかし、新しいコミュニケーション技術が言語におよぼした歴史的な作用に関す

る一連の慎重な研究の結果、この分野でもマクロの変遷が起きている可能性が明らかになった(Hess-Lüttich 1999、Schmitz/Wyss 2002、Hess-Lüttich 2002、Nickisch 2003 など参照)。

新しいコミュニケーション技術が発展していく過程において、手紙はさまざまな媒体ごとのバリエーションへと拡大していった(ファックスやEメール、SMS など)。この点に関しては、ミクロの変遷や会話種の変遷といった視点からみれば、さしあたり、チャットについてと同じことがいえる。これらの新しい媒体が利用されはじめた当初は、言語の変遷は引き起こされない。それらを利用している書き手集団にとっては、たんなる新しいコミュニケーション技術であり、また同時に、新しいタイプの生産・伝達媒体にすぎなかった。そこでは、紙媒体での文通において「慣習」として根づいていた規範が用いられており、「対応する紙媒体での文通で書くように書け」という公理があった(Kilian 2001a、Elspaß 2002、Schwitalla 2002、Nickisch 2003 参照)。いくつかの言語学的な調査によって明らかになった言語の変遷は、媒体が紙媒体による手紙からデジタルのEメールや SMS に変わったことによって引き起こされたわけではなかった(Elspaß 2002: 9f. 参照)。というのも、この媒体の変遷にさいしては、当初、言語に関する問題は生じていなかったからだ。むしろ、こうした新しいコミュニケーション技術が習得され利用されはじめる段階が終わり、これまでの規範を新しいコミュニケーション技術でも用いていくなかで、これらが秘めたさらなる可能性が発見され、その後で、ようやくそれぞれの媒体に即した逸脱がおこなわれるようになっていった(電話によるコミュニケーションについて、Schwitalla 1996 が、これとよく似た評価をくだしている)。そして、極端に多様化したインターネットの世界では、こうした規範の逸脱は迅速に増殖していった。

このようにして、時の流れとともにEメールがますます普及し、Eメールがもつさまざまな可能性が利用されるようになっていったことで、媒体特有のバリエーションの形成という意味での逸脱が生じた。こうしたバリエーションの形成は、媒体ごとのミクロの変遷や会話種の変遷に影響をおよぼし

ており、それらの結果として、媒体ごとのマクロの変遷にまでいたる可能性がある、と推測することができるだろう。たしかに、かつても、たとえば、何世紀もまえの私的な文通においては、すでに、文字による日常語（Umgangssprache）がもつ「近いことば」の構造、たとえば音の省略（nich や jetz、sehn など。Elspaß 2002: 16f. 参照）や縮約（gehts や hats など。Elspaß 2002: 20 参照）がみられた。いくつかのケースでは、とくに 18 世紀および 19 世紀の教養のある書き手同士が交わした私的な手紙では、こうした書き方は、規範からの意識的に様式化された逸脱だった。そして、それは、会話的な「近さ」を生みだすためのものだった。学者クリスティアン・フュルヒテゴット・ゲラート［18世紀ドイツの詩人・大学教授］は、手紙は「良い会話を自由に模倣したもの」（Gellert 1971: 3）であるべきだと定義しているが、まさにその意味で、こうした様式が用いられたのだ。また、アドルフ・クニッゲも、手紙を交わすことは「文字による交際（Umgang）」（Knigge 1982: 55）に他ならない、と述べている。その他の多くの場合には、こうした「近いことば」の構造は、書き手が正書法や文法をよく知らないことから無意識のうちに生産されている。このような書き手は、他の書き方を知らないために、自分が話すように書いてしまうのだ（Elspaß 2002: 27）。

　その一方で、「近いことば」的な媒体である私的な E メールによる文通では、多くの場合、会話的な「近さ」を表すために、こうした構造が意識的に使われている。しかし、このような意識的な逸脱は、もはや、遊び半分に規範をいじってみたというレベルではなく——そうした行為によって逸脱が定着することもあるが——規範そのものを変化させている。前述の呼びかけに関していえば、"Hallo [Frau/Herr] [[Vor]Name]"（ハロー、［（下の）名前］［さん］）という形式が、ますます浸透しており、「近いことば」的な "Liebe/r [Frau/Herr] [[Vor]Name]"（親愛なる［（下の）名前］［さま］）と「遠いことば」的な "Sehr geehrte/r Frau/Herr [Name]"（尊敬する［名字］さま）という使いわけは消えていっている。その他にも、E メールや SMS では、それぞれの文通ターンの間が短いことから、文通相手に返信するさい、呼びかけをおこなわないという傾向がある。会話布置という観点からみれば、表面的な

付き合いしかない相手や、まったく知らない相手にたいしてさえも、そのような傾向がみられる（その理由のひとつとしては、Ｅメールでは、それまでの文通ターンの内容を表示でき、状況に応じて会話の流れが現在のものとしても存在している、ということが挙げられる）。

　こうしたミクロの変遷だけでなく、媒体ごとの会話種の変遷もみられる。それは、手紙というテクスト種を会話らしい形式にする可能性が——こうした形式はＥメールという新しい媒体が初めて可能にしたのだが——ますます利用されるようになったためだ。こうしたケースでは、Ｅメールの受取人は、返信のためのメールにおいては、独白的な手紙の形式を改めて使おうとはしない。むしろ、自分宛に書かれた形式としては独白的なテクスト構造を会話的なものへとこじ開け、主導権をとる送り手の言語行為それぞれに返答する。つまり、送られてきたＥメールという手紙形式のテクストのなかに反応としての言語行為を書きこみ、それら全体を返送するのだ。たしかに、初期近代におけるパンフレットを通じた文通においても、この技法、つまり、相手のパンフレットの章句を引用し、それに直接返答するという技法がみられた（Schwitalla 1999: 117 参照。18 世紀における専門的な論争にみられる引用文の切り貼りについては、Kilian 2002a: 217 参照）。しかし、返信のためのＥメールにみられる会話の切り貼りでは、文通相手への「呼びかけ」がもつ会話の機能がとり入れられているだけでなく、さらには、会話の形式が新たな構造として組み立てられているといえる。このケースでは、新しい媒体において初めて可能になった新しい文通種が存在している、というべきだろう。

　このようにミクロの変遷や会話種の変遷がすすんでいくならば、いずれは、媒体ごとのマクロの変遷がおこるだろう。いくつかのケースでは、たしかに、このような傾向がみられる。すくなくとも、いくつかの（とくに制度化された）文通種は、（法的あるいは情報保護の観点から）いまだにＥメールという媒体が用いられていない（たとえば、解約通知など。私的なものでは、悔やみ状など）。しかし、その一方では、私的な文通種の一部は、紙によるものからＥメールによるものへと代わりつつある（あるいは、代わっ

た)。こうした変遷から、文通種の分野は再分類されつつある。

## 2. ドイツ語の会話史への道

　ここであげた例がしめしているように、通時的な会話研究は、過去のものへと遡って比較していくことでおこなわれる。こうした研究では、まず、いくつかの連続した時代ごとの共時的なデータを記述することからはじめ、それぞれの共時的なデータを比較することで、長期にわたる通時的な発展を再構築していく。そのさいの中心課題は、けっして、会話種全体の歴史や発展を明らかにすることである必要はない。それどころか、そうした研究は、ドイツ語を対象とした歴史会話研究においては、残念なことに、これまでは例外的にしかおこなわれていない(Fritz 1994: 547 参照)。通時的な会話研究の対象は、たとえば、会話における個々の形式や構造でも良いし(たとえば、Metcalf 1938 における呼びかけの形式)、個々の機能的・語用論的な構造でも良いし(たとえば、Fritz/Muckenhaupt 1984: 196ff. における「証明」や Linke 1999 における「冗談」などの行為の原型)、あるいは、個々の文脈的な大枠の条件でも良い(たとえば、Beetz 1990 における、ポライトネスに関して慣習化された「理想的規範」にたいする態度)。

　資料ジャンルの違い、そして、言語構造に関するものや語用論的なもの、社会言語学的なものといったアプローチの違いをふまえたうえで、具体的な関心の対象に関連する他の学問領域にももとづきながら、確固とした指標にもとづいて通時的な会話研究をおこなうことは、ほとんど不可能だ。しかし、いずれにせよ、関心の対象に合わせて選択されたさまざまな共時的なデータを分析し記述していくことでしか、通時的な歴史会話研究をおこなうことはできず、会話の発展史を再構築することはできない。(Schlieben-Lange 1983b: 30f. などで紹介されている)社会語用論的な語史研究においては、共時態と通時態という方法論的な二分法を「廃止」し、各時代ごとの比較対照研究から歴史上の言語を再構築していく研究へと切り替えられるのではないか、とする主張がある。これは、言語理論的には根拠のない話では

ないが、方法論としては幻想にすぎない(Presch 1981: 227 および Schlieben-Lange 1983b: 30f. 参照)。この点については、語史研究についての理論家であるヘルマン・パウルが、すでに、以下のように述べている。「彼(著者注：歴史の記述者)は、同時代の密接に関連しあっている諸要素の巨大な複合体とともに各時代の状態を記述しなければならない」(Paul 1920a: 29)。したがって、通時的な会話研究をおこなうさいには、方法論的ないくつかのステップをふむことが前提になっている。

1. 仮説上の会話種を選ぶ

　異なる時代や言語の時期、言語の段階における「状態」を確認するためには、歴史上の会話を研究するさいにすべての共時的な時代区分にとって基準点となる、仮説上の会話種を選ぶ必要がある。たとえば、会話種「論争」は、さまざまな時代において、すくなくとも語彙としては用例がみられるため、基準点になりうる。こうした仮説上の基準点を設けることで、そこから通時的に会話種の変遷をみていくことができる(Schank 1984: 762 および Fritz 1994: 470 参照)。

2. コーパスを作成する

　仮説上の会話種にもとづいて、さまざまな言語の時期から資料を集めてコーパスを作成する必要がある。適切な資料を探すさいには、まずは、会話種の名称という語彙論的・意味論的な枠組みを利用すればよいだろう。しかし、会話サンプルが集まってからは、それらを検証しなければならない。言語構造に関する特徴や語用論的な特徴、あるいは社会言語学的な特徴などが似ているサンプルが必要だからだ。また、その会話種を別の名称で呼んでいても、その会話種の構成について述べている二次資料がないか調査する必要がある。

3. 時代区分ごとに共時的な考察をおこなう

　資料において言及され後世に伝わった会話種は、言語構造、語用論、社会言語学の側面から考察され記述される。そして、語用論的な語史研究にさいしては、それぞれの「状態」における会話種の存在や変化にたいする

機能的な説明(「なぜ〜なのか?」)を記述していくことになる(Presch 1981: 218 参照)。会話種全体の発展史を記述しようとするならば、この 3 つの次元すべてを考察する必要がある。むしろ、一次資料や二次資料を、言語構造、語用論、社会言語学という 3 つの次元から調査し、おたがいに補完しあわなければならない。それにたいして、たとえば、ある典型的な行為の原型に典型的な表現形式や、ある会話種における理想的規範の様式などの歴史を明らかにしたいのであれば、それに対応する次元に焦点をあてて記述すればよい。比較して解釈するさいには、なかでも、「(一次資料によって伝わっている)実際の状態」と「(二次資料によって伝わっている)あるべき状態」との比較をおこなうことができるだろう。

4. 長期間を対象に通時的な考察をおこなう

それぞれの(言語構造に関する、語用論的な、社会言語学的な)「状態」についてのデータを比較することで、会話種の歴史的な流れを、それぞれの発展段階とともに復元することができる。この歴史的な流れは、「遺伝学的な説明」(「どのようにして〜なのか?」)をしてくれる。つまり、「調査した「状態」にどのようにしていたったのか、という問いへの答え」(Presch 1981: 218)を与えてくれるのだ。

こうした方法やこれ以外の方法で、そもそも、どれほどドイツ語による会話の歴史を記述できるのかについては、今はまだ答えることはできない。いくつかの重要な時代については、すでに第 1 章 2.3 節で述べたとおりだ。しかし、そこではただ、さしあたって、それぞれの言語の時代においてとくに有名なものをとりあげたにすぎない(たとえば、16 世紀初頭の「宗教的な会話」や「論争」、17 世紀の「お世辞」や「歓談」、18 世紀の「多弁を弄すること」や「議論すること」など)。ドイツ語による会話の歴史——包括的ではないにせよ、詳細なもの——が、言語構造、語用論、社会言語学の視点から、より深く探求されなければならない。ここであげた代表例がしめしている以上のことを明らかにするために。歴史上の会話を研究する者が考察すべき問題について、Gerd Fritz が簡潔な一覧を作成している。この一覧は、今

後のさらなる研究のきっかけを与えてくれるだろう。

1. どの会話形式が、どの集団・社会・文化・時代にみられるのか？（…）話し手はどのていどこの会話形式をそのようなものと認識していたのか（…）？
2. 特定の実践領域における会話的な交際形式と独白的な交際形式との割合には、揺れがみられるのか？（…）
3. 我々には直接なじみのない会話形式を、どのようにすればより良く理解できるのか？（…）
4. 我々自身の会話形式における疑問点を、どのようにすれば説明できるのか？（…）
5. 会話形式の新しいバリエーションは、どのようにして生まれるのか？（…）
6. 会話形式の新しいバリエーションは、どのようにして特定の集団に根づくのか？（…）
7. 会話形式という分野において、どのようにして、そして、なぜ新しいものが広まっていくのか？
8. 特殊な制度的・媒体的な条件のもとでは、どのようにして会話形式は発展していくのか？（…）
9. 変化を起こしやすい会話形式や、変化を起こしにくい会話形式はあるのか？（…）
10. 会話に普遍性はあるのか？（…）
11. 特定の時代の集団・社会ごとに、会話形式の発展の大まかな傾向を認識できるのか、そして、どのようにしてその傾向を記述できるのか？（…）
12. 会話的に話すことの特定の分野を、特殊な社会条件ごとに時代区分できるのか？
13. 会話形式の連続性と変化を説明するためには、どのような土台が必要か？（…）

14. 会話理論のための試金石として、歴史をあつかう研究をどのように利用すればよいのか？（…）

(Fritz 1994: 545f.)

**参考文献**
Paul 1920a、Paul 1920b、Nickisch 1979、Sonderegger 1979、Presch 1981、Henne 1983、Langeheine 1983、Presch 1991、Keller 1994、Schwitalla 1996、Hess-Lüttich 1999、Kilian 2001a、Elspaß 2002、Hess-Lüttich 2002、Kilian 2002a: 54ff.、Schwitalla 2002、Nickisch 2003。

課題15　ドイツ語圏と同様に、日本語圏でも21世紀に入ってから電子メディアを用いたコミュニケーションの形式が急速に普及してきました。自分の身近にある電子メディア、たとえばEメールや携帯電話を用いたチャットで使われている日本語には、どのような（新しい）特徴があるでしょうか？　また、そうした技術がなかった時代には、その代わりにどのようなコミュニケーションがおこなわれており、そこではどのような日本語が使われていたか、考えてみましょう。

# 索引付き語彙集

挨拶(する)(Begrüßen)：27、70f.、103f.、122、165、185、193f.、200、224f.
言い争い(Streit[gespräch])：32f.、52f.、62、74、128、136f.、146f.、168
ウソ(をつく)(Lügen)：190f.
SMS(SMS)：47、56、62、219、227f.
教えるための会話(Lehrgespräch)：36、52f.、85f.、95、100f.、109f.、117f.、125f.、135f.、161f.、193、200、203
おしゃべり(Klatsch)：18、215
お世辞(Komplimentieren)：18、173、186
オフィスアワーでの会話(Sprechstundengespräch)：47f.
音調論(Prosodie)：発音の特徴をあつかう分野。24、59、94
会話(Dialog)：2人以上の、話し手／書き手と聞き手／読み手の役割を交替する参加者によって、一次的には話しことばで(対面会話)、二次的には書きことばで(文通)おこなわれるテーマ的に結びついた相互行為。2f.
会話サンプル(Dialogexemplar)：他のものとは区別可能な、独立した会話的な出来事(たとえば、ルターとツヴィングリが1529年10月3日におこなった「論争」など)。32、58f.、70、82f.、91f.、135f.、156f.、210
会話種(Dialogsorte)：会話サンプルを現実化するためのバーチャルな原型。会話的な言語生産の特徴について、コンテクスト(行為の条件)や機能(行為の目的)、構造(行為の方法および形式)を抽象的にまとめたもの。6、11f.、29f.、82f.、135f.、145f.、156f.、163f.、210f.
会話成果(Dialogertrag)：「ある相互行為において実現した、あるいはそこから行きつきうる成果」(Adamzik 2000a: 191) 31、151f.
会話タイプ(Dialogtyp)：ある会話領域における会話種のうち、より上位の共通の目的をもった会話種をまとめたもの。8、29f.、83f.、135f.、156f.、171f.
会話における行為(Gesprächsakt)：会話において、行為の計画にそっておこなわれる言語や身ぶりによるコミュニケーションの最小単位(Henne/Rehbock 2001: 176 参照)。13、26、94
会話の規範(Dialognormen)：会話的な言語生活や会話的なやりとりに関して、ある言語共同体において存在し、あるいは確立され、承認された規則。たとえば「ほおばったまま話すべきではない」など、すでに存在し規範として根づいている規則。58、74f.、171f.
会話の局面(Gesprächsphase)：マクロ・レベルにおける会話の構成要素(Henne/

Rehbock 2001: 14f. 参照)。103f.

**会話の体系化／分類(Dialogtypologie)**：会話サンプルを会話種に、あるいは会話種を会話タイプにといった具合に、体系的に整理していく言語学的なアプローチ(会話種の分類とも)。86、135f.、145f.、156f.、163f.

**会話分析(Gesprächsanalyse)**：「会話的に話すことを研究する(…)言語学の分野」(Paul 2002: 407)20、30f.、54f.、81f.、91f.、102f.、156f.

**会話文法(Dialoggrammatik)**：「会話分析におけるコンセプトであり、発話行為論および変形生成文法にもとづく理論と方法論を用いて、会話の原型および会話そのものの記述をおこなう」(Franke 1990: 163)20、30f.、82、136f.、145f.、163f.

**会話領域(Dialogbereich)**：共同体におけるコミュニケーション実践領域において会話的なコミュニケーションを形づくる、会話種および会話タイプの総体。19、35、84f.、93f.、156、161f.、200

**歓談(Konversation)**：55f.、72、115、122、173、200f.、232

**聞き手のシグナル(Hörerrückmeldung)**：会話の流れに影響をあたえる聞き手による言語行為やジェスチャー。たとえば、a)聞き手のための談話辞を使用する、b)話し手による文を補う、c)短く問い合わせる、d)短く相手のことばを繰り返す、e)ジェスチャーをおこなう、f)聞き手としてコメントをはさむ、など。113f.、124

**聞き手のシグナルのための談話辞(Rückmeldungspartikeln)**：聞き手が話を聞いていることを話し手に知らせるために使用する談話辞。たとえば、*hmm*(ふむ)など。124

**聞き手のシグナルを送る行為(Rückmeldungsakt)**：聞き手が言語あるいはジェスチャーによっておこなうコミュニケーションの最小単位。113f.、124

**共時態(Synchronie)**：「言語の状態」(F. de Sausure, dt. $^2$1967: 96)言語体系の静的な状態であり、ひとつの言語体系の歴史の一断面(たとえば、1521 年から 1525 年にかけての宗教改革の会話など。Kampe 1997 参照)。14、37f.、58f.、81f.、199f.、209f.、230f.

**議論(Diskussion)**：162、177、207

**言語行為の概念(Sprachhandlungsbegriff)**：精神的なコンセプトであり、話し手はこの概念を用いて言語行為を分類する。それぞれの言語においては、多くの場合、動詞(「主張する」など)か名詞(「主張」など)が、言語行為を解釈し分類するための指標となる。138、163f.

**言語行為の規範(Sprachhandlungsnormen)**：言語共同体の内部においてすでに存在している、あるいは新たに確立された、言語行動や言語行為の方法として承認された規則。たとえば、「洗礼を授ける」という行為では、教会における有資格者のみがおこなえるという制度上の規範が確立されている。6、36、45、171f.

言語構造に関する会話研究(Dialogforschung, sprachstrukturelle)：会話のメゾおよびミクロ構造にもとづいて、会話的な行為の方法および形式の構造を調査すること。17f.、24f.、58f.、91f.、102f.、214f.、221f.

言語変化(Sprachwandel)：時の流れのなかで、言語使用によって引き起こされた変化が言語の規範や体系を変えること。19、85、211f.

口頭試問での会話(Prüfungsgespräch)：13、85、101

語末音消失(Apokope)：“hätt' ich"や"sollt' ich"のように、「語末の母音や子音を省略すること」(MLS)。25、132

語用論的な会話研究(Dialogforschung, sprachpragmatische)：会話のマクロおよびメゾ構造にもとづいて、会話的な行為の方法および形式の機能を調査すること。17f.、24f.、29f.、37f.、58f.、82f.、135f.、219f.

コンピューターによる会話(Dialog, computervermittelter)：コンピューターをa)媒体として使用して(人間同士で)、あるいはb)会話相手として(人間とコンピューターで)おこなう会話。18、40f.、214f.

自己紹介のための会話(Vorstellungsgespräch)：173

試問(Abfragegespräch)：42

社会言語学的な会話研究(Dialogforschung, sprachsoziologische)：会話のマクロおよびメゾ構造にもとづいて、会話的な行為の方法および形式の条件を調査すること。17f.、35f.、58f.、82f.、171f.、226f.

宗教改革の会話(Reformationsdialog)：51f.、209

縮約(Kontraktion)：「ふたつの語彙をつなぎ、発音の異なるひとつの語にすること」(MLS)25、66、131f.、217、228

情報のための会話(Informationsgespräch)：31f.、136、146f.、161、165

(音の)省略(Elision)：「音を省略すること」(MLS)25、66、131f.、228

食事時の会話(Tischgespräch)：73f.、182f.

助言／審議のための会話(Beratungsgespräch)：56、139、162、165、177、219

資料(Quellen)：61f.

心態詞(Abtönungspartikel)：「話している状況(…)を指示し、発話行為における発語内行為にニュアンスをつける」(Burkhardt 1982: 154)もの。たとえば、"Was schreibst du *denn* da *eigentlich*？"(いったい、おまえはそこで何を書いてるってんだ？)。105、119、124

ターン(Gesprächsschritt／Turn)：「ある個人が自分の手番でおこなったことや言ったこと」(Goffman 1974。Henne/Rehbock 2001: 16 より引用)24f.、31f.、91、98f.、103f.、110f.、123f.、146f.、185、220f.、228f.

ターンのシークエンス(Zugsequenz)：1回以上の話者交替をふくむターンの流れ。そのさい、それぞれのターンは、会話文法における行為の計画にそった「手番(Zug)」として解釈される。136f.、146f.

対面会話(Gespräch)：話しことば(音声)による会話。5f.

**対面会話領域(Gesprächsbereich)**:「共同体の構成員にとって特殊な機能をはたす対面会話によって作られたもの」(Henne/Rehbock 2001: 22f. 参照)94、102、156、161f.

**多弁を弄すること(Räsonieren)**:18、56、122、232

**談話辞(Gesprächswort)**:「話しことばを組織したり、分節したり、構成したりするための表現」(MLS)24、26f.、99、122f.

**談話分節辞(Gliederungspartikeln)**:「話し手が自分のターンを分節したり、同時に、会話相手とコンタクトをとったり、注目を集めたり、賛同を求めるための」談話辞(Henne 1978: 45)。たとえば、ターンの終わりの "oder nicht?"(じゃない?)など。117、123

**チャット(Chat)**:6、13、18、40、47、56、214f.、227

**沈黙(Schweigen)**:28、75f.、113f.、193、204f.

**通時態(Diachronie)**:「発展の局面」(F. de Sausure, dt. ²1967: 96)ひとつの言語体系の進展、動的な発展、ひとつの言語の歴史を時代にそって縦断した側面(たとえば、1500年から1800年にかけての呼びかけの形式など。Metcalf 1938参照)。14、27f.、58f.、82f.、199f.、209f.、230f.

**ディスコース(Diskurs)**:会話の上位にある社会的な言語行為の組み合わせのことで、テーマや時代、行為への参加者などの要素によって構成される(「1948/49年の基本権についてのディスコース」など)。11、49、82f.、174、199、206f.

**電話による会話(Telefongespräch)**:56、157、215

**問い合わせのための会話(Erkundigungsgespräch)**:136f.

**闘争の会話(Kampfgespräch)**:18、52、139、148f.、161f.

**党派間協議(Besprechung, interfraktionelle)**:176f.、206f.

**討論(Debatte)**:6、18、56、177f.、207

**破格構文(Anakoluth)**:急に文構造が変わること。たとえば、"Ich wollte dir noch, - ich habe da gestern etwas gesehen."(おまえには、まだ——昨日、ある物を見たんだ)。66、119

**発音(Aussprache)**:「言語音の現実化」(MLS)25、124、126、131f.

**発話行為辞(Sprechhandlungspartikeln)**:おもに「発語内行為をおこなう不変化詞」。たとえば、「挨拶」をおこなう *Hallo*(ハロー)や、「確認」をおこなう *Jawohl*(たしかに)など。これらの談話辞を使用することで、同時に、特定の行為をおこなうことになる。124

**話しことば(Sprache, gesprochene)**:5f.

**文通(Korrespondenz)**:書きことば(文字)による会話。5f.

**ポライトネス(Höflichkeit)**:コミュニケーションにおいて、会話相手の願望を予期し、それに沿うように行動すること。43f.、137、172、185f.、190f.

**ミンネの会話(Minnegespräch)**:52f.、139、162

(E)メール(E-Mail)：5、9、47f.、56、62、219、227f.
文字の体裁(Typographie)：25、98
(教理)問答(Katechese)：42、101、109、117、122、125、136
呼びかけ(の形式)(Anredeformen)：27、34f.、66、76f.、105、122、126f.、173、194f.、224f.
論争(Disputatio[n])：12f.、18、53、62、231f.
別れ(の挨拶)(Verabschieden)：105f.、122、185、194
**枠外配置(Ausklammerung)**：文の一部を枠構造の外に置くこと。たとえば、"Weißt du nicht, wie schreibt man Madam？"(知らない、「マダム」ってどう書くのか？)。66、119、131
**話者交替(Sprecherwechsel)**：ターンを聞き手が受け継ぎ、新たな話し手となること。話者交替は、a)聞き手自らがおこなう、b)話し手がおこなう、c)司会役がおこなう。また、形式としては、a)ほとんど間を取らずに話者が交替する、b)発話が重複する、c)長い間がおきる、d)相手の発話をさえぎる、といったものがある。13、20、99、108f.、115f.、160

# 参考文献一覧

Adamzik, Kirsten: Dialogerträge. Vorschläge für eine mehrperspektivische Gesprächsanalyse, in: Zeitschrift für germanistische Linguistik 28, 2000a, 185–206.

Adamzik, Kirsten: Bezeichnungen für Dialogsorten im Deutschen, in: Susanne Beckmann/Peter-Paul König/Georg Wolf (Hrsg.): Sprachspiel und Bedeutung. Festschrift für Franz Hundsnurscher zum 65. Geburtstag, Tübingen 2000b, 243–354.

Adamzik, Kirsten: Aspekte der Gesprächstypologisierung, in: Klaus Brinker/Gerd Antos/Wolfgang Heinemann/Sven F. Sager (Hrsg.): Text-und Gesprächslinguistik. Ein internationales Handbuch zeitgenössischer Forschung, Zweiter Teilbd.: Gesprächslinguistik, Berlin, New York 2001, 1472–1484.

Althoff, Gert: Colloquium familiare – colloquium secretum – colloquium publicum. Beratung im politischen Leben des frühen Mittelalters, in: Frühmittelalterliche Studien 24, 1990, 145–167.

Bax, Marcel M. H.: Die lebendige Dimension toter Sprachen. Zur pragmatischen Analyse von Sprachgebrauch in historischen Kontexten, in: Zeitschrift für germanistische Linguistik 11, 1983, 1–21.

Bax, Marcel M. H.: Historische Pragmatik. Eine Herausforderung für die Zukunft. Diachrone Untersuchungen zu pragmatischen Aspekten ritueller Herausforderungen in Texten mittelalterlicher Literatur, in: Dietrich Busse (Hrsg.): Diachrone Semantik und Pragmatik. Untersuchungen zur Erklärung und Beschreibung des Sprachwandels, Tübingen 1991, 197–215.

Bax, Marcel M. H.: Ritual Levelling: The Balance between the Eristic and the Contractual Motive in Hostile Verbal Encounters in Medieval Romance and Early Modern Drama, in: Andreas H. Jucker/Gerd Fritz/Franz Lebsanft (eds.): Historical Dialogue Analysis, Amsterdam, Philadelphia 1999, 35–80.

Beetz, Manfred: Frühmoderne Höflichkeit. Komplimentierkunst und Gesellschaftsrituale im altdeutschen Sprachraum, Stuttgart 1990.

Behaghel, Otto: Geschriebenes Deutsch und gesprochenes Deutsch (1899), in: Otto Behaghel. Von deutscher Sprache. Aufsätze, Vorträge und Plaudereien, Lahr in Baden 1927, 11–34.

Beißwenger, Michael (Hrsg.): Chat-Kommunikation. Sprache, Interaktion, Sozialität & Identität in synchroner computervermittelter Kommunikation. Perspektiven auf ein interdisziplinäres Forschungsfeld, Stuttgart 2001.

Bentzinger, Rudolf: Besonderheiten in der Syntax der Reformationsdialoge 1520–1525, in: Neuere Forschungen zur historischen Syntax des Deutschen […], Tübingen 1990, 196–

204.

Bentzinger, Rudolf: Untersuchungen zur Syntax der Reformationsdialoge 1520–1525. Ein Beitrag zur Erklärung ihrer Wirksamkeit, Berlin 1992.

Bergmann, Jörg: Ethnomethodologische Konversationsanalyse, in: Gerd Fritz/Franz Hundsnurscher (Hrsg.): Handbuch der Dialoganalyse, Tübingen 1994, 3–16.

Besch, Werner: Duzen, Siezen, Titulieren. Zur Anrede im Deutschen heute und gestern, Göttingen 1996.

Betten, Anne: Sprachrealismus im deutschen Drama der siebziger Jahre, Heidelberg 1985.

Betten, Anne: Zur Problematik der Abgrenzung von Schriftlichkeit und Mündlichkeit bei mittelalterlichen Texten, in: Anne Betten (Hrsg.). Neuere Forschungen zur historischen Syntax des Deutschen, Tübingen 1990, 324–335.

BMZ: Mittelhochdeutsches Wörterbuch. Mit Benutzung des Nachlasses von Georg Friedrich Benecke ausgearbeitet von Wilhelm Müller und Friedrich Zarncke. 3 Bde., Leipzig 1854–1866, Ndr. Hildesheim 1963.

Bolhöfer, Walther: Gruß und Abschied in Althochdeutscher und Mittelhochdeutscher Zeit, Diss. Göttingen 1912.

Brinker, Klaus/Sager, Sven F.: Linguistische Gesprächsanalyse. Eine Einführung. 2., durchgesehene und ergänzte Aufl. Berlin 1996.

Brinker, Klaus/Antos, Gerd/Heinemann, Wolfgang/Sager, Sven F. (Hrsg.): Text-und Gesprächslinguistik. Ein internationales Handbuch zeitgenössischer Forschung, Zweiter Teilbd.: Gesprächslinguistik, Berlin, New York 2001

Burger, Harald: Interjektionen, in: Horst Sitta (Hrsg.): Ansätze zu einer pragmatischen Sprachgeschichte. Zürcher Kolloquium 1978, Tübingen 1980, 53–69.

Burke, Peter: The Art of Conversation, Cambridge 1993.

Burkhardt, Armin: Gesprächswörter. Ihre lexikologische Bestimmung und lexikographische Beschreibung. In: Wolfgang Mentrup (Hrsg.): Konzepte zur Lexikographie. Studien zur Bedeutungserklärung in einsprachigen Wörterbüchern, Tübingen 1982, S. 138–171.

Burkhardt, Armin: Das Parlament und seine Sprache. Studien zu Theorie und Geschichte parlamentarischer Kommunikation, Tübingen 2003.

Burkhardt, Armin: Zwischen Monolog und Dialog. Zur Theorie, Typologie und Geschichte des Zwischenrufs im deutschen Parlamentarismus, Tübingen 2004.

Busse, Dietrich: Historische Semantik. Analyse eines Programms, Stuttgart 1987.

Busse, Dietrich/Teubert, Wolfgang: Ist Diskurs ein sprachwissenschaftliches Objekt? Zur Methodenfrage der historischen Semantik, in: Dietrich Busse/Fritz Hermanns/Wolfgang Teubert (Hrsg.): Begriffsgeschichte und Diskursgeschichte. Methodenfragen und Forschungsergebnisse der historischen Semantik, Opladen 1994, 10–28.

Cherubim, Dieter: Zum Programm einer historischen Sprachpragmatik, in: Horst Sitta (Hrsg.): Ansätze zu einer pragmatischen Sprachgeschichte. Zürcher Kolloquium 1978, Tübingen

1980, 3–21.
Cherubim, Dieter: Sprachgeschichte im Zeichen der linguistischen Pragmatik, in: Werner Besch/Anne Betten/Oskar/Stefan Sonderegger (Hrsg.): Sprachgeschichte. Ein Handbuch zur Geschichte der deutschen Sprache und ihrer Erforschung. Erster Halbbd. 2., vollständig neu bearb. und erw. Aufl. Berlin, New York 1998, 538–550.
Daniel, Ute: Kompendium Kulturgeschichte. Theorien, Praxis, Schlüsselwörter, Frankfurt/M: 2001.
Dundes, Alan/Leach, Jerry. W./Özkök, Bora: The Strategy of Turkish Boys'verbal Dueling Rhymes, in: John Gumpertz/Dell Hymes (eds.): Directions in Sociolinguistics, New York [usw.] 1972, 130–160.
DWb: Deutsches Wörterbuch von Jacob Grimm und Wilhelm Grimm. 16 Bde. in 32 Teilbdn., Leipzig 1854–1960. Ndr. München 1984.
Ehler, Karin: Konversation. Höfische Gesprächskultur als Modell für den Fremdsprachenunterricht, München 1996.
Ehlich, Konrad: On the historicity of politeness, in: Richard J. Watts/Sachiko Ide/Konrad Ehlich (eds.): Politeness in Language. Studies in its History, Theory and Practice, Berlin, New York 1992, 72–107.
Ehlich, Konrad: Der Katechismus – eine Textart an der Schnittstelle von Mündlichkeit und Schriftlichkeit, in: Zeitschrift für Literaturwissenschaft und Linguistik 29, 1999, H. 116, 9–33.
Ehrismann, Gustav: Duzen und Ihrzen im Mittelalter, in: Zeitschrift für deutsche Wortforschung 1, 1901, 117–149; 2, 1902, 118–159; 4, 1903, 210–248; 5, 1903/04, 127–220.
Elias, Norbert: Über den Prozeß der Zivilisation. Soziogenetische und psychogenetische Untersuchungen. Bd. 1: Wandlungen des Verhaltens in den weltlichen Oberschichten des Abendlandes, Frankfurt/M. 14. Aufl. 1989.
Elspaß, Stephan: Alter Wein und neue Schläuche?Briefe der Wende zum 20. Jahrhundert und Texte der neuen Medien – ein Vergleich, in: Schmitz, Ulrich/Wyss, Eva Lia (Hrsg.): Briefkommunikation im 20. Jahrhundert, OBST 64, 2002, 7–31.
Enninger, Werner: Zu Möglichkeiten und Grenzen historischer Diskursanalyse. Der Fall der Zweiten Züricher Disputation 1523, in: Zeitschrift für Germanistik 11, 1990, 147–161.
Ettl, Susanne: Anleitung zu schriftlicher Kommunikation. Briefsteller von 1880–1980, Tübingen 1984.
Fauser, Markus: Das Gespräch im 18. Jahrhundert. Rhetorik und Geselligkeit in Deutschland, Stuttgart 1991.
Franke, Wilhelm: Taxonomie der Dialogtypen. Eine Skizze, in: Franz Hundsnurscher/Edda Weigand (Hrsg.): Dialoganalyse [...], Tübingen 1986, 85–101.
Franke, Wilhelm: Elementare Dialogstrukturen. Darstellung, Analyse, Diskussion, Tübingen 1990.

Fraser, Bruce: The form and function of politeness in conservation, in: Klaus Brinker/Gerd Antos/Wolfgang Heinemann/Sven F. Sager (Hrsg.): Text-und Gesprächslinguistik. Ein internationales Handbuch zeitgenössischer Forschung, Zweiter Teilbd.: Gesprächslinguistik, Berlin, New York 2001, 1406–1425. .

Fritz, Gerd: Geschichte von Dialogformen, in: Fritz/Hundsnurscher (Hrsg.) 1994, 545–562.

Fritz, Gerd: Topics in the History of Dialogue Forms, in: Andreas H. Jucker (ed.) 1995, 469–498.

Fritz, Gerd: Remarks on the History of Dialogue Forms, in: Etienne Pietri (ed.) [...]: Dialoganalyse V [...], Tübingen 1997, 47–55.

Fritz, Gerd/Muckenhaupt, Manfred: Kommunikation und Grammatik. Texte – Aufgaben – Analysen, Tübingen 2. Aufl. 1984.

Fritz, Gerd/Hundsnurscher, Franz (Hrsg.): Handbuch der Dialoganalyse, Tübingen 1994.

Gering, Hugo: Vollständiges Wörterbuch zu den Liedern der Edda, Halle 1903, Ndr. Hildesheim, New York 1971.

Gernentz, Hans Joachim: Die Bedeutung der Gesprächsbücher des Rußlandhandels im 17. Jahrhundert für die Entwicklung der Lexikographie, in: Kopenhagener Beiträge zur Germanistischen Linguistik 17, 1981, 63–93.

Gloning, Thomas: Sprachreflexive Textstellen als Quellen für die Geschichte von Kommunikationsformen, in: Heinrich Löffler (Hrsg.): Dialoganalyse IV [...], Teil 1, Tübingen 1993, 207–217.

Gloning, Thomas: The Pragmatic Form of Religious Controversies around 1600. A Case Study in the Osiander vs. Scherer & Rosenbusch Controversy, in: Andreas H. Jucker/Gerd Fritz/Franz Lebsanft (eds.): Historical Dialogue Analysis, Amsterdam, Philadelphia 1999, 81–110.

Glück, Helmut/Klatte, Holger/Spáčil, Vladimir/Spáčilová, Libuše: Deutsche Sprachbücher in Böhmen und Mähren vom 15. Jahrhundert bis 1918. Eine teilkommentierte Bibliographie, Berlin, New York 2002.

Goffman, Erving: Interaktionsrituale. Über Verhalten in direkter Kommunikation, Frankfurt/M. 1986.

Göttert, Karl-Heinz: Kommunikationsideale. Untersuchungen zur europäischen Konversationstheorie, München 1988.

Göttert, Karl-Heinz: Rhetorik und Konversationstheorie. Eine Skizze ihrer Beziehung von der Antike bis zum 18. Jahrhundert, in: Rhetorik 10, 1991, 45–65.

Göttert, Karl-Heinz: Konversation, in: HWbRh, Bd. 4, 1998, 1322–1333.

Grice, H. Paul: Logic and Conversation, in: P. Cole/J. L. Morgan (eds.): Syntax and Semantics, Vol. 3: Speech Acts, New York, San Francisco, London 1975, 41–58; dt.: Logik und Konversation, in: Georg Meggle (Hrsg.): Handlung, Kommunikation, Bedeutung, Frankfurt/M. 1979, S. 243–265.

³GWb: DUDEN. Das große Wörterbuch der deutschen Sprache in zehn Bänden. 3., völlig neu bearb. und erw. Aufl. [...], Mannheim [usw.] 1999.

Grosse, Siegfried: Literarischer Dialog und gesprochene Sprache, in: Herbert Backes (Hrsg.): Festschrift für Hans Eggers zum 65. Geburtstag, Tübingen 1972 (= PBB [T] 94, Sonderheft), 649–668.

Gutenberg, Norbert: Einige Anmerkungen (und Wiederholungen) zu Fragen der Methodologie von Kommunikationstypologie, in: Edda Weigand/Franz Hundsnurscher (Hrsg.): Dialoganalyse II [...], Bd. 1, Tübingen 1989, 33–41.

Hasubek, Peter: „...*wer am meisten red't ist der reinste Mensch*". Das Gespräch in Theodor Fontanes Roman „Der Stechlin", Berlin 1998.

Hauenherm, Eckhard: Pragmalinguistische Aspekte des dramatischen Dialogs. Dialoganalytische Untersuchungen zu Gottscheds *Sterbender Cato*, Lessings *Emilia Galotti* und Schillers *Die Räuber*, Frankfurt/M. [usw.] 2002.

Heinemann, Wolfgang/Viehweger, Dieter: Textlinguistik. Eine Einführung, Tübingen 1991.

Henne, Helmut: Sprachpragmatik. Nachschrift einer Vorlesung, Tübingen 1975.

Henne, Helmut: Gesprächsanalyse-Aspekte einer pragmatischen Sprachwissenschaft. In: D. Wegner (Hrsg.): Gesprächsanalysen, Hamburg, 1977, 67–92.

Henne, Helmut: Gesprächswörter, in: Helmut Henne/Wolfgang Mentrup/Dieter Möhn/Harald Weinrich (Hrsg.): Interdisziplinäres deutsches Wörterbuch in der Diskussion, Düsseldorf 1978, 42–47.

Henne, Helmut: Die Rolle des Hörers im Gespräch, in: Inger Rosengren (Hrsg.): Sprache und Pragmatik. Lunder Symposium 1978, Malmö 1979, 122–134.

Henne, Helmut: Probleme einer historischen Gesprächsanalyse. Zur Rekonstruktion gesprochener Sprache im 18. Jahrhundert, in: Horst Sitta (Hrsg.): Ansätze zu einer pragmatischen Sprachgeschichte. Zürcher Kolloquium 1978, Tübingen 1980, 89–102.

Henne, Helmut: Zur Analyse sprachlicher Handlungen in Briefen, in: Inger Rosengren (Hrsg.): Sprache und Pragmatik. Lunder Symposium 1982, Stockholm 1983, 193–198.

Henne, Helmut: Zur historischen und literarischen Dimension der Gesprächsforschung, in: Magdalena Bartha/Attila Péteri (Hrsg.): Textverstehen – Textarbeit – Textkompetenz, Budapest, 1994, 27–41.

Henne, Helmut/Rehbock, Helmut: Einführung in die Gesprächsanalyse. 4., durchgesehene und bibliographisch ergänzte Aufl. Berlin, New York 2001.

Hermanns, Fritz: Linguistische Anthropologie. Skizze eines Gegenstandsbereichs linguistischer Mentalitätsgeschichte, in: Dietrich Busse/Fritz Hermanns/Wolfgang Teubert (Hrsg.): Begriffsgeschichte und Diskursgeschichte. Methodenfragen und Forschungsergebnisse der historischen Semantik, Opladen 1994, 29–59.

Hermanns, Fritz: Sprachgeschichte als Mentalitätsgeschichte. Überlegungen zu Sinn und Form und Gegenstand historischer Semantik, in: Andreas Gardt/Klaus J. Mattheier/Oskar

Reichmann (Hrsg.): Sprachgeschichte des Neuhochdeutschen. Gegenstände, Methoden, Theorien, Tübingen 1995, 69–101.

Hess-Lüttich, Ernest W. B.: Dialog, in: HWbRh, Bd. 2: Bie–Eul, Tübingen 1994, Sp.606–621.

Hess-Lüttich, Ernest W. B.: Gespräch, in: HWbRh, Bd. 3: Eup–Hör, Tübingen 1996, Sp.929–947.

Hess-Lüttich, Ernest W. B.: E-Epistolographie: Briefkultur im Medienwandel, in: Hepp, Andreas/Winter, Rainer (Hrsg.): Kultur–Medien–Macht. Cultural Studies und Medienanalyse, 2., überarb. Aufl. Opladen, Wiesbaden 1999, 273–294.

Hess-Lüttich, Ernest W. B.: (N)Etiquette und Subversion – Autoritätsverfall und Dialogverlust in der Briefkultur?, in: Waltraud ‚Wara' Wende (Hrsg.): Über den Umgang mit der Schrift, Würzburg 2002, 172–193.

Hindelang, Götz: Sprechakttheoretische Dialoganalyse, in: Gerd Fritz/Franz Hundsnurscher (Hrsg.): Handbuch der Dialoganalyse, Tübingen 1994, 95–112.

Hoffmann, Ludger: Grammatik der gesprochenen Sprache, Heidelberg 1998 (= Studienbibliographien Sprachwissenschaft 25)

Hoffmann, Werner: Das Hildebrandslied und die indogermanischen Vater-Sohn-Kampf-Dichtungen, in: Beiträge zur Geschichte der deutschen Sprache und Literatur (PBB [T]) 92, 1970, 26–42.

Hoffmann, Walter: Probleme der Korpusbildung in der Sprachgeschichtsschreibung und Dokumentation vorhandener Korpora, in: Besch, Werner/Betten, Anne/Reichmann, Oskar/Sonderegger, Stefan (Hrsg.): Sprachgeschichte. Ein Handbuch zur Geschichte der deutschen Sprache und ihrer Erforschung. Erster Halbbd. 2., vollständig neu bearb. und erw. Aufl. Berlin, New York 1998, 875–889.

Hoppe, Brigitte: Naturwissenschaftliche Fachgespräche zur Zeit der Aufklärung in Europa, in: Schlieben-Lange (Hrsg.) 1989, 115–167.

Hundsnurscher, Franz: Konversationsanalyse versus Dialoggrammatik, in: Heinz Rupp/Hans-Gert Roloff (Hrsg.): Akten des VI. Internationalen Germanisten-Kongresses Basel 1980, Bd. 2, Bern 1980, 89–95.

Hundsnurscher, Franz: Typologische Aspekte von Unterrichtsgesprächen, in: Edda Weigand/Franz Hundsnurscher (Hrsg.): Dialoganalyse II [...], Tübingen 1989, Bd. 1, 237–256.

Hundsnurscher, Franz: Dialog-Typologie, in: Gerd Fritz/Franz Hundsnurscher (Hrsg.): Handbuch der Dialoganalyse, Tübingen 1994, 203–238.

Hundsnurscher, Franz: Das Konzept der Dialoggrammatik, in: Klaus Brinker/Gerd Antos/Wolfgang Heinemann/Sven F. Sager (Hrsg.): Text-und Gesprächslinguistik. Ein internationales Handbuch zeitgenössischer Forschung, Zweiter Teilbd.: Gesprächslinguistik, Berlin, New York 2001, 945–952.

HWbdA: Handwörterbuch des deutschen Aberglaubens, hrsg. von Hanns-Bächthold-Stäubli [...]. 10 Bde., Berlin, Leipzig 1927–1942, Ndr. Berlin, New York 2000.

HWbRh: Historisches Wörterbuch der Rhetorik. Hrsg. von Gert Ueding, Tübingen 1992ff.

Hymes, Dell: Die Ethnographie des Sprechens, in: Dell Hymes: Soziolinguistik. Zur Ethnographie der Kommunikation. Eingeleitet und hrsg. von Florian Coulmas, Frankfurt/M. 1979, 29–97.

Jacobs, Andreas/Jucker, Andreas H.: The Historical Perspective in Pragmatics, in: Jucker 1995, 3–33.

Jucker, Andreas H. (ed.): Historical Pragmatics: Pragmatic Developments in the History of English, Amsterdam, Philadelphia 1995.

Jucker, Andreas H./Fritz, Gerd/Lebsanft, Franz: Historical Dialogue Analysis: Roots and Traditions in the Study of the Romance Languages, German, and English, in: Andreas H. Jucker/Gerd Fritz/Franz Lebsanft (eds.): Historical Dialogue Analysis, Amsterdam, Philadelphia 1999, 1–33.

Kampe, Jürgen: Problem „Reformationsdialog". Untersuchungen zu einer Gattung im reformatorischen Medienwettstreit, Tübingen 1997.

Kästner, Hannes: Mittelalterliche Lehrgespräche. Textlinguistische Analysen, Studien zur poetischen Funktion und pädagogischen Intention, Berlin 1978.

Kästner, Hannes: Minnegespräche: Die galante Konversation in der frühen deutschen Lyrik, in: Andreas H. Jucker/Gerd Fritz/Franz Lebsanft (eds.): Historical Dialogue Analysis, Amsterdam, Philadelphia 1999, 167–188.

Keller, Rudi: Sprachwandel. Von der unsichtbaren Hand in der Sprache. 2., überarbeitete und erweiterte Aufl. Tübingen 1994.

Kilian, Jörg: Demokratische Sprache zwischen Tradition und Neuanfang. Am Beispiel des Grundrechte-Diskurses 1948/49, Tübingen 1997a (= RGL 186).

Kilian, Jörg: Gespräche im Computer-Zeitalter – Kommunikation und Kultur?, in: Michael Zöller (Hrsg.): Informationsgesellschaft – Von der organisierten Geborgenheit zur unerwarteten Selbständigkeit? [= Veröffentlichungen der Hanns Martin Schleyer-Stiftung 49], Köln 1997b, 240–247.

Kilian, Jörg: „Alles Plauderei"? Fontanes »Stechlin« im Blick der historischen Dialogforschung, in: Mu 109, 1999, 338–357.

Kilian, Jörg: Erinnerter Neuanfang. Zur Formung parlamentarisch-demokratischer Kommunikation im Parlamentarischen Rat, in: Armin Burkhardt/Cornelia Pape (Hrsg.): Sprache des deutschen Parlamentarismus. Studien zu 150 Jahren parlamentarischer Kommunikation, Wiesbaden 2000, 172–192.

Kilian, Jörg: T@stentöne. Geschriebene Umgangssprache in computervermittelter Kommunikation. Historisch-kritische Ergänzungen zu einem neuen Feld der linguistischen Forschung, in: Michael Beißwenger (Hrsg.): Chat-Kommunikation. Sprache, Interaktion, Sozialität & Identität in synchroner computervermittelter Kommunikation. Perspektiven auf ein interdisziplinäres Forschungsfeld, Stuttgart 2001a, 55–78.

Kilian, Jörg: Private Gespräche im 19. Jahrhundert. Am Beispiel von Wilhelm Raabes »Pfisters Mühle«, in: Herbert Blume (Hrsg.): Von Wilhelm Raabe und anderen. Vorträge aus dem Braunschweiger Raabe-Haus, Bielefeld 2001b, 171–190.

Kilian, Jörg: Lehrgespräch und Sprachgeschichte. Untersuchungen zur historischen Dialogforschung, Tübingen 2002a (= RGL 233).

Kilian, Jörg: Scherbengericht. Zu Quellenkunde und Quellenkritik der Sprachegeschichte. Am Beispiel des Sozialistengesetzes Bismarcks (1878–1890), in: Dieter Cherubim/Karlheinz Jakob/Angelika Linke (Hrsg.): Neuere Deutsche Sprachgeschichte. Mentalitäts-, kultur- und sozialgeschichtliche Zusammenhänge, Berlin, New York 2002b, 139–165.

Kilian, Jörg: Alkmenes *Ach*. Die Linguistik entdeckt die dialogische Sprache, in: Helmut Henne/Horst Sitta/Herbert Ernst Wiegand (Hrsg.): Germanistische Linguistik. Konturen eines Faches, Tübingen 2003, 159–183.

Kilian, Jörg: Jurek Becker: Jakob der Lügner, in: Renate Stauf/Cord-Friedrich Berghahn (Hrsg.): Weltliteratur. Eine Braunschweiger Vorlesung, Bielefeld 2004a, 449–467.

Kilian, Jörg: Grammatik im digitalen Dialog. Zur Qualität des dialogischen Transfers grammatischen Wissens in interaktiven Lehr-Lernprogrammen für DaF, in: Gerd Antos/Sigurd Wichter (Hrsg.): [Transferwissenschaften: Transferqualität], 2004b [demnächst].

Klenk, Marion: Sprache im Kontext sozialer Lebenswelt. Eine Untersuchung zur Arbeiterschriftsprache im 19. Jahrhundert, Tübingen 1997.

Koch, Kristine: Deutsch als Fremdsprache im Rußland des 18. Jahrhunderts. Ein Beitrag zur Geschichte des Fremdsprachenlernens in Europa und zu den deutsch-russischen Beziehungen, Berlin, New York 2002.

Koch, Peter/Oesterreicher, Wulf: Sprache der Nähe – Sprache der Distanz. Mündlichkeit und Schriftlichkeit im Spannungsfeld von Sprachtheorie und Sprachgeschichte, in: Romanisches Jahrbuch 36, 1985, 15–43.

Kocka, Jürgen: Sozialgeschichte. Begriff – Entwicklung – Probleme, 2., erw. Aufl. Göttingen 1986.

Kocka, Jürgen: Historische Sozialwissenschaft. Auslaufmodell oder Zukunftsvision? Oldenburg 1999.

Köstler-Holste, Silke: Natürliches Sprechen im belehrenden Schreiben. J. H. Campes „Robinson der Jüngere" (1779/80), Tübingen 2004.

Kunze, Konrad: Erhebung von Sprachdaten aus schriftlichen Quellen, in: Werner Besch/Ulrich Knoop/Wolfgang Putschke/Herbert Ernst Wiegand (Hrsg.): Dialektologie. Ein Handbuch zur deutschen und allgemeinen Dialektforschung. Erster Halbbd., Berlin, New York 1982, 554–562.

Landwehr, Achim: Geschichte des Sagbaren. Einführung in die Historische Diskursanalyse, 2., unv. Aufl. Tübingen 2004.

Langeheine, Volker: Bemerkungen zur Briefforschung, in: Inger Rosengren (Hrsg.): Sprache und Pragmatik. Lunder Symposium 1982, Stockholm 1983, 299–316.

Lexer, Matthias: Mittelhochdeutsches Handwörterbuch, Stuttgart 1979.

LexMa: Lexikon des Mittelalters. 10 Bde., Stuttgart, Weimar 1980–1999.

Lerchner, Gotthard: Der Diskurs im sprachgeschichtlichen Prozeß. Zur Rolle des Subjekts in einer pragmatischen Theorie des Sprachwandels, in: Zeitschrift für Phonetik, Sprachwissenschaft und Kommunikationsforschung 41, 1988, 279–292.

Lerchner, Gotthard: Kommunikationsmaximen im Kontext des 18. Jahrhunderts. Zum sprachhistoriographischen Interesse an Knigges „Über den Umgang mit Menschen", in: Peter Ernst/Franz Patoka (Hrsg.): Deutsche Sprache in Raum und Zeit. Festschrift für Peter Wiesinger zum 60. Geburtstag, Wien 1998, 585–592.

Linke, Angelika: Die Kunst der ‚guten Unterhaltung'. Bürgertum und Gesprächskultur im 19. Jahrhundert, in: Zeitschrift für germanistische Linguistik 16, 1988, 123–144.

Linke, Angelika: Zur Rekonstruktion sprachlicher Vergangenheit: Auf der Suche nach der bürgerlichen Sprachkultur im 19. Jahrhundert, in: Andreas Gardt/Klaus J. Mattheier/Oskar Reichmann (Hrsg.): Sprachgeschichte des Neuhochdeutschen. Gegenstände, Methoden, Theorien, Tübingen 1995, 369–397.

Linke, Angelika: Sprachkultur und Bürgertum. Zur Mentalitätsgeschichte des 19. Jahrhunderts, Stuttgart, Weimar 1996.

Linke, Angelika: „Wer sprach warum wie zu einer bestimmten Zeit?" Überlegungen zur Gretchenfrage der Historischen Soziolinguistik am Beispiel des Kommunikationsmusters ‚Scherzen' im 18. Jahrhundert, in: sociolinguistica 13, 1999, 179–208.

Luttermann, Karin: Linguistische Gesprächsanalyse. Integrationsmodell dialoggrammatischer und konversationsanalytischer Grundpositionen am Beispiel von Strafverhandlungen, in: Zeitschrift für germanistische Linguistik 25, 1997, 273–307.

Metcalf, George J.: Forms of Address in German (1500–1800), Washington 1938.

Michel, Paul: Mit Worten tjôstieren. Argumentationsanalyse des Dialogs zwischen dem Abt und Gregorius bei Hartmann von Aue, in: Germanistische Linguistik 1–2/79, 1979, 195–215.

Mihm, Arend: Die Textsorte Gerichtsprotokoll im Spätmittelalter und ihr Zeugniswert für die Geschichte der gesprochenen Sprache, in: Gisela Brandt (Hrsg.): Historische Soziolinguistik des Deutschen II: Sprachgebrauch in soziofunktionalen Gruppen und in Textsorten […], Stuttgart 1995, 21–57.

Mikolajewski, Verena: Parlamentarisches Sprechen in Deutschland. Zur, interfraktionellen Besprechung'im Kontext, Magisterarbeit Braunschweig 2002.

MLS: Metzler Lexikon Sprache. Hrsg. von Helmut Glück, 2., überarb. und erw. Aufl. Stuttgart, Weimar 2000.

Naumann, Bernd: Merkt euch dieses, meine Lieben. Der didaktische Dialog in Joachim Heinrich Campes *Robinson der Jüngere* (1779), in: Sorin Stati/Edda Weigand/Franz

Hundsnurscher (Hrsg.): Dialoganalyse III [...], Teil 1, Tübingen 1991, 377–389.

Nickisch, Reinhard M. G.: Die Stilprinzipien in den deutschen Briefstellern des 17. und 18. Jahrhunderts. Mit einer Bibliographie zur Briefschreiblehre (1474–1800), Göttingen 1969.

Nickisch, Reinhard M. G.: Präliminarien zu einer systematisch und historisch adäquaten Erschließung der deutschen Briefliteratur, in: Literatur in Wissenschaft und Unterricht 12, 1979, 206–225.

Nickisch, Reinhard M. G.: Brief, Stuttgart 1991.

Nickisch, Reinhard M. G.: Der Brief–historische Betrachtungen, in: Joachim R. Höflich/J. Gebhardt (Hrsg.): Vermittlungskulturen im Wandel. Brief, E-Mail, SMS, Frankfurt/M. 2003, 63–73.

Neuendorff, Dagmar: Discourse Analysis in a Historical Perspective. Some Notes on the Discourse Type ‚Advice', in: Papers from the 9$^{th}$ Scandinavian Conference of Linguistics, Stockholm 1986, 234–245.

Neuendorff, Dagmar: Das Gespräch zwischen Parzival und Trevrizent in IX. Buch von Wolframs Parzival. Eine diskursanalytische Untersuchung, in: Neophilologica Fennica [...], Helsinki 1987, 267–294.

Objartel, Georg: Die Kunst des Beleidigens. Materialien und Überlegungen zu einem historischen Interaktionsmuster, in: Dieter Cherubim/Helmut Henne/Helmut Rehbock (Hrsg.): Gespräche zwischen Alltag und Literatur. Beiträge zur germanistischen Gesprächsforschung, Tübingen 1984, 94–122.

Objartel, Georg: Studien zur Sprache und Lebensform der Studenten im 18. und 19. Jahrhundert, Habil.-Schr. Braunschweig 1991.

Paul, Hermann: Methodenlehre, in: Hermann Paul (Hrsg.): Grundriss der germanischen Philologie, Bd. 1, Strassburg 1891, 152–237.

Paul, Hermann: Prinzipien der Sprachgeschichte, 5. Aufl. Halle 1920a.

Paul, Hermann: Aufgabe und Methode der Geschichtswissenschaften, Berlin, Leipzig 1920b. Ndr. in: Helmut Henne/Jörg Kilian (Hrsg.): Hermann Paul: Sprachtheorie, Sprachgeschichte, Philologie. Reden, Abhandlungen und Biographie, Tübingen 1998, 193–250.

Paul, Hermann: Deutsches Wörterbuch. Bedeutungsgeschichte und Aufbau unseres Wortschatzes. 10., überarbeitete und erweiterte Aufl. von Helmut Henne, Heidrun Kämper und Georg Objartel, Tübingen 2002.

Petrat, Gerhard: Didaktisches Fragen. Ein Beitrag zur Qualifikationsgeschichte von Lehrern, Rheinfelden, Berlin 1996.

Polenz, Peter von: Der Ausdruck von Sprachhandlungen in poetischen Dialogen des deutschen Mittelalters, in: Zeitschrift für germanistische Linguistik 9, 1981, 249–273.

Polenz, Peter von: Deutsche Sprachgeschichte vom Spätmittelalter bis zur Gegenwart. Bd. 1: Einführung, Grundbegriffe, 14.–16. Jahrhundert. Berlin, New York 1991; 2., überarbeitete und ergänzte Aufl. Berlin, New York 2000. Bd. 2: 17. und 18. Jahrhundert, Berlin, New York 1994; Bd. 3: 19 und 20. Jahrhundert, Berlin, New York 1999.

Presch, Gunter: Zur begründung einer historischen pragmalinguistik, in: Josef Klein/Gunter Presch (Hrsg.): Institutionen – Konflikte – Sprache. Arbeiten zur linguistischen Pragmatik, Tübingen 1981, 206–238.

Presch, Gunter: widersprüche zwischen textfunktionen als ein ausgangspunkt sozialgeschichtlicher pragmalinguistik, in: Dietrich Busse (Hrsg.): Diachrone Semantik und Pragmatik. Untersuchungen zur Erklärung und Beschreibung des Sprachwandels, Tübingen 1991, 83–100.

Prowatke, Christa: Gesprächsbücher des 17. Jahrhunderts und ihre sprachwissenschaftliche Auswertung. Ein Beitrag zur Schreibung des Niederdeutschen, in: Beiträge zur Erforschung der deutschen Sprache 5, 1985, 66–79.

Radtke, Edgar: Gesprochenes Französisch und Sprachgeschichte. Zur Rekonstruktion der Gesprächskonstitution in Dialogen französischer Sprachlehrbücher des 17. Jahrhunderts unter besonderer Berücksichtigung der italienischen Adaption, Tübingen 1994

Ramge, Hans: Dialoge im Rechtsprotokoll. Ein Wetzlarer Erbstreit a. 1309 und die Entstehung einer neuen Textsorte, in: Andreas H. Jucker/Gerd Fritz/Franz Lebsanft (eds.): Historical Dialogue Analysis, Amsterdam, Philadelphia 1999, 371–398.

Rehbock, Helmut: Ansätze und Möglichkeiten einer historischen Gesprächsforschung, in: Klaus Brinker/Gerd Antos/Wolfgang Heinemann/Sven F. Sager (Hrsg.): Text-und Gesprächslinguistik. Ein internationales Handbuch zeitgenössischer Forschung, Zweiter Teilbd.: Gesprächslinguistik, Berlin, New York 2001, 961–970.

Röhrich, Lutz: Lexikon der sprichwörtlichen Redensarten. Taschenbuchausgabe, 5 Bde., Freiburg [usw.] 3. Aufl. 1995.

Rupp, Heinz: Gesprochenes und geschriebenes Deutsch, in: Wirkendes Wort 15, 1965, 19–29.

Sager, Sven F.: Gesprächssorte – Gesprächstyp – Gesprächsmuster – Gesprächsakt, in: Klaus Brinker/Gerd Antos/Wolfgang Heinemann/Sven F. Sager (Hrsg.): Text-und Gesprächslinguistik. Ein internationales Handbuch zeitgenössischer Forschung, Zweiter Teilbd.: Gesprächslinguistik, Berlin, New York 2001, 1464–1471.

Schank, Gerd: Ansätze zu einer Theorie des Sprachwandels auf der Grundlage von Textsorten, in: Werner Besch/Oskar Reichmann/Stefan Sonderegger (Hrsg.): Sprachgeschichte. Ein Handbuch zur Geschichte der deutschen Sprache und ihrer Erforschung, Erster Halbbd., Berlin, New York 1984, 761–768.

Schank, Gerd/Schwitalla, Johannes: 27. Gesprochene Sprache und Gesprächsanalyse, in: Althaus, Hans Peter/Henne, Helmut/Wiegand, Herbert Ernst (Hrsg.): Lexikon der Germanistischen Linguistik, Tübingen ²1980, 313–322.

Schikorsky, Isa: Private Schriftlichkeit im 19. Jahrhundert. Untersuchungen zur Geschichte des alltäglichen Sprachverhaltens ‚kleiner Leute', Tübingen 1990.

Schlieben-Lange, Brigitte: Für eine historische Analyse von Sprechakten, in: Heinrich Weber/ Harald Weydt (Hrsg.): Sprachtheorie und Pragmatik [...], Tübingen 1976, 113–119.

Schlieben-Lange, Brigitte: Ai las – Que planhs? Ein Versuch zur historischen Gesprächsanalyse am Flamenca-Roman, in: Romanistische Zeitschrift für Literaturgeschichte 2, 1979, 1–30.

Schlieben-Lange, Brigitte: Vom Glück der Konversation. Bemerkungen zum Flamenca-Roman, zur Konversationsethik des 17. Jahrhunderts und zum Reduktionismus heutiger Gesprächsauffassung, in: Zeitschrift für Literaturwissenschaft und Linguistik 13, 1983a, H. 50, 141–156.

Schlieben-Lange, Brigitte: Traditionen des Sprechens. Elemente einer pragmatischen Sprachgeschichtsschreibung, Stuttgart [usw.] 1983b.

Schlieben-Lange, Brigitte/Weydt, Harald: Streitgespräch zur Historizität von Sprechakten, in: Linguistische Berichte 60, 1979, 65–78.

Schmitz, Ulrich/Wyss, Eva Lia (Hrsg.): Briefkommunikation im 20. Jahrhundert, OBST 64, 2002.

Schmölders, Claudia: Die Kunst des Gesprächs. Texte zur Geschichte der europäischen Konversationstheorie, 2. Aufl. München 1986.

Schnyder, Mireille: Topographie des Schweigens. Untersuchungen zum deutschen höfischen Roman um 1200, Göttingen 2003.

Schubert-Felmy, Barbara: Briefe aus dem Zweiten Weltkrieg. Vorgaben für Schreiben, in: Der Deutschunterricht 33, 1981, H. 5, 111–130.

Schumacher, Meinolf: Schriftliche Modelle vormoderner Gesprächskultur. Tischzuchten – Gesprächsspiele – Konversationsbüchlein, in: Der Deutschunterricht 53, 2001, Heft 6, 8–15.

Schützeichel, Rudolf: Althochdeutsches Wörterbuch. 2., durchgesehene und ergänzte Aufl. Tübingen 1974.

Schwarz, Alexander: Sprechaktgeschichte. Studien zu Liebeserklärungen in mittelalterlichen und modernen Tristandichtungen, Göppingen 1984.

Schwitalla, Johannes: Gesprochene Sprache – dialogisch gesehen, in: Gerd Fritz/Franz Hundsnurscher (Hrsg.): Handbuch der Dialoganalyse, Tübingen 1994, 17–36.

Schwitalla, Johannes: Telefonprobleme. (Leidvolle) Erfahrungen mit einem neuen Medium, in: Zeitschrift für germanistische Linguistik 24, 1996, 153–174.

Schwitalla, Johannes: Gesprochenes Deutsch. Eine Einführung, Berlin 1997.

Schwitalla, Johannes: The Use of Dialogue in Early German Pamphlets: On the Constitution of Public Involvement in the Reuchlin-Pfefferkorn Controversy, in: Andreas H. Jucker/ Gerd Fritz/Franz Lebsanft (eds.): Historical Dialogue Analysis, Amsterdam, Philadelphia 1999, 111–137.

Schwitalla, Johannes: Kleine Botschaften–Telegramm- und SMS-Texte, in: Schmitz, Ulrich/

Wyss, Eva Lia (Hrsg.): Briefkommunikation im 20. Jahrhundert, OBST 64, 2002, 33–56.
Searle, John R.: Sprechakte. Ein sprachphilosophischer Essay, Frankfurt/M. 1977.
Selting, Margret: Kontinuität und Wandel der Verbstellung von ahd. *wanta* bis gwd. *weil*. Zur historischen und vergleichenden Syntax der *weil*-Konstruktionen, in: Zeitschrift für germanistische Linguistik 27, 1999, 167–204.
Sonderegger, Stefan: Grundzüge deutscher Sprachgeschichte. Diachronie des Sprachsystems, Bd. 1: Einführung – Genealogie – Konstanten, Berlin, New York 1979.
Sonderegger, Stefan: Gesprochene Sprache im Nibelungenlied, in: Achim Masser (Hrsg.): Hohenemser Studien zum Nibelungenlied, Dornbirn 1981, 360/186–379/205.
Sonderegger, Stefan: Syntaktische Strukturen gesprochener Sprache im älteren Deutschen, in: Anne Betten (Hrsg.): Neuere Forschungen zur historischen Syntax des Deutschen [...], Tübingen 1990, 310–323.
Selting, Margret: Kontinuität und Wandel der Verbstellung von ahd. *wanta* bis gwd. *weil*. Zur historischen und vergleichenden Syntax der *weil*-Konstruktionen, in: Zeitschrift für germanistische Linguistik 27, 1999, 167–204.
Spellier, Carola: Höfische Gesprächswelten. Der *Erec* Hartmanns von Aue aus gesprächsanalytischer Perspektive, Magisterarbeit Braunschweig 2002.
Spinner, Kaspar H.: Sokratisches Lehren und die Didaktik der Aufklärung. Zur Kritik des fragend-entwickelnden Unterrichtsgesprächs, in: Diskussion Deutsch 23, 1992, 309–321.
Steger, Hugo: Zur Frage einer Neukonzeption der Wortgeschichte der Neuzeit, in: Peter v. Polenz/Johannes Erben/Jan Goossens (Hrsg.): Sprachnormen: lösbare und unlösbare Probleme. Kontroversen um die neuere deutsche Sprachgeschichte. Dialektologie und Soziolinguistik: Die Kontroverse um die Mundartforschung [=Kontroversen, alte und neue, Bd. 4], Tübingen 1986, 202–209.
Strosetzki, Christoph: Konversation. Ein Kapitel gesellschaftlicher und literarischer Pragmatik im Frankreich des 17. Jahrhunderts, Frankfurt/M. [usw.] 1978.
Takada, Hiroyuki: Zum Begriff der *Höflichkeit* in Adelungs Wörterbuch. Ein Aspekt soziopragmatischer Sprachgeschichte im 18. Jahrhundert,. in: Doitsu Bungaku 108, 2002, 93–104.
Takada, Hiroyuki: „Vertrauliche Sprechart" im sprachlichen Alltag um 1800. Soziopragmatische Überlegungen anhand der lexikographischen Beschreibungen von Adelung, in: Klaus J. Mattheier/Haruo Nitta (Hrsg.): Sprachwandel und Gesellschaftswandel – Wurzeln des heutigen Deutsch, München 2004, 263–277.
Takada, Hiroyuki: Zur Pragmatik von Partikeln im 18. Jahrhundert. Gesprächsforschung in Adelungs Wörterbuch, in: Neue Beiträge zur Germanistik, Bd. 3, Heft 5 (= Doitsu Bungaku. Internationale Ausgabe 120) [demnächst]
Ulsamer, Fleur: Linguistik des Schweigens. Eine Kulturgeschichte des kommunikativen Schweigens, Frankfurt 2002.

Ungeheuer, Gerold: Gesprächsanalyse an literarischen Texten (Lessing: Der Freigeist), in: Ernest W. B. Hess-Lüttich: Literatur und Konversation. Sprachsoziologie und Pragmatik in der Literaturwissenschaft, Wiesbaden 1980, 43–71.

Urscheler, Andreas: Kommunikation in Wolframs „Parzival". Eine Untersuchung zu Form und Funktion der Dialoge, Bern [usw.] 2002.

Vellusig, Robert: Schriftliche Gespräche. Briefkultur im 18. Jahrhundert, Wien, Köln, Weimar 2000.

Völpel, Susanne: Die Entwicklung und Funktion pronominaler Anredeformen. Eine vergleichende Analyse exemplarischer Texte unterschiedlicher Epochen, Berlin 1987.

Wehler, Hans-Ulrich: Historische Sozialwissenschaft und Geschichtsschreibung. Studien zu Aufgaben und Traditionen deutscher Geschichtswissenschaft, Göttingen 1980.

Weigand, Edda: Dialogisches Grundprinzip und Textklassifikation, in: Franz Hundsnurscher/Edda Weigand (Hrsg.): Dialoganalyse [...], Tübingen 1986, 115–125.

Weigand, Edda: Historische Sprachpragmatik am Beispiel: Gesprächsstrukturen im Nibelungenlied, in: Zeitschrift für deutsches Altertum und deutsche Literatur 117, 1988, 159–173.

Weigand, Edda: A case for an integrating procedure of theoretical reflection and empirical analysis, in: Sorin Stati/Edda Weigand (Hrsg.): Methodologie der Dialoganalyse, Tübingen 1992, 57–64.

Weigand, Edda: Sprache als Dialog. Sprechakttaxonomie und kommunikative Grammatik. 2., neu bearbeitete Aufl. Tübingen 2003.

Weinrich, Harald: Lügt man im Deutschen, wenn man höflich ist?, Mannheim, Wien, Zürich 1986.

Weinrich, Harald: Linguistik der Lüge. München $^6$2000.

Weydt, Harald: Streitsuche im Nibelungenlied: Die Kooperation der Feinde. Eine konversationsanalytische Studie, in: Ernest W. B. Hess-Lüttich: Literatur und Konversation. Sprachsoziologie und Pragmatik in der Literaturwissenschaft, Wiesbaden 1980, 95–114.

Wyss, Eva Lia: Fragmente einer Sprachgeschichte des Liebesbriefes. Liebesbriefe des 20. Jahrhunderts im Spannungsfeld von Sprach-, Kommunikations-und Mediengeschichte, in: Schmitz, Ulrich/Wyss, Eva Lia (Hrsg.): Briefkommunikation im 20. Jahrhundert, OBST 64, 2002, 57–92.

Zakharine, Dmitri: Konversations-und Bewegungskultur in Russland. Von der ,Sprachdiachronie' zur historischen Kommunikationswissenschaft, in: Dieter Cherubim/Karlheinz Jakob/Angelika Linke (Hrsg.): Neue deutsche Sprachgeschichte. Mentalitäts-, kultur- und sozialgeschichtliche Zusammenhänge, Berlin, New York 2002, 293–315.

Ziebura, Gilbert: Anfänge des deutschen Parlamentarismus (Geschäftsverfahren und Entscheidungsprozeß in der ersten deutschen Nationalversammlung 1848/49), in: G. A. Ritter/G. Ziebura (Hrsg.): Faktoren der politischen Entscheidung [...], Berlin 1963, 185–236.

Zimmer, Reinhold: Dramatischer Dialog und außersprachlicher Kontext. Dialogformen in deutschen Dramen des 17. bis 20. Jahrhunderts, Göttingen 1982.

## 著者紹介

イェルク・キリアン（Jörg Kilian）

略　　歴：1965 年ホルンブルク生まれ。1996 年ブラウンシュヴァイク工科大学で Ph.D.、2001 年同大学で教授号取得。現在キール大学教授。専門はドイツ語学、ドイツ語教授法。

主な著作：*Sprachkritik. Ansätze und Methoden der kritischen Sprachbetrachtung*（共著、de Gruyter、2010 年、改訂版 2016 年）、*Handbuch Sprache in der Bildung*（共編著、de Gruyter、2016 年）、*Deutscher Wortschatz - beschreiben, lernen, lehren. Beiträge zur Wortschatzarbeit in Wissenschaft, Sprachunterricht, Gesellschaft*（共編著、Peter Lang、2015 年）、*Lehrgespräch und Sprachgeschichte. Untersuchungen zur historischen Dialogforschung*（de Gruyter、2002 年）、*Demokratische Sprache zwischen Tradition und Neuanfang. Am Beispiel des Grundrechte-Diskurses 1948/49*（de Gruyter、1997 年）。

## 訳者紹介

細川裕史（ほそかわ ひろふみ・Hirofumi Hosokawa）

略　　歴：1979 年広島生まれ。2013 年キール大学で Ph.D. 取得。現在阪南大学准教授。専門は社会言語学、ドイツ語史。

主な著作：『想起する帝国―ナチス・ドイツ「記憶」の文化史』（共編著、勉誠出版、2017 年）、『ドイツ王侯コレクションの文化史―禁断の知とモノの世界』（分担執筆、勉誠出版、2015 年）、*Zeitungssprache und Mündlichkeit. Soziopragmatische Untersuchungen zur Sprache in Zeitungen um 1850*（Peter Lang、2014 年）、『ドイツ奇人街道』（共著、関西大学出版部、2014 年）、『講座ドイツ言語学第 2 巻　ドイツ語の歴史論』（分担執筆、ひつじ書房、2013 年）。

[阪南大学翻訳叢書 26]

歴史会話研究入門

Historical Research on Dialogue: An Introduction
Jörg Kilian
Japanese Translation by Hirofumi Hosokawa

| | |
|---|---|
| 発行 | 2017 年 3 月 23 日　初版 1 刷 |
| 定価 | 4000 円＋税 |
| 著者 | イェルク・キリアン |
| 訳者 | 細川裕史 |
| 発行者 | 松本功 |
| 装丁者 | 渡部文 |
| 印刷・製本所 | 三美印刷株式会社 |
| 発行所 | 株式会社 ひつじ書房 |
| | 〒 112-0011 東京都文京区千石 2-1-2 大和ビル 2 階 |
| | Tel.03-5319-4916　Fax.03-5319-4917 |
| | 郵便振替 00120-8-142852 |
| | toiawase@hituzi.co.jp　http://www.hituzi.co.jp/ |

ISBN978-4-89476-845-1

造本には充分注意しておりますが、落丁・乱丁などがございましたら、小社かお買上げ書店にておとりかえいたします。ご意見、ご感想など、小社までお寄せ下されば幸いです。

［刊行のご案内］

**講座ドイツ言語学 第 2 巻**
ドイツ語の歴史論
　　高田博行・新田春夫 編　定価 4,000 円＋税

ひつじ研究叢書（言語編）第 122 巻
**話し言葉と書き言葉の接点**
　　石黒圭・橋本行洋 編　定価 5,600 円＋税

ひつじ研究叢書（言語編）第 126 巻
**ドイツ語の様相助動詞**
その意味と用法の歴史
　　髙橋輝和 著　定価 15,000 円＋税

［刊行のご案内］

## グリム兄弟言語論集
### 言葉の泉
　ヤーコプ・グリム、ヴィルヘルム・グリム 著　千石喬、高田博行 編
　定価 12,000 円＋税

## 発話のはじめと終わり
### 語用論的調節のなされる場所
　小野寺典子 編　定価 3,800 円＋税

## 自由間接話法とは何か
### 文学と言語学のクロスロード
　平塚徹 編　定価 3,200 円＋税

［刊行のご案内］

言語学翻訳叢書　15
**話し言葉の談話分析**
　　デボラ・カメロン 著　　林宅男 監訳　　定価 3,200 円＋税

**歴史語用論の世界**
文法化・待遇表現・発話行為
　　金水敏・高田博行・椎名美智 編　　定価 3,600 円＋税

**語用論研究法ガイドブック**
　　加藤重広・滝浦真人 編　　定価 2,800 円＋税